21世纪全国高职高专旅游系列规划教材

会展概论(第2版)

主　编　崔益红
副主编　王丽萍　李　婷
参　编　韩　宁　赵伟华　戴金枝

内 容 简 介

本书是高职高专旅游类系列规划教材之一,是会展专业或方向的入门教材。本书首先介绍了会展的概念,会展活动的历史,其次对会议、展览、节事、奖励旅游等会展活动的主要形式作了详细阐述。内容涵盖量大,有利于开拓学生的知识视野。

本书编排合理,内容通俗易懂,将理论讲解与案例教学相结合,突出了实用性。

本书既适用于高等职业教育各类院校会展专业和其他相关专业的会展基础理论课教学,也可供中职、五年制高职学生使用,同时可作为与会展专业相关的企业人员培训的参考书。

图书在版编目(CIP)数据

会展概论/崔益红主编. —2版. —北京:北京大学出版社,2015.7
(21世纪全国高职高专旅游系列规划教材)
ISBN 978-7-301-25898-9

Ⅰ.①会⋯ Ⅱ.①崔⋯ Ⅲ.①展览会—高等职业教育—教材 Ⅳ.①G245

中国版本图书馆CIP数据核字(2015)第121188号

书　　　名	会展概论(第2版)
著作责任者	崔益红　主编
责任编辑	刘国明
标准书号	ISBN 978-7-301-25898-9
出版发行	北京大学出版社
地　　　址	北京市海淀区成府路205号　100871
网　　　址	http://www.pup.cn　新浪微博:@北京大学出版社
电子信箱	pup_6@163.com
电　　　话	邮购部 62752015　发行部 62750672　编辑部 62750667
印 刷 者	北京鑫海金澳胶印有限公司
经 销 者	新华书店
	787毫米×1092毫米　16开本　14.5印张　339千字
	2011年9月第1版
	2015年7月第2版　2019年1月第3次印刷
定　　　价	32.00元

未经许可,不得以任何方式复制或抄袭本书之部分或全部内容。
版权所有,侵权必究
举报电话:010-62752024　电子信箱:fd@pup.pku.edu.cn
图书如有印装质量问题,请与出版部联系,电话:010-62756370

前　言

全球经济形势放缓，会展行业的人才需求却是逆水行舟，在金融、房产、制作等行业人才市场萎缩的同时，会展行业的招聘职位虽有减少但仍然风光无限。根据前程无忧的数据统计，目前我国会展从业人员约有100多万人，会展专业人才岗位空缺与求职者的比例分别为：上海10∶1、北京8∶1、广州8∶1。以中国经济实力为基础，会展人才依然炙手可热。然而会展从业人员中具备专业素质和经过专业培训的工作人员极度缺乏，目前会展业从业人员真正经过专业培训的仅占1%，这与行业快速发展的现状极不相称，据统计人才缺口高达70%以上，因此可以说，会展人才已成为最新职场的"新贵一族"。

目前各高职高专院校都在积极努力地为会展业培养高技能、应用型人才，既注重理论知识的学习，又注重学生实际能力的培养。为了实现这一教学目标，需要高水平、实用性强的教材作为支撑，而符合这一标准的教材仍比较缺乏。首先，高职高专院校会展专业的学生需要实用的入门教材。其次，很多相关的专业如旅游管理、市场营销、国际商务等也纷纷开设会展专业课或是选修课，急需与之相适应的教材。在此背景下，编者编写了这本书。

本书首先回顾了会展活动发生的历史，对会展的概念、特点作了解释。之后全面介绍了会议、展览、节事活动及奖励旅游这4种不同形式的会展活动方式。最后对会展场馆的设计、会展活动与其他行业的关系、当今会展经济发展过程中存在的问题等进行了分析。编写过程中充分考虑到高职高专学生的特点和需要，每章都设有知识目标、技能目标、导入案例和复习思考题。在编写过程中为了充分照顾学生学习的便利性，尽量做到高度提炼和归纳各种观点，选取的资料具有一定的代表性和时效性。努力为学生提供一本体系完整、通俗易懂、兼具一定操作性的会展概论教材。本书在内容和体例编排中体现了以下几个特点。

第一，根据高职高专院校的人才培养目标，按照应知应会、适度够用的原则，编排整理了总共11章内容，具有针对性。

第二，理论讲解和案例分析相结合。本书所选案例丰富并紧扣章节内容，配合收录的小资料等，增加了教材的可读性，有助于帮助学生理解会展相关理论。

第三，作为会展专业的一门基础课程，本书在编写中注意吸取了目前国内现有会展概论教材的长处，内容完整，自成系统。案例教学和理论教学内容搭配合理，实用性强。

本书由河北邯郸职业技术学院崔益红老师担任主编，邯郸职业技术学院王丽萍老师和山西太原旅游职业技术学院李婷老师担任副主编。邯郸职业技术学院韩宁老师负责全书体系的设计，崔益红老师负责全书编写工作的全局安排，并和王丽萍老师一起负责最后的统稿。各章编写具体分工如下：第1章由崔益红老师编写；第2章、第5章、第7章由王丽萍老师编写；第3章、第4章由河北保定职业技术学院戴金枝老师编写；第6章、第8章由韩宁老师编写；第9章由邯郸职业技术学院赵伟华老师编写；第10章、第11章由李婷老师编写。

　　本书的编写工作得到了河北邯郸职业技术学院同仁的支持和协助，在此表示感谢。特别需要指出的是，由于我国会展理论研究尚处于初级阶段，资料收集较为困难，本书在编写过程中参考了多位国内专家的理论和观点，虽在参考文献中尽量详尽地列出，但恐有遗漏，在此表示衷心的感谢。

　　由于编写时间仓促，加上编者水平有限，书中疏漏之处在所难免，恳请广大读者批评指正。

编　者

2015年1月

目　录

1 绪论 ... 1
    1.1　会展的起源 ... 3
    1.2　当代会展经济现状 ... 9
    1.3　国内外部分知名展会介绍 ... 14
    复习思考题 ... 22

2 会展概述 ... 23
    2.1　会展的概念 ... 24
    2.2　会展的特点 ... 28
    2.3　会展的作用 ... 33
    复习思考题 ... 35

3 会展产业与其他产业的互动论 ... 36
    3.1　会展业与旅游业的关系 ... 37
    3.2　会展业与酒店业的关系 ... 40
    3.3　会展业与餐饮业的关系 ... 44
    3.4　会展业与其他产业的关系 ... 46
    复习思考题 ... 53

4 会展构成要素 ... 54
    4.1　主办商 ... 55
    4.2　承办商 ... 58
    4.3　参展商 ... 62
    4.4　会展观众 ... 66
    4.5　会展场馆 ... 70
    4.6　服务承包商 ... 76
    复习思考题 ... 80

5 会议活动 ... 81
    5.1　会议的概念、类型和构成要素 ... 82
    5.2　会议的策划 ... 86
    5.3　会议的准备 ... 91
    5.4　会中服务和会议评估 ... 100

    复习思考题 ... 109

6 展览活动 ... 110
    6.1　展览策划 ... 111
    6.2　展前工作 ... 119
    6.3　展中管理 ... 122
    6.4　展后评估与总结 ... 125
    复习思考题 ... 130

7 节事活动 ... 132
    7.1　节事活动的功能与发展 ... 133
    7.2　节事活动策划的基本工作流程 ... 140
    7.3　节事活动的现场管理 ... 148
    7.4　节事活动评估 ... 152
    复习思考题 ... 155

8 奖励旅游 ... 157
    8.1　奖励旅游的功能与发展 ... 158
    8.2　奖励旅游的类型与特点 ... 163
    8.3　奖励旅游的策划 ... 166
    复习思考题 ... 173

9 会展行业管理 ... 174
    9.1　国际会展行业管理的组织 ... 175
    9.2　我国会展行业管理的法律法规 ... 178
    9.3　我国会展行业管理的问题与对策 ... 182
    复习思考题 ... 189

10 会展场馆设计与经营管理 ... 190
    10.1　国内外会展场馆概述 ... 191
    10.2　会展场馆设计的原则和要求 ... 198
    10.3　中国会展场馆经营管理 ... 200
    复习思考题 ... 204

11 会展经济 207

- 11.1 会展经济概述 208
- 11.2 会展经济的发展背景 210
- 11.3 会展经济的宏观效应 213
- 11.4 会展经济的微观效应 217
- 11.5 我国会展经济发展中存在的问题 ... 219
- 复习思考题 224

参考文献 225

1 绪　　论

知识目标

- 了解我国会展的起源
- 了解世界会展的起源
- 了解部分中外知名会展活动

技能目标

- 了解我国及世界不同时期会展发展的规律
- 知道我国会展经济活动的现状
- 知道国际会展经济活动的现状

导入案例

未来展馆竞争将更加激烈

2015年1月15日,第十一届中国经济国际合作论坛在云南省昆明市开幕。中国贸促会副会长王锦珍在开幕式上发布了2014年《中国展览经济发展报告》。对2014年展览业发展进行了回顾和分析,对未来发展态势进行了预估。报告认为,2015年中国展览业将在保持低速增长的同时进行优化和整合,同时各城市展馆之间的竞争将更加激烈。展览经济飞速增长的时代已经过去,中国展览市场将在新常态中进行结构性优化和整合。

报告指出,我国的场馆建设自2010年进入新一轮的投资周期以来,始终热度不减。不但京沪穗等核心展览城市的大型展馆正在加快改扩建的步伐,一些二、三线城市更是纷纷将兴建展览中心作为推动当地会展业发展、拉动社会经济和城市建设的核心项目。据不完全统计,2014年全国室内可租用面积大于等于5000平方米且举办2个以上经贸类展览会的展览馆共有128个;室内可租用总面积约585万平方米,比2013年增加约13万平方米。

安徽国际会展中心——合肥展馆

青岛国际会展中心——青岛展馆

武汉国际会展中心——武汉展馆

王锦珍表示,展馆作为举办会展活动的核心场所,毋庸置疑,在会展业发展中发挥着巨大作用。但是,特别值得关注的是,展馆并非越多越好,展馆建设必须与会展业发展水平相适应。特别是近年来,在我国的展馆竞争已经十分激烈的情况下,如果场馆供给得不到有效控制,低出租率甚至空置现象将难以避免。伴随着越来越多的新展馆的建成,中国展览业必将面临更加严峻的竞争态势,如何有效解决展馆相对过剩、出租率低下的问题,有可能成为2015年政府以及业界人士共同关注的焦点。

——资料来源:新华网记者李萌 王希,有删减会展活动历史久远，其产生和发展始终与人类经济的发展一致。会展既是人类社会发展到一定历史阶段的产物，又不断地推动人类社会向前发展，无论在哪个历史阶段都保持着旺盛的生命力。今天，会展活动在世界范围内蓬勃发展，已经形成以欧美为主导的全方位、多元化、高增长的发展格局。会展业和会展经济逐渐成熟，在世界经济中占据越来越重要的地位。在我国，会展业虽然起步较晚，但蕴藏着巨大的发展潜力，已成为国民经济发展中的新亮点。

1.1 会展的起源

会展活动在我国有悠久的历史，封建社会时期，由于我国长期处于自给自足的自然经济状态，农耕文明制约了商品经济的充分发展，历代封建王朝大多采用重农轻商政策，使以商品交换活动为主要基础的会展活动发展缓慢。在漫长的发展过程中，会展的内容、形式、功能以及办展方式都在不断地发生着变化。

1.1.1 我国会展的起源

根据会展活动的产生时期、活动的举办形式等的不同，我国会展活动的发展大致分为4个阶段。

1. 原始阶段(原始社会末期)

在原始社会末期，随着社会化大分工的发展，社会上形成了专门从事农业、手工业和畜牧业生产的部落。人们为了获得自身所没有的物品，在部落的边界上，经常发生习惯性的物物交换，但是这种交换的时间、地点均不固定。尽管如此，它已经具备了展览的基本特征"陈列、展示"，随着青铜工具和铁制工具的使用，大规模的商品交换活动有了可能性，也为集市的出现奠定了良好的基础。

2. 古代阶段(原始社会末期—1840 年)

具有商业性质和展览会雏形的集市，大约出现在公元前 11 世纪的商、周时期，并在唐宋以后得到大规模发展。集市是由农民(包括渔民、牧民等)以及其他小生产者为交换产品而自然形成的市场。集市有多种称法，比如集、墟、场等。在中国古代，常被称作草市；在中国北方，一般称作集；在两广、福建等地称作墟；在四川、贵州等地称作场；在江西称作圩；还有其他一些地方称谓，一般统称作集市。在我国古代城市里，"集市"一般也被称作"市"，是人们交换产品的场所。西周时期是官府控制的场所，市的设立或撤销由官府来决定，市坊制曾一度流行，市是商业区，坊是住宅区，市区不建住宅，坊区不建店铺。到宋朝，市的时间、地域都被打破，官府控制的市逐渐消亡，市进入了一个新的发展阶段，随着货币和商人的介入，逐渐发展成了商业区，商业色彩逐渐浓厚，如市中先后出现零售性质的肆和批发性质的邸店。

除了城乡各具特色的集市外,还有一种城乡共有的定期集市——"庙会"。我国庙会的历史悠久,在唐朝就已流行,宋朝继之,明、清盛行。最初,宗教节日时,寺庙及祭祖场所因有很多人云集求神拜佛,一些小生产者、商贩便借此兜售烟火、供品等产品。后来,逐渐百货云集,形成比一般集市规模更大、货物更多的大型集市。这种集市是因宗教事件并在宗教场所产生、发展起来的,因此一般称作庙会,也称庙市。庙会的内容比集市要丰富,除商品交流外,还有文化、宗教、娱乐等活动。广义的庙会还包括灯会、灯市、花会等。北宋时期,庙会非常繁荣,在《东京梦华录》卷三里有这样的记载:"相国寺每月五次开放,万姓交易。大三门上皆是飞禽猫犬之类,珍禽奇兽,无所不有。第三门皆动用什物……殿后资圣门前,皆书籍、玩好、图画及诸路罢任官员土物、香药之类。"到了明清时期,在京城,甚至在各个中小城市和乡村都有了庙会。明代,城隍庙、隆福寺、护国寺、白云观等地是定期庙会的场所。明代还与北方少数游牧民族进行国家控制的互市,即茶马市。清代,北京的白塔寺、隆福寺、护国寺是著名的三大庙会。庙会作为商品交换的媒介,对促进商品流通、沟通城乡联系等具有重要的经济意义。图 1.1 为北京地坛庙会,它每年都会举办,图 1.2 的庙会小吃吸引了无数中外游客。

图 1.1 北京地坛庙会

图 1.2 庙会小吃

在我国古代历史上,有组织的展览活动也曾出现过。在《旧唐书》卷一百五"韦坚传"中记载:唐代天宝初年(公元 782 年),陕郡太守、水陆转运使韦坚开槽渠引渭水至长安,在宫苑墙外造广运潭,广集各地酒舟所载的地方特产供皇帝观览,展示茶米油盐、山珍海味、奇珍异宝、纸笔砚墨等。就规模和形式而言,它已具备了博览会的雏形。同时,也出现过多种专业性的展览形式,如唐代时,为了鼓励农具创新,曾收集各地收割用的农具陈列于殿堂,以供宫廷王公大臣参观;元代时,为了纪念纺织专家黄道婆,在她去世后,将其生前所用的织机、纺车等纺织用品汇集于一起,立庙展览。

3. 近代阶段(1840—1949 年)

清朝末年,一批清醒的中国人最先想到的是睁眼看世界,他们摆脱守旧的心态,试图努力去学习西方。中国人通过参与的方式,开始与世界博览会建立起千丝万缕的联系。1840年,中国社会经济的发展处于较为落后的状态,但在西方列强的舰炮下被迫打开了门户,参加世界博览会成为我国早期参与国际性活动的重要形式,它也是中国近代会展活动的开端。1851 年,中国商人徐荣村和一些在中国经商的英国官员和商人以私人身份带着丝绸、茶叶、中药材等一些传统的中国出口商品参加了在伦敦举行的首届世界博览会,其中"荣记湖丝"获得金银大奖。1876年,中国政府第一次自派代表,以国家身份参加了美国费城世界博览会,李圭作为中国工商业者代表参加,他是中国代表团中唯一的中国人,这也是中国人第一次正式参加世界博览会,他写过一本《环游地球新录》的书,书中详细记录了此次博览会的盛况。在那次展览会上,"中国赴会之物,计七百二十箱,值银约二十万两。陈物之地,小于日本,颇不敷用。此非会内与地不均,盖我原定仅八千正方尺,初不意来物若是之多也。"那是中国人"睁眼看世界"的一件重大事件。此后,我国官方或民间商人又以组团参展、寄物参展、派员参观等形式,先后参加了法国巴黎(1878、1900)、美国新奥尔良(1885)、日本大阪(1903)等20余次世博会。1905年,清朝商部颁行《出洋赛会通行简章》20条,被认为是"中国政府正式登上世界博览会的开端",对出国参加国际性博览会做出了统一规定,并鼓励各省商家踊跃参赛。

  1915年,"中华民国"政府派员40余名,参加了在美国旧金山召开的"巴拿马·太平洋"博览会,共获得1211个奖项,其中包括大奖章57枚,金牌奖章258枚等,在全部的31个参展国家中独占鳌头。特别是在此次博览会上,中国的茅台酒及张裕酿酒公司的"可雅白兰地"获奖,茅台酒被评为世界第二大名酒,与获第一名法国的"柯涅克白兰地"和第三名的英国"苏格兰威士忌"并称为世界三大名酒。其中"可雅白兰地"获得4枚金质奖章和最优质奖,于是更名为金奖白兰地。自1926年美国费城博览会后,由于国内战乱和动荡,中国长久地离开了世博会的舞台。从我国参加的历届博览会来看,其展出的商品多是传统的产品,如丝、绸缎、茶叶、器皿等,鲜有科技含量高的工业品等。但在参展过程中,进步的中国人看到了自己国家的落后,并认识到世界博览会对经济发展的重要作用,从而开始发展中国国内的会展业。1929年6月6日至10月10日,中国在浙江杭州举办了西湖博览会,其盛况与1926年美国费城博览会相比毫不逊色,博览会的展馆所分为8馆2所,由于要展出飞机、舰船模型和活动火车头等大型展品,主办者在浙江杭州西子湖畔建造了一座我国最早的展览馆——工业馆(口字厅),共展出展品约15万件,观众达到了2000万人次。此次博览会的宗旨是提供国货,奖励实业,振兴文化。但由于当时经济的发展为战乱阻碍,各行业一片萧条,为了刺激经济的发展,西湖博览会以纪念国民革命军北伐胜利为目的举办,其实质内容却无法与国外博览会相比,这主要是由于我们当时的经济、科技等明显落后于其他发达国家。

  1935年11月至1936年3月,中国艺术国际展览会在英国伦敦举办,这是中国第一次出国办展。我国政府从故宫、河南博物馆等处挑选了3000多件展品,有铜器、瓷器、书画、织绣、景泰蓝等,此次会展参观人数达到了42万人次,使得中国的瓷器、绸缎、茶叶畅销一时,中餐馆生意兴隆,在英国乃至整个欧洲引起了巨大轰动。

  抗日战争时期,在国民党统治区,主要举办的展览会有迁川工厂出品展览会、四川省物产竞赛展览会和重庆工矿产品展览会等。在解放区,比较有名的是陕甘宁解放区举办的三届农工业展,也称工业展。这些展览会相当于欧洲的国家工业展览会,但由于当时我国国力不强,政局动荡、战争频繁,在展览规模和展示手法上比较落后,会展活动的发展始终没有与世界发达国家同步,会展活动对整个社会经济发展的影响仍然十分有限。但这一时期的大胆尝试,对发展国家经济、提高国际地位、增强国际交流、开阔国民眼界和振奋民族精神起到了巨大的促进作用。

4. 现代阶段(1949年至今)

从中华人民共和国成立至20世纪80年代初期,中国的展览会主要为国家的单独展览。

1951年,我国政府组团参加了"莱比锡春季博览会",标志着新中国会展业的开端。从1951年至1985年,我国共举办了427个出国展览。1953至1978年间,我国共接待了112个外国单独来华举办展览会。这一时期的会展活动数量少、规模小、组织水平和专业化程度较低,同时受计划经济体制的影响,各类会展活动带有浓厚的政治色彩,主要为宣传新中国的经济建设成就服务。

20世纪80年代后期,中国的会展业逐步发展。1982年,我国参加了在美国田纳西州诺克斯维尔市举办的"能源"专业博览会,这是我国56年后重返世博会的舞台。此后,我国参加了历届世博会。伴随经济的持续快速发展,社会主义市场经济体制的建立和不断完善,我国的会展活动在内容和形式上都发生了质的变化。首先,从展览举办数量来看,从1985年到1996年,仅北京的中国国际展览中心举办的展览会就达821个。仅1995年,北京、上海、广州就举办了469个国际展,展览面积28.1万平方米。有关统计数字还显示,1997年全国举办博览会总数约为1063个,1998年为1262个,1999年为1326个,2000年迅速上升到1684个,其中国际展览约占48%,国内展览约占52%。其次,从行业办展情况看,专业展目前较成熟且在国内外影响较大的有:北京的国际机床展、汽车展、国际通信展、纺机展、印刷展、冶金铸造展等,展览面积均为4万~6万平方米。这些展览在同类中占重要的地位,在亚洲乃至世界均有一定的影响,吸引了大批观众。最后,从国际化程度看,1993年5月3日中国正式加入国际展览局,成为该组织的正式成员。1998年仅贸促会组织的出国展览团组就有400个,参展面积为12万平方米。同时,我国也先后承办了一些大型国际会展活动,如昆明世界园艺博览会、上海APEC会议、博鳌亚洲论坛等,并成功举办了2008年北京奥运会(图1.3为中国代表团入场)和2010年上海世博会,进一步成为我国会展发展史上具有里程碑意义的事件。我国会展业也培育出一批有中国特色的大型展览会,除传统的"广交会"外,新兴的如"昆明商品交易会""华东商品交易会""深圳高新技术商品交易会"等。杭州"西湖博览会"、北京"高新技术产业国际周"、大连"国际服装节"、珠海"国际航空展"等也效果显著。同时也形成了以北京、上海、广州等有国际知名度的会展热点地和以省会城市为代表的国内会展集中

图1.3 2008北京奥运会中国代表团入场

地。

自 20 世纪 90 年代以来，我国会展业以年均 20%以上的速度递增，从会展的环境、设施、规模、种类、水平、作用、影响等来看，我国已成为亚洲展览大国，正逐步成为亚洲区域性的"会展中心"，我国目前现有的展会大多为经济贸易类展会。据统计，2013 年，经贸类展会总面积为 9206 万平方米，占全国展会总面积的 89%；全国 10 万平方米以上的大型展会已超过 90 多个；信息产业、文化产业、服务业等新型行业展会数量增多，其中服务业展览会总面积已超过 1000 多万平方米，约占全国展览会总面积的 11%。截至目前，中国内地获得国际展览业协会(UFI)认证的国际性专业化展览会已达到 58 个，位居世界第四。全世界都看好中国的展览大市场。

1.1.2 世界会展的起源

展览和会议自产生之日起就与人类社会的经济和文化交流密不可分。尽管几千年来展览活动的基本原理——通过展示来达到产品交换的目的没有改变，但在经济全球化的今天，展览和会议早已超出传统的物物交换或宣传展示的范畴，参展商和与会者大都将其作为展示产品、开拓市场、交流信息的手段。根据产生时期、举办形式等的不同，世界会展活动大致可分为 4 个时期。

1. 原始时期(原始社会末期)

原始社会末期，人类早期的原始集市活动、宗教祭祀活动、国家间的政治会盟以及分封活动等都是会展活动的萌芽。会议作为人类交流信息的形式自古有之。考古学家在考察古代文化时，发现许多原始遗址都是古人类用来讨论公共事务的场所。如在古罗马，就有许多专门用来进行辩论和会议的场所。集市则是展览会的雏形，规模较大的定期集市称为展览会。

2. 古代时期(奴隶社会—17 世纪)

从历史角度看，欧洲的集市源于希腊，最初是交换、买卖奴隶的场所。到了古奥林匹克时期(公元前 700—前 800 年)，希腊有了常规的集市，与奥林匹克运动会同时进行。早期的集市大都是一年一次或一年两次。在古罗马，民众每隔 8 天就集会一次，开始出现固定的集市，伴随罗马帝国的扩张，罗马集市也随之被带到欧洲其他地区。

中世纪，欧洲集市开始繁荣。集市的规模较大，举办时间较长，功能齐全，具有零售、批发、国际贸易、文化娱乐等功能。如法国北部的香槟集市是最有名的集市，是 12～13 世纪法国香槟伯爵领地内 4 个城市轮流举行的集市贸易的统称。许多现代闻名的欧洲大型综合性博览会都是在这个时期建立的。德国莱比锡博览会，号称最古老的博览会，始建于 1165 年，于 1890 年由传统的集市转变为样品博览会。德国法兰克福博览会是在 1240 年经王室授权后开始举办的。

14 世纪，随着城市商业和运输业的发展，行商逐渐减少，大部分商人开始集中精力固定在一个地方经营，欧洲集市的作用逐渐削弱，集市开始被挤向边远地区。此时，批发商的兴起和工业的迅速发展改变传统集市的经营方式，生产者为了寻求大批销售货物的机会，便与批发商选择订购产品，纷纷采用提供样品和图样的方式进行贸易。这样，传统的集市逐渐发展成样品博览会和展览会。

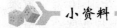 小资料

香槟集市

11世纪末至12世纪上半叶，随着城市商人的兴起，西欧出现了大量的集市。在这些大大小小的集市中，香槟集市是最大的集市。香槟伯爵领地同德意志、佛兰德、罗退林几亚和法国相毗邻，并处于低地国家、佛兰德与意大利之间，以及德意志与西班牙之间的两条交通要道交叉点上。因此，从意大利运来的东方货物，从英国运来的羊毛、从佛兰德运来的呢绒，以及从斯堪的纳维亚半岛及低地国家运来的货物都在此交易。同时，香槟伯爵又竭力保障集市上商人的安全和通往香槟道路的安全。于是，香槟集市成为全欧性的商业中心，并在13世纪后半叶达到全盛期。香槟集市，包括香槟伯爵领地内4个城市轮流举行的6个各为期至少6周的集市。在每次集市之间至少间隔1～2月，以便商人运转货物，这样香槟伯爵领地内全年都有集市。香槟的每个集市都是经过严格组织的，并由市民一人和骑士一人组成的集市法庭来裁决纠纷。集市的第一周是各地商人来城内街道上设置货摊，接着是10天布匹呢绒交易和11天皮革交易，再接着是19天其他各种杂货的交易，最后几天用于结账。在香槟集市上，商人的结算及商业债务，已使用清偿余额划汇结算的办法，期票、汇票等信用凭证也已使用。香槟集市对推动西欧商品货币经济的发展起过重要作用。

——资料来源：http://www.souku.com.cn

3. 近代时期(17—19世纪)

1640年开始的工业革命推动了欧洲的经济发展。随着社会生产力的提高，科学技术的进步，国际交通的发展，使举办世界性展览的条件已逐渐成熟。1667年，法国举办了第一个艺术展览会，这是一个纯展示性质的展览会，不以商品交换为目的。这种新的展览形式对以后展览会的发展产生了很大影响。1798年法国举办了工业产品大众展，这是世界上第一个由政府组织的国家工业展览会。此后的50年时间里，许多国家都模仿法国举办过工业展览会，然而，由于当时保护主义盛行，这些工业展基本没有外国参展商。

1851年，英国在伦敦举办了"万国工业展览会"(The Great Exhibition of the Industries of All Nations)。当时，工业革命使英国成为"世界工厂"，为向世界展示其强大国力，举办了此次盛会。该展览会在海德公园的水晶宫举行，展出面积达到10万平方米，参展商有1.7万多家，其中约50%来自国外，观众超过630万人次。这是第一个发展到国际规模的工业展览会，亦即第一届世界博览会。首届世界博览会取得巨大成功，并产生了深远的社会经济影响，奠定了日后各届世博会的基本模式。

4. 现代时期(19世纪末至今)

1 绪 论

现代展览表现为市场性和展示性相结合。贸易展和博览会应运而生，成为产品流通的重要渠道，这一阶段的标志是1894年的德国莱比锡样品博览会。样品博览会以展示作为手段，交换作为目的，是现代贸易展览会和博览会的早期形式。两次世界大战期间，综合性质的贸易展览会和博览会迅速发展成为主导形式。在德国，从1919—1924年，贸易展览会的数量从10个增加到112个。到1924年，欧洲已有214个贸易展览会。1928年11月，来自31个国家的政府代表在巴黎签订了《国际展览公约》，规定了世界博览会的类型、举办周期、主办者和参展者的权利和义务等。1931年，正式成立了《国际展览公约》的执行机构——国际展览局(The Bureau of International Expositions, BIE)，其总部设在巴黎。国际展览局是政府间的国际展览组织，成员为各缔约国政府，负责协调和管理世界博览会，并决定世博会的举办国。第二次世界大战以后，贸易展览会和博览会朝专业化方向发展，到20世纪60—80年代，在世界范围内急剧发展，成为一个庞大的行业，并形成完整的体系。

20世纪90年代以来，以信息技术为核心的新一轮科技革命，使世界市场的时空距离大大缩短，为全球贸易的开展提供了更为便捷的手段。网络技术不断完善，并在展会的策划、组织、宣传、交流等环节上获得了广泛的运用。伴随着网上会展的日渐推广，电子商务日益普及。通过互联网络，使用虚拟技术组织的虚拟展览会为现代会展的发展注入了新的活力。1996年11月，由英国虚拟现实技术公司和英国《每日电讯报》电子版联合举办了世界上第一个虚拟博览会。包括美国IBM公司在内的世界各国约100家计算机公司参加了展出，展期为一年。自此，网络展览作为展览的新形势，在全世界迅速推广起来。如今，会展业已经成为一个在全球国民经济中占有相当比例，并对各国经济发展产生重要影响的经济部门。

小资料

每年秋季的法兰克福书展是世界各地出版商、书商及作家的聚会场所,号称国际出版人"朝圣的麦加",也是全球图书文化的盛会。该书展从1949年起一年一度在法兰克福举行,至今已蓬勃发展了半个多世纪,成为世界上规模最大的书展,100多个国家的9500多家出版社将其书籍及顶尖管理人员送到这里参展。书展对自己的定位是"一个无限制的、自由交易的平台"。

每两年一次的法兰克福国际汽车博览会(IAA)也是世界最大的汽车展之一,迎来的参观人数最多,是世界及汽车公司展示新产品的舞台。梅赛德斯-奔驰、宝马、奥迪、欧宝、保时捷在这里都设有专门展厅,展品及陈列品令人目不暇接,汽车业巨头的品牌震撼力一览无余。

1.2 当代会展经济现状

一些大型的、具有国际影响的会展活动可以增进国家之间的交流与了解，改善国际关系，促进国际的和平与发展。它们与高度发达的交通、通信一起，使人们超越时空的限制，交流日益频繁，合作日趋紧密。因此，会展经济的发展对推动全球经济的发展具有重要意义。

1.2.1 我国会展经济现状

我国会展业是随着改革开放的不断深入及社会主义市场经济体制的建立和完善而迅速发展起来的一个新兴行业，经过十几年的积累和发展，目前已经初具规模，成为服务行业中一个新的亮点，甚至成为一些城市的支柱产业和带动地区经济发展的新的经济增长点，尤其以北京、上海、广州、大连、成都五大会展城市最为活跃，形成了"环渤海、长三角、珠三角、东北、中西部"5个会展经济产业带。

"环渤海会展经济带"以北京为中心，天津、廊坊等城市为重点，其会展业发展早、规模大、数量多、专业化、国际化程度高，门类齐全，知名品牌展会集中，辐射广。"长三角会展经济带"以上海为中心，南京、杭州、宁波、苏州等城市为依托的会展产业带已经形成。该产业带起点高、政府支持力度大、规划布局合理、贸易色彩浓厚，受区位优势、产业结构影响大，发展潜力巨大。"珠三角会展经济带"以广州为中心，以广交会为助推器，形成了深圳、珠海、厦门、东莞等会展城市群，国际化和现代化程度高，会展产业结构特色突出、会展地域及产业分布密集的会展经济带。

 特别提示

与世界上会展业发达的国家相比，尽管当代中国会展业的起步比较晚、起点比较低，但发展很快。随着中国会展业的快速发展，展会经济也成为经济发展中的一个亮点，在中国会展业进军中东、沙特等新兴市场的同时，境外的许多展览企业也大举进入中国市场。

目前，中国会展业与国外主要展览大国相比，有以下5个特点。

1. 展览项目持续增长，数量扩张明显

中国会展业"起步晚，发展快"。我国1997年的展览项目数首次突破1000个，到2001年突破2000个，2002年就超过3000个，2005年约为3800个，2013年7851个。就展览项目国际比较而言，我国已居亚洲第一，世界第二，项目数仅比美国少一些，已成为一个"展览大国"。但是，我国的展览项目绝大多数是中小项目，规模大的项目和品牌项目屈指可数。尽管这些展览的总展出面积也是一个巨大的数字，但就展览收入而言，我国还不是一个展览强国。

2. 展馆建设方兴未艾，成为城市必要设施

近年来中国会展业快速发展的另一个显著现象是，在发展城市会展经济热潮的带动下，各地大建展览场馆的势头一浪高过一浪。目前，我国的展览场馆数量在全世界范围内排在第3位，仅比美国和英国少一些。展览场馆的总面积也在全世界范围内位居前列，但出租率比展览发达国家要低得多。

3. 展览主办多元发展，政府主导色彩浓厚

我国的展览活动大多由政府或半官方机构主导。就展览主办机构而言，尽管目前参与者众多，多元化特征明显，但大体上有五大办展主体，即政府(包括政府及部门、政府临时机构、贸促会等半官方贸易促进机构)、商协会、国有企事业、民营企业、外资企业。

4. 展览地区集中程度高，经济发达地区领先

现在全国除西藏外，各省市都有了自己的展馆，或多或少都有在本地举办的展览活动，并且，越来越多的省份提出要大力发展会展业。但是，中国的会展业实际上主要集中在少数几个省市，而且集中程度相当高。就城市而言，公认的三大展览城市是北京、上海、广州，分别拥有 8 座以上展馆，是国内展馆数量最多的城市；济南、杭州、潍坊、重庆、佛山拥有 5 座及以上展馆，居于第二位；长春、成都、大连、南京、无锡、长沙、哈尔滨、呼和浩特、廊坊、临沂、南宁、宁波、青岛、沈阳、太原、天津等分别拥有 3 座及以上展馆，居于第三位。另外，还有合肥、昆明、海口、郑州等 20 多个城市拥有 2 座展览馆，福州、包头、兰州等 60 多个城市拥有 1 座展馆。以省份为单位来看，广东、北京、上海、浙江、江苏居前 5 位。这也反映了我国会展业主要集中在制造业和经济发达省份的现状。

5. 展览直接收入增长缓慢，主要靠社会效益驱动

相对于展览项目数的地位，我国的展览直接收入比很多国家都少得多。展览经济总量比美国、德国、日本、英国、法国、澳大利亚等许多国家都小。展览收入占 GDP 比重在发达国家一般为 0.1%～0.2%，而我国目前这一比重还不足 0.08%。这说明我国展览的产业化和市场化程度还很低，就展览收入而言，我国还不是一个展览大国。

1.2.2 世界会展经济现状

从经济总量和经济规模的角度来考量，世界会展经济在各国的发展很不平衡。欧洲是世界会展业的发源地，经过一百多年的积累和发展，欧洲会展经济整体实力最强、规模最大。这一地区中，德国、意大利、法国、英国都是世界级的会展业大国。

1. 欧洲——德国、意大利、法国、英国会展经济现状

德国会展业的突出特点是专业性、国际性的展览数量最多，规模最大，效益好、实力强。在国际性贸易展览会方面，德国是世界头号会展强国。按营业额排序，世界前 10 家营业额最大的展览公司中，有 5 家位于德国。全球 150 个世界顶级的行业博览会中，有 2/3 都在德国举办。在展览设施方面，德国现有 25 个大型展览中心，展览总面积达 683 万平方米。2010 年，德国展览公司的营业总额近 29 亿欧元，参展商和参观者每年为德国博览会支出近 100 亿欧元。此外，博览会还为交通、旅游、餐饮、酒店等行业带来约 250 亿欧元的经济效益。

意大利每年约举办 40 个国际交易会，约 700 个全国和地方的交易会。单是国际交易会就有 9 万个厂商参展，观众人数达 1000 万之多。它是欧洲办展最多的国家之一，米兰国际

展览中心早已闻名世界，是世界三大展场之一，展场面积达40万平方米，每年举办80个展览会。意大利的展会对各国参展商颇具吸引力，一方面是因为其展览范围广泛，几乎涉及各个生产领域，并且重视领导市场潮流的新产品、新技术；另一方面是因为其会展设施先进和会展服务项目齐全。

法国是全球会展业最为发达的国家之一，每年举办1400多个展览和100多个博览会，营业额达85亿法郎，参展商交易额为1500亿法郎，参展商和观众的间接消费达250亿法郎。法国共拥有160万平方米的展馆，它们分布于80个城市。巴黎是全国会展业的中心城市，基本上承办了全国近一半的展览。与德国相比，法国的综合性展览会优势明显，在每年举办的1500个展览当中，真正专业展只有120个左右。

英国首都伦敦是世界三大金融中心之一，虽举办过首届世博会，但本土展馆不多，规模不大。近年来，英国会展业出现了前所未有的发展。据统计，2005年英国举办了1760个展览，吸引了26.6万展商参展、1700万人参观。其中，外国展商和外国参展人士分别占13%和7%。展览业为英国带来的包括增值税、所得税、公司税、国民保险缴纳等税收收入约为41亿英镑，提供了13.7万个就业岗位，约占就业人口的0.5%。英国展览业每年带来的直接消费约为20亿英镑，而由展览业带来的餐饮、住宿、娱乐、交通等间接消费达39亿英镑。

2. 北美洲——美国会展经济现状

美国展览会数量多，展览主题丰富，展品包罗万象，展览产业对地方经济的拉动作用十分明显。据有关调查部门估算，每位参观者每次参观平均要支出1200美元，可以带给当地国内生产总值2000~8000美元的增长。就展览业本身而言，多年来展览产业的增长速度比美国GDP的增长快得多。

美国大部分会展中心都是公有的，在全美面积超过2500平方米的展览中心中，大约64%展览中心属于地方政府所有，而展会组织者一般没有自己的展览场馆，办展时需从场馆所有者手中租用场地。

3. 亚洲——新加坡、日本、阿联酋会展经济现状

新加坡现拥有3个主要展览馆，总展出面积可达24万平方米。据新加坡旅游局展览会议署统计，仅2000年在新加坡举行的各种国际会议、展览及奖励旅游就达5000次，前来参加这些会议展览的人数多达40多万人次，并连续17年成为亚洲首选会展举办地城市。每年前往新加坡旅游观光及参加各种国际会议、展览的人数比新加坡的总人口还多。2001年，新加坡共举办了130个国际性专业贸易展览会，但展出面积均不是很大，一般仅为几千平方米。据全球品牌展会统计，2012—2013年，新加坡至少有6个展会进入全球性品牌展会。新加坡的国际展会规模次数居亚洲第一位，居世界第5位。毫无疑问，各种国际会议和展览对新加坡的经济起到了重要的促进作用。

日本是展览业发达国家之一，会展数量多，行业分布广。据统计，日本每年约举办展览600个，参展商超过7000家，标准展位数近15万个，观众人数2000万人左右，净面积超过3000万平方米，居世界第七位，亚洲第二位。2008—2010年，受国际金融危机的影响，

日本净展览面积减少3%；2011年"3.11"东日本大地震发生后，日本展会大多中止，展览业一度遭遇重大危机。日本贸易振兴机构(JETRO)、日本展示会协会(JEXA)积极采取措施，对受灾企业给予支援。JEXA统计，2011年4月起日本展会数量逐步回升，2012年已基本恢复灾前水平。日本展览类型包括食品医药类、健康美容类、纺织服装类、机械电子类、五金建材类和礼品工艺品类6大类，主要国际性展会包括东京国际服装展览会、东京国际礼品展览会、东京国际食品饮料展、东京电玩展、东京车展等。

阿联酋凭借其贸易体系成为中东地区的国际经济和金融中心，近年来在国际会展业中的地位迅速上升，已发展成为中东地区的会议展览中心、旅游中心。其中，有"世界黄金中心"之称的迪拜更为耀眼。2003年，迪拜会展业产值已达15亿美元。据统计，迪拜最大的两家展览中心——迪拜世贸中心和迪拜机场展览中心每年举办的会展超过70个，参展客商达1500万人。此外，在其他一些展览地点，如酒店、商业街等也举办过一些小规模的展览会。2007年，迪拜举行了100多个国际展览会。会展业产值达到约25亿～30亿美元，参展客商人数达到3500万～4000万。

4. 南美洲——巴西会展经济现状

作为南美第一大国，巴西每年都要召开上百个国际性的大型展览会和数百个地区性的中小型展览会，内容包罗万象，以电信、电子产品、汽车工业、工艺品等为主。较大型的展会一般都集中在圣保罗，世界几大知名展会如COMDEX电子展、ESCOLAR文具展等每年都会在这里举行。巴西每年举办700多个展览会，综合性的占10%，其余多为专业展览会。

5. 非洲——埃及会展经济现状

埃及目前每年举办各类专业展览会和博览会近百个，展览业的收益显著增长，仅开罗博物馆年利润就达600万埃镑。展览业的繁荣为相关产业的发展带来了无限商机。

开罗是埃及展览业的中心，几乎所有的展览会都在两大展览场地——开罗博物馆和开罗国际会议中心举办。规模最大的博览会是每年二、三月份举办的开罗博览会。该展览会至今已经举办了33届，是北非最大的展览会之一，展出面积超过20万平方米，参展商来自70多个国家，展期通常为10～11天，参观人数超过100万。较大的专业展览会有开罗国际图书展览会、开罗国际汽车及零部件展览会、泛太平洋/非洲国际机床及手工工具展览会。

纵观世界会展经济的发展情况可知，一国会展经济实力和发展水平，与该国综合经济实力和经济总体规模及发展水平相适应，发达国家凭借其在科技、交通、通信、服务业水平等方面的优势，在世界会展经济发展过程中处于主导地位，占有绝对的优势。在世界会展业向专业化、国际化和集团化发展的过程中，发达国家的跨国展览集团把自己的知名展览会移植到发展中国家。因此许多发展中国家虽然也有一些规模较大、水平较高的展览会，但这些展览会一般都有发达国家展览公司的参与、管理甚至控制，发展中国家会展经济的发展要逐步摆脱发达国家的影响。

1.3　国内外部分知名展会介绍

1.3.1　世界博览会

世界博览会是由一个国家的政府主办，有多个国家或国际组织参加，以展现人类在社会、经济、文化和科技领域取得成就的国际性大型展示会。其特点是举办时间长、展出规模大、参展国家多、影响深远。自 1851 年英国伦敦举办第一届展览会以来，世界博览会因其发展迅速而享有"经济、科技、文化领域内的奥林匹克盛会"的美誉。世界博览会已经有了百余年的历史，最初以美术品和传统工艺品的展示为主，后来逐渐变为荟萃科学技术与产业技术的展览会，成为培育产业人才和一般市民的启蒙教育不可多得的场所。世界博览会的会场不单是展示技术和商品的场地，而且伴以异彩纷呈的表演、富有魅力的壮观景色，并设置成日常生活中无法体验的、充满节日气氛的空间，成为一般市民娱乐和消费的理想场所。

负责协调管理世界博览会的国际组织是国际展览局，简称 BIE，成立于 1931 年，总部设在法国巴黎，其章程为《国际展览公约》。该公约由 31 个国家和政府代表于 1928 年在巴黎签署，分别于 1948 年、1966 年和 1972 年做过修正。1993 年 5 月 3 日我国正式申请加入国际展览局，并于 1993 年 12 月被选为该局信息委员会会员。目前，国际展览局的成员国共有 91 个。按照国际展览局的规定，世界博览会按性质、规模、展期分为两种：一种是注册类(以前称综合性)世界博览会，展期通常为 6 个月，一般每 5 年举办一次，这类博览会主题领域广泛，规模庞大；另一类是认可类(以前称专业性)世界博览会，展期通常为 3 个月，在两届注册类世博会之间举办一次。注册类世界博览会不同于一般的贸易促销和经济招商的展览会，是全球最高级别的博览会，举办国无偿提供场地，由参展国自己出钱、建立独立的展出馆，在场馆内展出反映本国科技、文化、经济、社会的综合成就。认可类博览会分为 A1、A2、B1、B2 4 个级别，其中 A1 级是该类博览会的最高级别。展出的内容要单调些，它是以某类专业性产品为主要展示内容，下列主题均可以视为认可类展览会：生态学、陆路运输、狩猎、娱乐、原子能、山脉、城区规划、畜牧业、气象学、货运、垂钓、养鱼、化学工业、森林、栖息地、医药、海洋、数据处理、粮食等。参展国在主办国指定的场馆内，自行装修、自行布展，不用建设专用展馆。例如，1999 年我国在昆明成功举办的世界园艺博览会就属于 A1 级认可类世界博览会。

到目前为止，世界博览会已举办了 40 余届(表 1-1 为历届世界博览会的相关信息)。在举办过世博会的国家中，美国举办次数最多，先后举办过 15 次。一些国际大都市也一直热衷于举办世界博览会。法国巴黎分别于 1855 年、1867 年、1878 年、1889 年、1900 年、1937 年举办了世界博览会。1889 年法国的世界博览会建造了一个主题塔，即著名的埃菲尔铁塔，至今仍为法国和巴黎的象征。美国的纽约等城市则分别于 1853 年、1876 年、1893 年、1904 年、1915 年、1926 年、1939 年、1962 年、1968 年、1984 年举办了世博会。2010 年 5 月 1 日～10 月 31 日，中国上海成功举办了一届世界博览会，这是在我国举办的第一个注册类博览会，展览场地选在上海中心城区黄浦江畔，展示的内容包括城市发展、城市生活、城市交通、城市产业、城市环境、城市文化、未来城市七大类，充分表现了上海世界博览会的主题——城市让生活更美好。有来自189个国家和57个国际组织参加了上海世界博览会，这不仅是我国有史以来举办的最大规模的盛会，而且在世界博览会历史上也是空前的。这是一届参与度很高的盛会，也是一届展示人类创造力的盛会。这是世界博览会第一次在发展中国家举办，为中国了解世界和世界了解中国创造了良机。米兰世博会于2015年5月1日至10月31日在意大利米兰举行，约有130个国家、10多个国际组织和60多个企业参展。园区将分为六个主题区，分别展示包括"人与自然的统一""参观者互动体验"等在内的六大次主题。

表1-1 历届世界博览会一览表

举办年份	举办地点	正式名称	举办年份	举办地点	正式名称
1851	英国伦敦	万国产业成果大博览会	1855	法国巴黎	巴黎农业、工业、艺术世界博览会
1853	美国纽约	万国产业博览会	1862	英国伦敦	伦敦国际工业与艺术世界博览会
1867	法国巴黎	巴黎世界博览会1867	1958	比利时布鲁塞尔	布鲁塞尔世界博览会1958
1873	奥地利维也纳	维也纳世界博览会1873	1962	美国西雅图	西雅图21世纪世界博览会
1876	美国费城	工艺、制造和采矿——建国百周年纪念博览会	1964—1965	美国纽约	纽约世界博览会1964—1965
1878	法国巴黎	巴黎世界博览会1878	1967	加拿大蒙特利尔	蒙特利尔世界博览会1967
1889	法国巴黎	巴黎世界博览会1889	1968	美国圣安东尼奥	圣安东尼奥世界博览会1968
1893	美国芝加哥	纪念哥伦布世界博览会	1970	日本大阪	大阪世界博览会1970
1898	比利时布鲁塞尔	布鲁塞尔国际博览会	1974	美国斯波坎	斯波坎世界博览会1974
1900	法国巴黎	巴黎世界博览会1900	1975	日本冲绳	冲绳海洋博览会
1904	美国圣路易斯	路易斯安那领土购入纪念博览会	1982	美国诺克斯维尔	诺克斯维尔世界能源博览会
1915	美国旧金山	巴拿马太平洋世界博览会1915	1984	美国新奥尔良	新奥尔良国际河川博览会
1926	美国费城	费城世界博览会	1985	日本筑波	筑波国际科学技术博览会

续表

举办年份	举办地点	正式名称	举办年份	举办地点	正式名称
1930	比利时列日	烈日产业科学世界博览会	1986	加拿大温哥华	温哥华国际交通运输博览会
1933—1934	美国芝加哥	一个世纪的进步世界博览会 1933—1934	1988	澳大利亚布里斯班	布里斯班科技休闲博览会
1935	比利时布鲁塞尔	布鲁塞尔世界博览会	1990	日本大阪	大阪国际花与绿博览会
1937	法国巴黎	现代艺术与技术世界博览会	1992	西班牙塞维利亚	塞维利亚世界博览会 1992
1939	美国旧金山	金门世界博览会	1992	意大利热那亚	热那亚国际船舶与海洋博览会
1939—1940	美国纽约	纽约世界博览会 1939—1940	1993	韩国大田	大田世界博览会 1993
1998	葡萄牙里斯本	里斯本世界博览会 1998	2000	德国汉诺威	汉诺威世界博览会 2000
1999	中国昆明	昆明世界园艺花卉博览会	2005	日本爱知	爱知世界博览会 2005
2010	中国上海	上海世界博览会 2010	2015	意大利米兰	米兰世界博览会 2015

1.3.2 奥林匹克运动会

古希腊是一个神话王国，优美动人的神话故事为古奥运会的起源蒙上了一层神秘的色彩。流传最广的传说是古代奥林匹克运动会是为祭祀宙斯而定期举行的体育竞技活动。实际上，奥运会的起源与古希腊的社会情况有着密切的关系。公元前 9—前 8 世纪，古希腊城邦制的奴隶社会逐渐形成，城邦之间战争不断。为了应付战争，各城邦都积极训练士兵。斯巴达城邦儿童从 7 岁起就由国家抚养，并进行体育、军事训练，过着军事生活。战争需要士兵，士兵需要强壮身体，而体育是培养能征善战士兵的有力手段。连续不断的战事使人民感到厌恶。于是，各城邦达成了一项定期在奥林匹亚举行运动会的协议，并决定在运动会年实行"神圣休战月"条约。在这期间任何人不得发动战争。于是，为准备兵源的军事训练和体育竞技逐渐变为和平与友谊的运动会。到公元前 766 年，举办了第一届古代奥林匹克运动会。之后，这种赛会每 4 年举行一次。到公元 349 年古代奥运会被罗马帝国的皇帝废除时，古代奥运会一共举行了 293 届。

奥林匹克运动会是世界上规模最大、水平最高、影响最广的国际性综合运动会，它是人类社会的一个罕见的杰作，它将体育运动的多种功能发挥得淋漓尽致，影响力远远超出了体育的范畴，在当代世界的政治、经济、哲学、文化、艺术和新闻媒介等诸多方面产生了一系列不容忽视的影响。奥林匹克运动会不仅构成了现代社会所特有的体育文化景观，以其特有的文化魅力愉悦人们的身心,更以其强烈的人文精神催人奋进,使人努力拼搏。开始于1896年的现代奥运会,为促进世界和平和体育事业的发展,创下了不可磨灭的功绩,今天已发展成为全球性的体育盛会。从1924年开始,奥运会分为夏季奥运会和冬季奥运会。夏季奥运会每4年举办一次,不论运动会举办与否,届次照算。从1896年第一届奥运会到2012年伦敦奥运,共30届(表1-2为历届夏季奥运会的相关信息)。因中间间隔两次世界大战,实际只举行了27届。冬季奥运会也是每4年举办一次,届数按实际举行的次数计算,从1924年第一届法国夏蒙尼冬奥会到2014年俄罗斯索契冬奥会,目前已举行了22届。

表1-2 历届夏季奥运会一览表

届数	举办年份	举办城市	参赛运动员数	参赛国家(地区)数
1	1896	雅典	311	13
2	1900	巴黎	1330	21
3	1904	圣路易斯	625	12
4	1908	伦敦	2034	22
5	1912	斯德哥尔摩	2547	28
7	1920	安特卫普	2607	29
8	1924	巴黎	3092	44
9	1928	阿姆斯特丹	3014	46
10	1932	洛杉矶	1048	38
11	1936	柏林	4066	49
14	1948	伦敦	4099	59
15	1952	赫尔辛基	4925	69
16	1956	墨尔本	3183	67
17	1960	罗马	5384	84
18	1964	东京	5140	94
19	1968	墨西哥城	5531	112
20	1972	慕尼黑	7147	122
21	1976	蒙特利尔	6189	88
22	1980	莫斯科	5872	81
23	1984	洛杉矶	7616	140
24	1988	汉城(首尔)	9581	160
25	1992	巴塞罗那	9367	169
26	1996	亚特兰大	10 318	197
27	2000	悉尼	10 651	199
28	2004	雅典	11 099	201
29	2008	北京	11 438	204
30	2012	伦敦	10 820	205

注:第6届(1916年)、第12届(1940年)和第13届(1944年)夏季奥运会均因战争而停办。

国际奥林匹克委员会(International Olympic Committee，IOC)是领导奥林匹克运动和决定有关奥林匹克运动问题的国际机构。它是一个非政府的、非营利性的国际组织。国际奥委会的组织机构包括：全体委员会议、执行委员会、总部和各专门委员会。国际奥委会全体委员会议是国际奥委会的最高权力机构，奥林匹克运动中一切重大问题的决策均由全会掌握。决定每届奥运会的主办城市是国际奥委会全会的主要任务之一。执行委员会是国际奥委会的日常决策机构，由全会授权行使国际奥委会的职责。国际奥委会总部是负责处理奥林匹克运动日常事务的行政管理机构，国际奥委会刚成立时，总部设在法国巴黎，1915年迁至瑞士洛桑。现任国际奥委会主席是德国人托马斯·巴赫。国际奥委会按照《奥林匹克宪章》领导奥林匹克运动，享有对奥运会的全部权利，包括对奥运会的组织、开发、广播、电视和复制的权利，有关奥林匹克标志、奥林匹克旗、奥林匹克格言和奥林匹克会歌的权利也属于国际奥委会。国际奥委会有权撤销对国际单项体育联合会的承认，有权从奥运会比赛项目中撤销运动大项、分项或小项，有权取消对国家奥委会的承认，甚至有权取消奥运会组委会承办奥运会的权利。同时，还具有对参与奥运会的一切违章人员，从运动员、裁判员到代表团官员和管理人员进行处分的权利。

1979年10月，国际奥委会执委会名古屋会议通过决议，1979年11月26日起正式恢复对中国奥委会的承认，确认中国奥林匹克委员会为中国全国性委员会，设在台北的奥委会以"中国台北奥林匹克委员会"的名称留在国际奥委会内。

 小资料

在1993年申办2000年奥运会失利后，北京于1998年再次提出申办2008年奥运会，以"新北京，新奥运"为竞选口号，并提出"绿色奥运""人文奥运""科技奥运"的理念。与第一次申办时一样，北京的申办得到了超过90%北京市民和中国人民的支持。虽然在环境问题上遭到某些媒体的质疑，北京还是在与土耳其伊斯坦布尔、日本大阪、法国巴黎及加拿大多伦多4座城市的竞争中脱颖而出，在2001年7月13日莫斯科举行的国际奥林匹克委员会第112届年会中，由奥委会主席萨马兰奇宣布北京成为2008年奥林匹克运动会的主办者。

第二十九届奥林匹克运动会，又称为北京奥运会，2008年8月8日至24日在中华人民共和国首都北京举行。此届奥运会是中国首次举办夏季奥运会，亦是继1964年东京奥运会和1988年汉城奥运会后，夏季奥运会第3次在亚洲国家举行。

本届北京奥运会共打破43项新世界纪录及132项新奥运纪录，并破纪录地有87个国家在赛事中取得奖牌，主办国中国以51枚金牌居奖牌榜榜首，在奥运历史上是首个亚洲国家登上金牌榜首。本届奥运先后诞生出两名水上及陆上"飞人"——美国选手菲尔普斯及牙买加选手博尔特，前者在"水立方"连夺8枚金牌，不但成为同一届奥运会中获得最多金牌的运动员，而且成为夏季奥运会获得金牌总数最多的运动员；后者在"鸟巢"于8日内先后以破世界纪录成绩夺得男子100米、男子200米及男子4×100米接力3枚金牌，被誉为全世界跑得最快的人。

1.3.3 汉诺威国际信息及通信技术博览会

汉诺威国际信息及通信技术博览会(CeBIT)是全球最具影响力和最具规模的信息及电信产业展览会，同时也是全球最大的商贸交易会和第一大规模的单年展。CeBIT 于每年 3

月在德国汉诺威举办，展期为 7 天，集中展示通信与网络、信息技术设备及系统、软件、在线服务、办公室技术、银行技术、IC 技术等方面的最新技术和产品，整个博览会分为 26 个专业展区。

CeBIT 源于 1947 年在德国汉诺威创立的旨在向国际市场展示德国产品的汉诺威工业博览会(Hannover Messe)。20 世纪 50 年代末，当时被称为"办公设备"的产业在汉诺威工业博览会中已发展成为第三大展团，该展团的重要性在 20 世纪 60 年代持续增长。1970 年，主办者德国汉诺威展览公司专门为这一展览类别创造了 CeBIT 这一新的名称，CeBIT 是"办公及信息技术中心"的德语缩写。20 世纪七八十年代，CeBIT 这一展览类别占据了越来越多的展出面积，主导地位不断增强，但展位仍供不应求，候补展商名单变得越来越长。CeBIT 在 1986 年脱离了汉诺威工业博览会，成为独立的展会。

首届 CeBIT 非常成功，展商 2142 家，展览面积 202 885 平方米，观众 334 427 人。从那时起 CeBIT 一直以惊人的速度增长。2009 年的博览会虽然因为受到全球金融危机的冲击，参展公司数量下降了 1/4，但也有 4300 多家。展会甚至请来德国总理安格拉·默克尔和美国明星阿诺德·施瓦辛格助阵，他们在现场与机器人握手，如图 1.4 所示。

图 1.4　德国总理默克尔与机器人握手

与众多竞争者的展会相比，CeBIT 是唯一保持持续增长的贸易展览会。凭借汉诺威展览公司不断提升的展览理念，CeBIT 很快就在整个展览业市场保持强有力的立足之地，展商也能享用到更多的展馆和更大的展位。CeBIT 迅速发展为规模最大的 IT 行业国际顶级盛会。

　小资料

2014 年德国汉诺威工业博览会已于 4 月 7 日至 11 日在德国汉诺威举行，展会以"融合的工业——下一步"为主题，展示未来工厂技术及能源转型方案。

德国总理默克尔在开幕式上说，"融合的工业"又被习惯地称为"工业 4.0"，未来智能工厂能够自行运转，零件与机器可以相互交流，这令跨行业合作成为必须。她建议，信息及通信业、机械制造业等相关行业保持"好奇心"，加强合作，不要只把目光局限在自己的领域。

本届工博会共吸引来自全球 65 个国家和地区的约 5000 家展商参展，中国以近 600 家参展商成为东道主德国以外的最大参展国。对此，工博会主办方德意志汉诺威展览公司董事约亨·柯克勒表示，"中国制造"将变为"中国创造"，中国将在自动化技术全球市场上扮演重要角色。

本届博览会共分为 7 个主题展：工业自动化、能源、移动技术、数字化工厂、工业供应、工业绿色技术以及科研与技术。2015 年的伙伴国为德国邻国荷兰。

CeBIT 的主办者德国汉诺威展览公司是世界领先的展览公司之一。它在世界上拥有并运作自己展馆设施的展览公司中，年营业收入排名第一。其拥有的汉诺威国际展览中心是世界最大的展览场馆，总面积 100 万平方米，共有 27 个展馆，室内展示面积近 50 万平方米。这一基础设施使该公司具备其他任何展览公司都没有的组织像这样巨大规模展览会的优势。汉诺威展览公司的核心业务是在德国汉诺威及由其选定的国家举办领先的国际贸易展览会，每年在全球各地举办的展览会多达几十个。

伴随着 CeBIT 的巨大成功，1999 年汉诺威展览公司开始以"全球 CeBIT"为口号将此品牌在海外市场推而广之，但限制条件是每个被选择的大洲只能推出一个 CeBIT 子展。凭着以客户为导向的展会服务理念和以汉诺威始创为源头的专业展会品牌，汉诺威展览公司帮助客户开拓国际业务，在充满潜在商机的海外目标市场中占据一席之地。海外 CeBIT 包括：在土耳其伊斯坦布尔举办的欧亚信息及通信技术展览会、欧亚广播电视、线缆及卫星展览会；在中国上海举办的亚洲信息及通信技术展览会；在澳大利亚悉尼举办的澳大利亚信息及通信技术展览会；在美国加利福尼亚长滩举办的北美卫星、通信技术交流大会暨展览会。

1.3.4 中国进出口商品交易会

中国进出口商品交易会(又称广交会)创办于 1957 年的春季，由中华人民共和国商务部和广东省人民政府共同主办，中国对外贸易中心承办，每年春、秋两季在中国广州举行，相应地称为春交会和秋交会。广交会 57 年的历史记载了新中国外贸的不断发展壮大，见证了中外经济和文化的友好交流。

广交会如今在流花路展馆和琶洲展馆同时进行。流花路展馆建于 1974 年，展馆面积达 17 万平方米，常年举办 80~100 个展览，是广州乃至华南地区举办展览数量最多、展览规模最大、展览层次最高的展览馆之一。亚洲最大的现代化展览中心——琶洲展馆位于广州琶洲岛，将人性理念、绿色生态与高科技、智能化完美结合，如同一颗璀璨的明珠闪亮于世界。展馆总建筑面积 110 万平方米，室内展厅总面积 33.8 万平方米，室外展场面积 4.36 万平方米。其中展馆 A 区室内展厅面积 13 万平方米，室外展场面积 3 万平方米；B 区室内展厅面积 12.8 万平方米，室外展场面积 1.36 万平方米；C 区室内展厅面积 8 万平方米。

50 余年来，广交会以服务中国外贸出口为己任，参展和成交的规模不断扩大，洽谈业务范围日趋广泛，国际知名度不断提高。它从创办至今从未间断过。现在，广交会已从出口贸易为主发展为进出口结合，并开始扩展网上交流、网上咨询、网上贸易，为中外客商创造更多的商机。广交会的历史是我国对外贸易发展的一个缩影，它记录了中国外贸发展的轨迹。目前，广交会已是亚洲规模最大、世界第二大的贸易展会，也已成为我国会展业名副其实的第一品牌。

2014 年 11 月 4 日，第 116 届广交会落下帷幕。作为中国外贸晴雨表之一，展览总面积 118 万平方米，展位总数 60 222 个，比上届增加 514 个，境内外参展企业 24 751 家，比上届增加了 170 家。上届广交会的参展企业中有超过九成继续申请参加第 116 届广交会。据悉，电商平台、新媒体营销等令广交会市场化招商手段变得多样化，"我们用远程视频方式在亚洲、欧洲、北美、南美、大洋洲、非洲等 22 个国家举办了 30 场招商活动。"不仅如此，广交会还在新媒体营销中花力气，在 Facebook 上正式开通广交会官方账号，为全球招商搭建新平台。

1.3.5 博鳌亚洲论坛

博鳌亚洲论坛是一个非政府、非营利、定期、定址的开放性国际组织，目前已成为亚洲以及其他大洲有关国家政府、工商界和学术界领袖就亚洲以及全球重要事务进行对话的高层次平台。博鳌亚洲论坛致力于通过区域经济的进一步整合，推进亚洲国家实现其发展目标。

鉴于亚洲区域缺乏一个真正由亚洲人主导，从亚洲的利益和观点出发，专门讨论亚洲事务，旨在增进亚洲各国之间、亚洲各国与世界其他地区之间交流与合作的论坛组织。1998 年 9 月，澳大利亚前总理霍克、日本前首相细川护熙和菲律宾前总统拉莫斯倡议成立一个类似达沃斯"世界经济论坛"的"亚洲论坛"。

亚洲论坛的概念一经推出即获得了有关各国的一致认同，博鳌亚洲论坛成立大会于 2001 年 2 月 26～27 日在中国海南博鳌举行。包括日本前首相中曾根、菲律宾前总统拉莫斯、澳大利亚前总理霍克、哈萨克斯坦前总理捷列先科、蒙古前总统奥其尔巴特等 26 个国家前政要出席了大会。此外，中国前国家主席江泽民、马来西亚总理马哈迪尔、尼泊尔前国王比兰德拉、越南国家副总理阮孟琴等作为特邀嘉宾出席了成立大会并发表了重要讲话。大会宣布博鳌亚洲论坛正式成立，通过了《博鳌亚洲论坛宣言》、《博鳌亚洲论坛章程指导原则》等纲领性文件，此次大会取得了圆满成功，并受到了国际社会的广泛关注。

论坛以平等、互惠、合作和共赢为主旨，立足亚洲，推动亚洲各国之间的经济交流、协调与合作；同时又面向世界，增强亚洲与世界其他地区的对话与经济联系；为政府、企业及专家学者等提供一个共商经济与社会等诸多问题的高层对话平台；通过论坛与政界、商界及学术界建立的工作网络为会员与会员之间、会员与非会员之间日益扩大的经济合作提供服务。论坛的组织机构包括论坛会员大会、理事会、咨询委员会和秘书处。会员大会为论坛的最高权力机构，每年举行一次。2004 年 4 月，博鳌亚洲论坛理事会成员达成一致意见，今后，论坛年会将于每年 4 月的第 3 个周末定期举行。作为对本地区政府间合作组织的有益补充，博鳌亚洲论坛将为建设一个更加繁荣、稳定、和谐相处且与世界其他地区和平共处的新亚洲做出重要贡献。

2015 年 3 月 26 日至 29 日，备受全球瞩目的 2015 博鳌亚洲论坛将在海南省琼海市博鳌举行。2015 博鳌亚洲论坛主题为"亚洲新未来：迈向命运共同体"，共设置 73 场正式讨论，涉及宏观经济、区域合作、产业转型、技术创新、政治安全、社会民生等领域。年会还涵盖"一带一路"、亚太自贸区、颠覆式创新、食品安全、反腐败、雾霾等时下热点话题。此外，本届年会首次开设了农业、司法和宗教板块。本届年会将推动亚洲各国树立和发扬"求同存异、休戚与共、开放包容、合作共赢、共同发展"的命运共同体意识。2015 年年会议题和分论坛数量较往届略有增加,预计将邀请 300 多位政府领导人、企业领袖和经济学家作为各场的发言嘉宾。在今年的论坛年会上,多个极富地域风情的海南主题活动也将为年会增添气氛。截至 2014 年,博鳌亚洲论坛已成功举办了十三届年会。据悉,自 2015 年起,论坛年会日期将固定在每年 3 月最后一个周末举行,会期延长并固定为 4 天。

复习思考题

一、简答题

1. 简述中国会展业发展的历史进程。
2. 简述国际会展业发展的历史进程。
3. 简述中外知名展会的相关知识。

二、论述题

为什么说欧美地区在当今世界会展的发展中处于主导地位?

2 会展概述

知识目标

- 了解会展的含义和组成部分
- 掌握会展的特点
- 理解会展的经济、社会文化和环境作用

技能目标

- 熟悉何种活动属于会展的范畴
- 学会分析某一地区会展互动发展的特点
- 学会分析会展活动对当地的影响

导入案例

上海成为"中国会展之都"不是梦

有 7300 万人次参观的上海世博会展示了中国具有承办世界一流博览会的实力,世博会后,上海迈开了走向"中国会展之都"的步伐。上海被打造成"中国会展之都"不是梦。

首先,从地理位置看,上海地处长江三角洲前缘,东濒东海,南临杭州湾,西接江浙两省,北接长江入海口,交通便利,地理位置优越。由于其区位优势得天独厚,基础设施日益完善,服务业在 GDP 中占据半壁江山,且已率先在国内建立了地方性会展业协会。

其次,从上海会展业的发展速度看,上海会展业伴随改革开放的脚步迅速崛起,20 世纪 90 年代以来,全国性或国际性会展数量以每年近 20%的速度递增。进入 21 世纪,上海会展业更是明显提速,居全国之首。2010 年世界博览会的成功举办,更使上海的会展业呈现蓬勃生机。2010 年,上海共举办国内、国际展览项目 448 个,总展出面积已达 800 多万平方米,其中国际展 227 个,展出面积 580 万平方米。2012 年,上海的国际展预计将达到 300 个左右。未来几年,上海会展业有望以每年 15%~20%的速度增长,到 2015 年,总展出面积将超过 1500 万平方米。

再者,从硬件建设看,上海会展业的"硬件"日臻完善,已建成和在建展览场馆 11 所,可供展出总面积达 37 万平方米,位于龙阳路的新上海国际博览中心经过改造,室内面积已达 20 万平方米,室外面积 13 万平方米。自 2012 年 2 月起,8 万平方米的上海世博会主题馆将使上海会展业如虎添翼,经过转型改造,这个世博展馆"巨无霸"将以全新的形象闪亮登场。

此外,时下一批上海的品牌展已跻身世界有影响力的展览行列。2011 年 4 月将举行的第 14 届上海国际汽车展总规模超过 20 万平方米,创历届上海车展之最;中国(上海)国际乐器展云集 27 个国家或地区的厂商,汇聚近 5 万海内外专业买家,这个世界第二大、亚洲第一大乐器展览成为业界人士必到的年度盛会。并且随着世界经济格局新一轮的调整,有相当数量的国际展览巨头表示,有意与上海合作,并在上海举办一批世界一流的展览。像汉诺威工业博览会麾下的六大展览就每年在上海国际工业博览会中举办"展中展",工博会还与汉诺威合作举办数控机床展等。

——资料来源:中国会展网资讯

会展活动作为人类物质文化交流的重要形式,种类丰富多彩,涉及范围广泛,并以其鲜明的特点影响着人类社会的各个领域。在经济全球化趋势日益加深的今天,会展活动对于社会经济发展的作用越来越明显,受到了世界各国政府的重视和青睐。在我国,会展活动方兴未艾,已成为国民经济发展中的新亮点。为了推动会展活动和会展业的持续健康发展,更好地发挥会展的积极作用,必须加深对会展的认识和理解。

2.1 会展的概念

曾几何时,会展这个字眼如改革开放的春风一般吹遍了中国大江南北,尤其是 2008 年北京奥运会、2010 年上海世博会的成功举办,为中国人描绘了一幅中国经济展翅腾飞的美好蓝图。那么，究竟什么是会展？究竟是什么赋予了会展如此神奇的魅力？让我们一起来揭开会展神秘的面纱，走近会展、了解会展。

2.1.1 会展

在进行会展理论研究时，由于研究者具有各自不同的社会背景和研究目的，往往对会展的含义有不同的阐释：一种观点认为会展就是会议和展览，例如在欧洲，会展被称为 C&E(convention and exposition)或者 M&E(meeting and exposition)，这是对会展较为狭义的认识；另一种观点认为会展即国际上通常提到的 MICE，M 是指 corporate meetings(公司业务会议)、I 是指 incentive travel programs(奖励旅游)、C 是指 conventions(协会或社团组织会议)、E 是指 exhibitions(展览)，这 4 个部分在国际上被统一划归为一个产业。

此外，还有学者认为所谓的 MICE 的"E"不仅指 exhibitions(展览)，还应包括 events(节日庆典、体育运动会、文艺演出等活动都属于会展)。

上述对会展含义的不同认识，其实是对会展一词所涵盖的范围认识的不一致造成的。从逻辑学上来说，给一个概念下定义，必须遵循属加种差的原则；界定某个事物，不能仅仅根据其表现形式，而应根据其本质特征。上面所说的会议、展览以及其他被纳入会展范围的活动，尽管表现形式和名称差异很大，但都属于一种"活动"。同时它们也具有本质上的"共性"：其一，它们都是一定地域空间内的人群聚集；其二，它们都是物质文化的交流活动。

会展应是具有以上"共性"的各种活动的集合。因此，会展是指在一定地域空间，由多个人聚集在一起形成的集体性的物质和文化交流活动。

2.1.2 会展的组成部分

现代会展主要由会议、展览、节事和奖励旅游 4 部分组成。

1. 会议

会议的种类很多，按照组织形式划分为：大会(年会)、专门会议、代表会议、论坛、研讨会、讲座、座谈会和集会等。国际上还通常根据会议主办者的不同将会议划分为公司会议、协会会议和非营利组织会议。其中前两者是最主要的会议类型，无论从会议数量、与会人数还是会议支出上看，都占会议的绝大部分。公司会议和协会会议都有多种形式。常见的公司会议有：管理会议、销售会议、产品介绍会、培训会议、专业技术会议、股东会议和公共会议等形式。而协会会议主要包括年度大会、地区性年会、专门会议、研讨会和专题讨论会、董事会和委员会会议等。此外，所谓非营利组织会议主要由政府会议、工会和政治团体会议、宗教团体会议、慈善机构会议以及社交团体会议等构成。

2. 展览

展览的类型丰富多彩。在我国，对各种展览形式一般冠以不同的称呼，如展览会、展示会、展销会、交易会、投资洽谈会等。根据展览内容，展览可以划分为综合性展览和专业性展览。综合性展览又称横向展览，展览内容涉及多个行业；专业性展览又称纵向展览，展览内容限制在某一行业，甚至某一种产品。根据展览性质，展览可以划分为营利性展览和非营利性展览。营利性展览包括两大类，即以商品批发交易为目的的贸易展和以直接零售商品为目的的消费展。非营利性展览以宣传、教育为目的，常见的有成就展、科普展和欣赏性的艺术展等。

3. 节事

节事涉及范围极广，按照活动的不同属性，节事可划分为：传统节庆、现代节庆、体育赛事、文化娱乐盛世和其他团体活动等。节事活动一般都根据特定的主题来开展，主题类型包括风土特产、文化、宗教、民俗、体育、政治和自然景观等。节事作为群体性的休闲娱乐活动，是对大众开放的，与其他会展活动相比，节事的大众参与性最强。

4. 奖励旅游

奖励旅游不是一般意义的旅游活动，而是带有明确商务目的的旅游活动。在活动内容安排上，奖励旅游除了进行观光游览和娱乐休闲等消遣性活动外，还包括企业会议、展览和业务考察等商务性活动。奖励旅游本质上是一种管理手段和激励措施，即企业通过一个精心设计的旅游活动达到激励员工和相关利益人员的目标。

2.1.3 会展经济

所谓会展经济，是指围绕会展活动的举办，带动会展业(狭义)——会展组织者、会展场馆、展览设计搭建公司、相关服务行业(住宿、餐饮、交通、旅游)等，以及参展商和参展观众共同发展而形成的一种综合性形态。会展经济属于第三产业范畴，是服务型经济。

2.1.4 世界会展业的发展现状

随着社会的发展和科技的进步，会展业作为一种经济存在形式，其存在和活动的方式等也都在不断地进行调整和变化。尤其在过去的几十年间，会展业的理念在全球迅速扩展。随着企业全球化和世界经济一体化的发展，会展业早已走上了市场化的发展道路，发展势头亦趋迅猛。

今天的会展业正以无与伦比的魅力、不可替代的作用及崭新的形象，迅速成长为各个国家及地区第三产业中一个举足轻重的行业。但是从全球来看，会展业的发展由于各大洲、国家或地区的区位优势、经济实力、总体规模和发展水平层次不一，而呈现出不均衡状态。

早在中世纪，欧洲会展业就以举办专业化的展贸会而闻名于世。它可以说是世界现代会展业的发源地，经过数世纪的积累和发展，它的整体实力强、规模大。世界60%以上的专业展览会都在欧洲举办，它们在展出规模、参展商数量和质量、国外参展商数量和面积比例、观众参观人数、专业观众比例和质量、贸易效果及相关服务质量等方面，均居世界领先地位。绝大多数世界性大型和行业顶级展览会也都在这个地区举办。德国、意大利、法国和英国都是世界级的会展大国。尤其是德国，更有"世界头号会展强国"之称。北美是世界会展业的后起之秀，虽然起步较晚，但发展较快。美国和加拿大这两个国家的会展业不但发展速度快，而且在发展过程中还形成了独特的办展模式和风格。表2-1为2008年的调查结果，美国和加拿大最受欢迎的 10 个会展城市依次为：奥兰多、拉斯维加斯、多伦多、芝加哥、新奥尔良、亚特兰大、达拉斯、纽约、圣地亚哥、华盛顿特区。其次如诺希威尔、丹佛、旧金山、阿拉卓、圣安东尼奥、波士顿、休斯敦、利诺、蒙特利尔、西雅图等城市也很受会展组织者欢迎。

表 2-1　美国和加拿大最受欢迎的 10 个会展城市

排名	城市	会展业现状	年均展会个数
1	奥兰多	拥有 210 万平方英尺展览面积；64 家以上旅馆拥有会议设施，超过 3.9 万个房间和 260 万平方英尺会议面积	625
2	拉斯维加斯	拥有 900 万平方英尺的会议面积，3 个主要的会展设施	589
3	多伦多	加拿大最受欢迎的展览城市，每年举办的展览 3 倍于加拿大排名第二的竞争者。国家贸易中心的展览面积超过了 100 万平方英尺。另外还有国际中心、多伦多会议中心和多伦多国会中心以及多伦多地铁会议中心	582
4	芝加哥	麦考密展览馆(McCormick Place)拥有大约 220 万平方英尺的展览面积	493
5	新奥尔良	2006 年夏季，新奥尔良的欧尼斯博美属萨摩亚展览馆(N.MORAL)会议中心将增加 52.4 万平方英尺的展览面积，并为 160 万平方英尺的展览面积更新设备。另外，市区内还将新建 3.3 万个房间。这里冬夏两季温差很大，也为探险活动提供了很好的气候条件	447
6	亚特兰大	乔治世界会议中心最新的扩展计划是新增 42 万平方英尺展览面积，使展览总面积达到 140 万平方英尺。该城市也是最受欢迎的商业中心之一，另一个展览中心总面积达到 14.4 万平方英尺	422
7	达拉斯	达拉斯会议中心经过扩建后，已经新增 320.3 万平方英尺无柱展览大厅和 14.3 万平方英尺的登记区	382
8	纽约	贾维茨(K.JAVRTS)会议中心开设于 1986 年，展览面积达到 81.44 万平方英尺。纽约最值得夸耀的是其 6.6 万个酒店房间(涵盖各种档次和价位)，此外，3700 辆巴士、1.2 万辆出租车和大型轿车、714 英里的地铁能轻快地把你运送到任何地方	346
9	圣地亚哥	圣地亚哥会议中心扩张后能提供 27.6 万平方英尺的展览面积，会议面积达到 20.4 万平方英尺。附近有 2000 间酒店房间，两英里半径之内有 6884 间酒店房间	331
10	华盛顿特区	2003 年 3 月开张的华盛顿会议中心拥有 72.5 万平方英尺展览面积和 12.5 万平方英尺会议面积。作为首都，华盛顿在 2001 年接待了大约 1800 万国内游客，其中 22%是为了商务会议而来	323

亚洲会展业的规模和水平仅次于欧美，比拉美和非洲要高。据总部设在法国巴黎的全球会展业联盟的最新数据显示，国际会展业尤其是欧美国家的会展业，近些年出现了萧条迹象，参展商和参观人员的数量都急剧下降。许多行业的参展商都开始质疑会展投资的收益率，而参观者也开始考虑是否有必要抽出宝贵的工作日时间去参加会展。与之相对的是，

在亚洲经济蓬勃发展和其人口在 2050 年有望达到 53 亿的情况下，亚洲有希望成为世界最大的会展市场。

国际展览局主席在爱知世博会开幕式上说："21 世纪的第一个 10 年中，我们将迎来 3 次世界博览会：2005 日本爱知世博会、2008 西班牙萨拉戈萨世博会和 2010 中国上海世博会。其中有两个都是在亚洲。这标志着世博会发展的一个新趋势——它一路东行到了亚洲，这是一个日新月异的地方。亚洲的成长将成为世界经济增长的巨大驱动力。"

在亚洲，新加坡、日本、阿拉伯联合酋长国和中国的香港地区凭借发达的基础设施、高质量的服务业、较高的国际开放度以及较有力的地理区位优势，已成为亚洲的会展大国和地区。"花园城市"新加坡会展业起步于 20 世纪 70 年代中期，由于政府重视，加上本身所具有的许多有利条件，它每年举办的展览会和会议等节事活动已达 3200 个，并连续 17 年成为亚洲首选会展举办地。它曾于 2000 年被国际协会联盟（UIA）评为世界第五大会展城市。日本自 1970 年起先后举办过五次世界博览会，1970 年的大阪世博会不仅是亚洲地区最早举办的一次世博会，而且是当时国际上办的最出色、最成功，至今仍有影响力的盛会。入场人数高达 6420 余万人，创下了当时世博会历史最高纪录，并为此后 20 年日本经济的高速增长奠定了坚实的基础。

大洋洲的会展业发展水平仅次于欧美，但规模小于亚洲。该地区会展业主要集中于澳大利亚，每年约举办 300 个大型展览会，参展商超过 5 万家，观众达 600 万人次，整体发展势头良好。

近年来，会展业在中美洲和南美洲也逐步发展起来了。据估计，整个拉美会展业的经济总量为 20 亿美元：其中，巴西位居第一，每年办展约 300 个展览会，经营收入约 4 亿美元；排在第三位的是墨西哥，每年举办的展览会近 300 个，经营收入约 2.5 亿美元。除这 3 个国家外，其他拉美国家的会展业规模很小，很多国家尚处于起步阶段。

整个非洲大陆的会展业发展情况基本上与拉美相似，主要集中在经济发达的南非和埃及。南非凭借其雄厚的经济实力和对周边国家的辐射能力，其会展业在整个非洲南部地区遥遥领先。北部非洲的会展业以埃及为代表，埃及凭借其在连接亚非欧和沟通中东、北非的有利地理位置，会展业在近年取得了突飞猛进的发展，展览会的规模和国际性大大提高，每年举办的大型展览会可达 30 个。当然，由于种种条件的限制，大型展览会一般都还集中在首都开罗。除南非和埃及外，整个西部非洲和东部非洲的会展业规模都很小，一个国家一年基本上只举办 1~2 个展览会，而且这些展览会的举办还受气候条件的限制。

2.2　会展的特点

在国际上，会展业与旅游业和房地产业一起并称为 21 世纪"三大无烟产业"。它除了像其他服务产业一样具有服务业的共性外，更有自己的特性。充分认识会展业的特点，对于帮助我们全面认识会展业，了解其发展规律，制定正确的产业发展战略，具有重大意义。

2.2.1 产业联动性高

会展业自身是一个高收入、高盈利的行业，其利润率为 20%~25%，直接经济效益明显。如 2010 年上海世博会参观人数超过了 7000 万人次，仅世博会门票、餐饮、旅游纪念品等的直接销售收入就达到 91 亿元，其中门票收入 73 亿元、餐饮收入 9 亿元、饮料收入 4.5 亿元、纪念品销售额 4.5 亿元。又如中国广交会长盛不衰，展位总是供不应求，一个标准摊位甚至卖出过 17 万元的天价。

同时，会展业是个产业关联度极高的行业。会展业的发展不仅能给城市带来会务费、场租费、搭建费、广告费、门票等直接收入，还能极大地拉动城市的餐饮宾馆、建筑业、邮电通信、交通运输、零售、广告、物流、装潢设计等行业的增长，进一步辐射会计、法律专业等社会中介、保险、旅游、金融、市政建设、环保等产业，加速商品流通，促进资源优化配置，改进技术，改善城市发展环境。所以它对相关产业具有强大的带动效应。

这种强大的产业带动效应，使得会展业成为一个高投入、高产出、经济效益和社会效应兼具的产业。一方面，举办会展活动，需要一定的活动场所，要求对场馆及相关硬件设施进行投资建设，需要投入大量的人力、物力，产生了对建筑物料以及劳动力的大量需求，进而能够促进所需生产要素的生产，增加就业机会。通过投资乘数效应，能够引起整个经济体系的有效需求扩张，带来国民收入的成倍增长。另一方面，会展活动不仅能为会展主办方带来可观的经济收入，而且对关联产业也具有很强的辐射作用。

会展业的高效益特点不仅表现在其对经济的贡献上，更重要的是它在其自身创造经济效益的同时，还在创造就业机会、改善产业结构、带动相关产业发展、促进产业结构升级、推动城市基础设施建设、加强信息沟通、促进技术交流、增强贸易往来、扩大对外交流与招商引资、提高城市知名度、改变城市环境和市民素质等方面，发挥着日益重要的作用，带来了较大的社会效益。有些效益不是立竿见影的，而是潜移默化、逐步发挥作用的。如美国会展业在对经济发展做出重要贡献的同时，还为社会创造了 157 万个全职就业机会。考察乘数作用，那创造的全职就业机会就要达到 300 万个。如图 2.1 所示为昆明园艺博览会，昆明由于举办 1999 年园艺世博会，城市建设比原规划整整提前了 10 年。

图 2.1　昆明园艺博览会

正是会展业经济和社会两方面所产生的显著效益,才显示了会展业高效益的明显特点。同时,举办公益性会展活动有利于地方的精神文明建设,政治宣传类会展有利于政令畅通,政通人和;司法展览有利于营造良好的治安秩序;文体类会展可以丰富人们的业余生活;科教类会展可以提高全民素质。这些具有正的外部效应的会展活动大大丰富了人民群众的物质文化生活,改善了生活质量,开阔了眼界。

2.2.2 集中性

会展活动最突出的特点之一就是人流、物流和信息流的"集中"。会展主办者通过自己的工作,把分布于各地的各界精英集中到一起举行会议;或者邀请众多的参展商将大量的展品集中在一个经过特定设计的展厅内进行展示,同时又把大量的观众吸引到此参观。这样,会展活动的参与者可以在短时间里集中交流信息、交换产品。

只有 700 万人口的瑞士,每年举办国际会议超过 2000 个,仅这些会议每年就能吸引外国游客 3000 多万人,达到其国内人口的 4 倍多。被英国著名杂志《会议及奖励旅游》评为"2001 年全球最佳会议中心"的"商展之都"——中国香港,在 2007 年举办的 70 余个展览和 260 个各类会议中吸引了 40 余万名海外参加者。至于文明全球的世界博览会就更具有凝聚性了。1889 年巴黎博览会的与会总人数为 3200 万;1970 年大阪世界博览会入场总人数为 6400 万;1992 年西班牙萨维利亚世界博览会展出 176 天期间,吸引了五大洲 108 个国家的 4200 万人次;2000 年德国汉诺威举办的世界博览会在 153 天中总共接待了 1800 万人次;2010 年上海世博会共接待人数超过了 7000 万。

会展活动将大量的人员、产品、技术和信息等在一定时间内集中在某一特定的地域空间,这种生产要素的集中性使资源利用效率提高,并由此产生成本的节约、收入或效用的增加,形成聚集经济效应。以商业展览为例,由于展览的主办者组织了大量参展商及商品,邀请了大量的客商,因而参展商可以在短时间里接触到大量的客商,客商也可以在短时间里接触到大量的参展商和商品。这就最大限度地节省了参展商和客商的时间,使他们在短时间内相互了解和接触。如果没有展览会,一个客商需要很长时间的实地考察才能获得所需的信息,一个参展商也需要更多的时间和资金投入才能接触到自己的客商。

2.2.3 区域差异性

会展活动有一个非常明显的特点,即在地理位置和经济区域分布上极不均匀,会展发展的区域间差异很大。国际会展活动在区域上表现为两个集中,一是经济发展水平分布上集中于发达国家,二是地域分布上集中于欧美地区。从国际会展活动的区域分布情况看,欧美发达国家始终处于发展的前列。相应地,广大发展中国家和欧美以外地区的国际会展活动数量则相当少。这种会展发展的区域差异性,显然是根源于各国和各州之间的社会经济发展水平的差异。发展会展需要较为雄厚的经济实力和物质基础做支撑,这正是阻碍经济欠发达的国家承办国际会展活动的主要原因。

不过,最近十余年来,国际会展活动在区域分布上也出现了一些显著变化。尤其是亚洲会展经济的崛起,这标志着新的会展区域格局已经出现。亚洲国家多年来经济持续发展,已经涌现出一批新兴的经济强国(或地区),如韩国、新加坡、泰国、中国的香港和台湾地区等。经济发展导致洲内及洲际交往日益增多，这些国家和地区都开始重视会展产品的开发、宣传和促销，纷纷设立专门的会展机构，大力修建会展设施，采取各项积极政策以承接各类会展活动，从而使自身的国际会展举办量得以迅速增加。例如，新加坡政府结合其国际金融中心和自由港的优势，推出一系列发展会展业的举措，近年来每年举办的大型会展达 3200 多个。

以上反映的是国际会展活动在全球范围上的区域差异性。事实上，会展活动在一个国家内部同样呈现出这一特点，即绝大多数的会展活动都发生在少数经济发达、知名度高的全国和地区性中心城市。

2.2.4 交融性大

会展业的各组成部分往往你中有我，我中有你，互相促进，相得益彰。也就是说：会中有展，展中有会，以展养会，以会促展，已成了会展业的明显特点。同时，奖励旅游的选址和策划越来越多地和当地的大型会展活动、各种奖励会议、研讨会、经验交流会、培训会结合在一起，既节约了成本，又提高了效益。

至于节事活动的交融性就更为显著：一方面，即使是一般会议和展览会也往往伴随着别开生面的主题活动，许多大型会议和博览会本身就是一场节事活动盛事，如奥运会和世博会等。2010 年上海世博会的展期为 6 个月，如图 2.2 所示，于 5 月 1 日开幕，10 月 31 日闭幕。举办期间，它包含有多种纪念日和国内、国际节日(如表 2-2 所示)。

表 2-2 上海世博会期间部分纪念日和传统节日

名　　称	日　　期
国际劳动节	2010 年 5 月 1 日
中国青年节	2010 年 5 月 4 日
世界红十字日	2010 年 5 月 8 日
世界家庭日	2010 年 5 月 15 日
中国助残日	2010 年 5 月 16 日
国际电信日	2010 年 5 月 17 日
国际博物馆日	2010 年 5 月 18 日
世界无烟日	2010 年 5 月 31 日
国际儿童节	2010 年 6 月 1 日
世界环境日	2010 年 6 月 5 日
中国人口日	2010 年 6 月 11 日
中国端午节	2010 年 6 月 16 日(农历五月初五)
中国儿童慈善活动日	2010 年 6 月 22 日
国际奥林匹克日	2010 年 6 月 23 日
国际宪章日	2010 年 6 月 26 日(联合国宪章日)
国际禁毒日	2010 年 6 月 26 日
国际合作日	2010 年 7 月 3 日
世界人口日	2010 年 7 月 11 日

续表

名　称	日　期
国际青年日	2010年8月12日
中国七夕节	2010年8月16日(农历七月初七)
世界清洁地球日	2010年9月14日
国际和平日	2010年9月21日
中国中秋节	2010年9月22日(农历八月十五)
世界旅游日	2010年9月27日
孔子诞辰纪念日	2010年9月28日(农历八月二十一)
中国国庆节	2010年10月1日
国际人居日	2010年10月4日
国际动物日	2010年10月4日
世界邮政日	2010年10月9日
世界精神卫生日	2010年10月10日
世界标准日	2010年10月14日
联合国日	2010年10月24日

注：其他地方性年度或双年度节日还包括：上海国际艺术节、上海轨迹电影节、上海国际旅游节等。

图2.2　上海世博会夜景

另一方面，许多大型文化体育盛事和节事活动又包括了许多会议和博览会，如许多地方举办的国际服装文化节就包含了国际服装博览会、国际服装面料展览会、国际纺织器材展览会、国际服装设计研讨会、流行信息发布会、服装设计大赛、模特大赛等内容相关的会议和展览会。

会展业蕴涵的这些特点并不是永远不变的。正因为这个原因，我们才不仅要了解会展业的这些特点，更要关注会展业特点的变化，因为这些特点的变化将会影响发展会展业的战略决策和会展企业的经营决策。

2.3 会展的作用

国内外会展业的飞速发展日益引起人们的重视和瞩目。它作为第三产业中一个举足轻重的行业，在世界各国经济与发展的过程中，向世人显示了其无与伦比的功能和不可替代的作用。

2.3.1 会展的经济作用

在开放的经济体系下，国与国之间、地区之间的经济贸易合作越来越重要。会展活动，尤其是大型的国际会展将各国、各地区客商聚于一堂，有力地促进了会展举办地的对外经济贸易交流与合作，并大大降低了贸易成本。贸易性展览通常采取规模经营的方法，在相对集中的场所内，汇集了特定行业的众多企业来展示和展销各种产品，使当地和外地的采购商能够在展览会上对自己所需要的产品进行充分的比较和选择，而无须为寻找质优价低的供货对象到处奔波，同时也使参展的供货商迅速接触到大量的潜在客户。因而展览大大降低了企业的采购和营销成本，优化了贸易双方的经营环境，为各类企业带来了巨大的利润。会展在同一时间、同一地点使同一行业中最重要的生产厂家和购买商集中到一起，这种机会在其他场合是找不到的。据英国展览业联合会调查，展览是优于专业杂志、直接邮寄、人员推销、公关、报纸、电视等促销手段的最有效的营销中介体。调查显示通过一般渠道找到一个客户的成本约为 219 英镑，而通过展览的成本仅为 35 英镑。各类展览，如交易会、洽谈会、展览会往往都会签署大笔的合同和合作意向等。近 10 年来，我国通过展览实现对外贸易出口成交额达 340 多亿美元，内贸交易额 120 多亿元。据统计，广交会每年两届的出口成交额就相当于全国一般贸易出口额的 1/3 左右，对我国对外贸易的发展贡献巨大。会展活动在吸引外资方面也发挥着重要作用，如安徽合肥举办的 2002 年资本对接会，吸引了投资商 600 多家，签订合同协议 98 项，投资额达 59.1 亿元。

会展活动直接和间接涉及的行业众多，故可增加会展举办地的各种就业机会。据测算每增加 1000 平方米的展览面积，就可创造近百个就业机会，而每增加 20 位会议代表就可创造一个就业机会。2000 年德国汉诺威世博会创造了 10 万个就业机会。当会展形成产业和一定的规模后，就能增加长期的就业机会。如每年会展业为法国提供了 20 万个就业机会，而由会展活动带来的其他相关产业的间接就业机会将会更多。

会展的经济效益不仅体现在其庞大的产值，更主要体现在它是一个高盈利的市场。会展业是典型的高收入、高利润的产业，利润率大都为 20%～25%。

会展直接经济效益如此显著的原因首先在于会展代表消费水平高。在美国，协会会议与会代表平均每天花费为 188 美元，公司业务会议与会代表每天花费约为 193～198 美元，消费水平远远高于其他类型的旅游者。根据我国 2010 年国内旅游抽样调查报告，会展旅游者每次出游人均花费为 1956.8 元，居各类旅游者之首。其次，会展旅游者的团队规模大也是给会展举办地带来巨大经济效益的重要原因。第一，会展代表人数多。尽管各类会展活动规模相差很大,但作为一次性的消费整体,会展旅游者的团队规模都要远远超出其他旅游形式。第二,会展代表"连带"客人多。一人开会,多人出游,这是会展活动的重要现象。会展代表在参加会展时往往携带配偶或者陪同,使得会展旅游者的团队规模进一步扩大。特别是会展代表的眷属在会展期间,主要是四处游览、娱乐和购物,这成为会展旅游消费的主力军之一。据澳大利亚悉尼市会议与旅游局调查,48%的会展代表至少带有一个同伴,31%的代表带 2~3 名同伴。第三,会展活动的其他参与者众多。如 2009 年召开的达沃斯世界经济论坛,与会者达 2500 多名,而采访 2008 年北京奥运会的记者更达 21600 余名。

2.3.2 会展的社会文化作用

会展业的各种会议和展会是人们了解市场、走向市场,了解世界经济、融入世界经济的最直接、最开放、最形象和最直观的窗口。对举办地区和城市来说,一个成功的国际会议和展览会就是一个新闻发布会。尤其是由国际展览局(BIE)批准的综合性世界博览会(如 2010 年上海世博会)和专业性世界博览会(如 1999 年昆明园艺世博会),就充分展示了人类在某一阶段、某些领域所取得的重大成就和社会及经济发展的广阔前景,并成为享有"经济、科技及文化领域的奥林匹克盛会"美誉的重大国际活动。

对任何一个外地客商、国外客商或普通的旅客来说,了解一个国家、一个地区和一个城市的最佳途径,就是参加在这个国家举办的会议或参观其展览会。通过会议的议题和展览会所展示的各类商品,会议和展览会所吸引各国与会者、各国参展厂商和专业观众,会议和展览会举办单位所提供的会展场馆、设施和服务及会议和展览会的组织成熟度,参与者可以直截了当地了解一个国家、一个地区、一个城市的社会和经济发展状况及其开放度与成熟度。而对于东道主来说,这也是提升城市知名度的最好契机。

从历史上看,许多跨时代的发明创造(如电话、留声机、电视机等)都是首先在展览会上展示和推广的。展览商在向国内外客户推出自己的新产品系列以及推广品牌的同时,又通过与国内外买家的直接接触,迅速地对市场情况进行全面的了解,尤其是了解本行业的最新潮流产品、发展趋势和客户需求,最终达到更有效地推销自己产品的目的。而参观者也可通过展览会了解供货商、产品、新技术及市场等所需要的信息。尤其是在展览会期间,配套举行的各种主题报告会、研讨会、技术交流、产品介绍会和新闻发布会等,更能给参展商和观众提供新技术、新观念、新意识、新行情等各类新信息。总之,展览作为信息流通的集散地,通过产品陈列、展示、交流,可使参与者获得比从广告或其他产品宣传形式中更多的、大量的和生动的产品信息。据一项调查显示,在接受调查的 1105 家公司中有一半认为贸易展览"交换和收集信息"和"了解消费者需求"的功能较强,几乎与人员销售相当。

因此,从会展上获得的信息往往是最新的、丰富而准确的。此外,会展活动也是增进国际相互了解与沟通的重要平台。会展业的不断发展已使会展活动日益成为国际政治、经济、社会、文化和先进科学技术交流及国际信息沟通的重要渠道,各类会展大大地推动了世界各国和地区间的各种交流与往来。可见,即便在信息技术和日新月异的今天,会展的集中性、直观性、生动性和便捷性,仍使其在新理念、新技术、新知识的传播、推广和交流方面起着不可替代的作用。

此外，大型会展活动汇集了不同国家或地区的不同文化、不同观念的人们，会展举办地的居民在与来自各地的会展参与者的接触过程中，可以接受新鲜的知识和思想，因而会展活动还有利于提高举办地居民的综合素质。

2.3.3 会展的环境作用

会展活动促进了会展举办地的基础设施建设和环境卫生的维护，从而改善了当地居民的生活环境。我国举办昆明世界园艺博览会的过程就是一个生动的例证。为了使博览会获得成功，在昆明市内，机场扩建、市政交通建设及滇池污染治理等各大工程几乎都同时动工，整个昆明就如同一个紧张有序的建筑工地。2001年上海因举办APEC会议，展开了新中国成立以来规模最大的一次"城市整容"行动，景观道路建筑整容面积达300多万平方米，使上海路面的平整度达到历史最好状态。可见，一个城市或地区要举办会展活动，都会积极进行综合性、全方位的城市和地区建设，如铺设交通、通信网络，兴建现代化的大型会展中心，加快旅游接待设施建设，加强环境保护工作，推动"人文生态"环境营造等。这些举动的直接目的是创造争取会展举办权或成功举行会展的基础条件，也客观上改善了会展举办地的社会和自然环境。

复习思考题

一、名词解释

1．会展　　　2．会展经济　　　3．会议

二、简答题

1．简述会展的特点。
2．简述会展的文化作用。
3．分析会展活动能够产生显著经济效益的不同原因。

三、论述题

举出一些会展活动的实例，根据这些实例谈谈自己对会展含义的理解。

3 会展产业与其他产业的互动论

知识目标

- 了解会展与旅游的关系
- 理解会展业与酒店业、餐饮业的关系
- 掌握会展产业对区域经济发展的影响

技能目标

- 学会分析会展业与旅游业之间的互动关系
- 学会分析会展活动对酒店业、餐饮业的影响

3 会展产业与其他产业的互动论

导入案例

京津冀旅游一卡通引爆"2014中国旅博会"高潮

9月19日,"2014中国旅游产业博览会"在天津梅江会展中心隆重召开。展会现场精彩纷呈,人潮如织,场面十分火爆,以京津冀旅游一卡通为代表的智慧旅游优秀成果成为本届旅博会上的一大亮点,给到场嘉宾带来了众多惊喜和新鲜体验。在京津冀旅游一卡通新功能推广展台前,特别安装了两台门禁系统,工作人员模拟游客进入门禁,只拿着手机在验票区上刷一下,"嘀"一声响,门禁随即打开。京津冀旅游一卡通负责人王金虎介绍说,"目前已经成功研发出京津冀旅游一卡通手机内置银行卡,打出'异形卡'概念,实现旅游景区通关及购票一步完成,时间短至三五秒,今后将视游客需求投入使用。以往即使电子门票还需要购票验证码等程序,而新研发的这一通关系统,可大大缩短旅游旺季游客排队购票进入景区的时间,真正实现智慧通关。"

京津冀旅游一卡通还为大家展示了自助导游功能。只要使用具有NFC功能的手机,当游客到达景区内某景点,就可以把手机靠近布设的NFC标签读取,进行景点讲解播放,实现自助导游功能。用京津冀旅游一卡通,还能在景区内进行购物,这种智慧消费的模式,实现了景区内消费环节的闪付功能。

据悉,历时四天的"2014中国旅游产业博览会"于今天圆满落下帷幕。本次博览会开幕以来吸引了近14.2万人次参观,其展会的参展商数量、代表团规模、展览内容均胜过往届,更让广大旅游爱好者和市民感受了智慧旅游给旅游生活带来的无限精彩。

——资料来源:大众旅游网

3.1 会展业与旅游业的关系

3.1.1 会展旅游

在国际旅游业上有一个细分市场——"MICE",即"会展及奖励旅游市场",包括:会议(Meeting)、奖励旅游(Incentive)、大会(Convention)、展览(Exhibition),这是对会展及奖励旅游业的全面认识。其中的会议和大会,有学者将其分成100人以下和100人以上。对于"MICE",国内旅游理论界比较一致地理解为"会展及奖励旅游"。但在实践中,提到MICE时,很多人往往是简单地称为会展旅游业,有意无意地将奖励旅游排除在外。这是由于奖励旅游在我国发展得比较早,很多旅行社都有专门从事奖励旅游的部门,甚至有些旅行社就是专门做奖励旅游的,但是旅行社中专门做会议和展览的比较少,对我国旅游业来讲,会议和展览是一个新兴的行业。此外,奖励旅游接待服务相对比较容易,与传统包价旅游区别不大,而会展旅游则复杂得多,对各种信息及相关科学、经济学等方面的知识、接待技术、技巧等要求更高。因此,会展旅游对旅游企业来讲是一个全新的市场。

需要特别说明的是,MICE是一种概念上的划分,实际上,组织接待会议、展览和奖励旅游是完全不同的商业行为，是属于不同企业的商业行为，很难将其全部归纳于一个企业内。

　　会议和展览业务的发展形成了会展业。全球会展也经历了一个由弱小不断走向成熟的过程，跨国公司的迅猛发展以及新信息技术、网络技术的出现，使会展业得到了飞速发展，会展业以大型国际性的会议和展览举办为中心带动了交通、通信、旅游、商贸、物流等相关产业的发展，已经形成了相当大的产业模块，推动了经济发展。

　　而会展业活动中来自异地的主办者和参与者符合旅游者的定义，他们本身就应是旅游者，而且事实上他们早就被公认为商务旅游市场的重要组成部分——会展旅游者。他们与休闲观光旅游者不同的是参加的旅游活动不一样。休闲观光旅游者参加的是休闲观光旅游活动，而会展旅游者所进行的活动却是会展旅游活动。即使会后展后、会前展前、会中展中没有什么休闲观光旅游活动的安排，会展活动本身对于会展旅游者来说就是一种旅游活动。

　　会展与旅游之间是一种互动关系，即会展拉动旅游，旅游促进会展。会展业能够带起一条集交通、住宿、餐饮、娱乐、观光、购物为一体的"消费链"。会展业需要旅游六大要素的强力支持，如果在任何会展活动的策划与主办过程中，不认识、不重视、不考虑和不落实旅游六大要素，不注意客源市场的人气，不重视旅游市场的作用和参与，都必然直接影响到会展活动的成功与否。通过会展的凝聚效应和辐射效应来拉动旅游业的发展。

　　会展活动与旅游活动之间有着内在的产业联系——会展旅游。由于旅游业的主旨非常简单，就是吸引外来游客，这也是旅游业屡屡"进军"其他产业部门的根本动因，而会展活动中形成游客的主体来源就是会展代表及因会展活动而流动的外围受众，前者是会展旅游的核心，后者则有可能转化为观光游客，成为会展旅游的副产品，所以会展旅游者的形成是会展旅游发展的关键。会展旅游关心的不是开什么会、展览什么，而是如何向与会展相关的人员提供服务，从会展本身拓展到住宿、餐饮、娱乐方面，继而争取在游览、购物、旅行等方面创造需求。

　　从旅游需求看，会展旅游是指特定群体到特定地方去参加各类会议、展览活动，并附带有相关的游览及考察内容的一种新兴旅游方式；从旅游供给看，会展旅游是特定机构或企业以组织参与各类会议、展览等相关活动为目的而推出的一种新型的旅游产品。会展旅游的关键是主体的"转化"，即将会展活动参加者及受众者变成旅游者，延长停留时间，提高综合消费。

　　会展旅游不等于会展业，也不能把所有的会展活动参与者和主办者都当成会展旅游者。会展旅游也不是会展活动和会前或会中或会后观光游览的简单相加。会展业是构成会展旅游的核心基础，没有会展就没有会展旅游，没有旅游业也就无法开展会展活动并进行会展旅游。

　　会展旅游作为商务旅游市场的重要组成部分，在目的追求和发生要素上都不同于人们熟知的休闲旅游。它与休闲旅游相比，具有客人档次高、消费水平高、停留时间长、组团规模大、利润丰厚、行业互动性强等特点。

　　会展旅游的主要参与者可以分为会展旅游组织者、会展旅游目的地接待服务者及会展旅游者三大类。会展旅游要研究会展旅游组织者选择会展旅游目的地的行为过程、决策过程及影响因素、会展旅游目的地的市场营销工作和会展旅游者的特点及他们的需求等会展旅游的方方面面的问题。

3.1.2 优化会展业与旅游业的关系

1. 会展业与旅游业优化的目标

会展旅游市场的深度开发要求会展业与旅游业之间呈良好的对接关系状态，其终极标准是旅游业能够全程参与会展活动，会展业和旅游业之间的关系优化也应向这个目标努力。在管理体制上，鉴于旅游业发展水平和会展业的明显旅游属性，会展业可纳入旅游部门统一管理、统一促销；在市场营销上，会展部门应和旅游部门协作，开展联合促销，即使是会展企业单独开展促销活动，也应将会展与城市及其周边的旅游资源和旅游接待设施结合起来；在客源预测上，会展部门应与旅游部门联合开展调研和预测，以增强会议或展览对参展商的可信任程度，但两者的侧重点有所不同，前者侧重专业观众，后者侧重一般旅游；在配套服务上，旅游企业应积极为参展商、与会者和观众提供"食、住、行、游、购、娱"等一系列服务，并尽量将丰富多彩的旅游节庆活动与大型会议或展览结合起来，最终形成一种会展-旅游-会展-旅游……的良性循环。

2. 会展业与旅游业的整合与作用

在会展与旅游的互动发展中，旅游是会展旅游发展的基础，旅游业的繁荣必将为会展活动提供更为完善的服务，加速会展业的发展。会展业的进步可以优化社会资源的组合，带动其他行业更快地发展，也为旅游业带来更多的客人、消费，延长逗留期，增加旅游业淡季时设施设备的利用率。因此我们应该十分注重会展业与旅游业的互动性，利用它们的放大效应谋求会展业、旅游业和会展旅游的更快发展。

1) 资源整合的放大效应

会展业涉及行业众多，聚集放大效应明显，其资源整合功能的表现也是多方面的。由于旅游业也是一个综合性产业，包括很多行业，同样具有整体效应，主要就旅游业中的酒店、旅行社和旅游景区与会展业的结合放大关系。

2) 形象提升的品牌效应

从会展品牌形成的基础来看，除了会展业本身的设施和服务外，会展品牌或是依靠有实力的产业经济，或是借助有号召力的城市形象，或是凭借旅游业在发展过程中所形成的吸引力，在长期的经营中根据需求、依据市场的变化不断创新才逐步塑造起来的。

会展品牌的塑造可以提升展会举办地的知名度，尤其是知名展会，不仅为其他行业带来巨大商机，为旅游业带来更多的客源，而且还可扩大举办地的对外影响力，改善社会环境，创造投资机会，带动当地经济的发展。会展业对其他方面所造成的这种积极影响反过来又会促进会展业的进一步发展，经济的持续发展、健全的配套设施、完善的服务体系、良好的对外形象又可成为对外成功招展强有力的说服性工具。因此，会展业的发展有赖于会展品牌的形成，而品牌的形成有助于会展资源的深度利用。

(1) 提升作用。会展一方面可以拉、带动举办地的市政建设，改善市政功能，促进社会环境的改变，提高举办地的知名度，形成互动的升值效应。如杭州举办的西湖博览会，是对整个城市功能的展示和检验，使市容环境和城市功能均得到了很大改善，提升了杭州城市发展的国际化水平。而且，杭州旅游业的发展速度也很快，加之优越的地理位置，进一步带动了展会在杭州的举办，而展会的举办也吸引了大量客流到杭州，促进杭州旅游产业结构的调整与发展，促进会展与旅游的进一步融合。

另一方面，为展会而建的场馆和设施，一部分将会转化为旅游吸引，成为新的旅游景点。来自四面八方的参加者也会成为当地旅游资源的宣传者，可以提高当地旅游景区的影响力、旅游形象和对外的知名度。如昆明举办的世界园艺博览会，在会后，其整个会址及配套设施被整体保留下来并转为企业化经营，作为一旅游景区被利用起来，使云南省很多"养在深山人未知"的旅游景点迅速驰名于国内外，极大地促进了云南省旅游业的发展。

(2) 延伸效应。从展业的角度来讲，会展的延伸作用会带来第三产业链的集合发展，促进第一、二产业产品、技术、概念方面的进步。因为知名的专业展会往往聚集了行业一流的企业，展示的都是最新产品，代表了整个行业的发展趋势，同时还会有许多概念性产品的面世，在引领产业潮流方面，将对产业在今后某一时期的发展具有指导性和前瞻性，而这种影响的延伸性是其他宣传媒体无法代替的。如世界上一些知名的汽车展，有不同公司的概念车与公众见面，而概念车在展会上亮相的数量也是衡量展会影响力和号召力的一个标准。

从旅游业的发展来，会展活动带动了市政环境的改造，为一些会展城市进一步发展都市旅游奠定了坚实的物质基础；与旅游业其他行业的结合方面，它们是会展业发展的延伸，是会展业链上的一个环节，是会展旅游产品出现的基础。

3.2　会展业与酒店业的关系

会展业作为一种新兴产业，与酒店业一样在第三产业中占重要地位，同时对我国国民经济的发展也具有极大的推动作用。随着经济的发展，近10年来，会展业作为在我国新兴的朝阳产业，以年均 20%～30%的速度超常增长。会展业对城市经济特别是第三产业发展具有强大的带动力，而其与酒店业的互动发展更值得人们关注和研究。

3.2.1　会展与酒店业的互动关系

1. 会展与酒店之间的良性互动关系

首先表现在客源方面。会展具有人流量大的特征，这为当地酒店业提供了丰富的客源基础。例如，国内著名的广州交易会就曾云集了来自100多个国家和地区的外商10多万人。其次表现在收益方面。据专家预算，展览业对一国经济发展的直接带动系数为1∶5，间接带动系数达到1∶9。会展期间参展人员及相关人员在举办地的住宿、餐饮、娱乐等都可以为酒店带来收益。同时，酒店在为会展人员提供服务的同时也为会展产生间接效应提供支撑。最后表现在质量方面。作为一种新型产业，会展对酒店业提出了较高的要求。

2. 会展与酒店之间的规模效应关系

首先是会展商务圈规模构建。会展商务圈是从事会展和展览业的城市经济区域带。宏观上讲，它是 N 个城市进行会展活动的联盟；微观上讲，它是某个城市在发展过程中，适宜会展发展的特定活动区域，具有一定规模和档次的酒店为会展发展提供驱动力。其次是服务规模体系的形成。在会展的驱动下，目的地酒店业竞争日趋激烈，新的统一行业标准建立，服务体系日臻完善，优质的服务规模体系逐步形成。

3. 会展与酒店之间的资源交流关系

首先是信息的交流。会展中大量信息流的集聚为酒店业带去了新的思想和理念，国际化信息的引入促使酒店业不断进步与发展，并与世界先进水平、标准接轨。其次是文化的交流。酒店是当地与外界进行信息文化交流的场所，在会展过程中，大量外来人员的涌入刺激了当地文化与外界的碰撞，从而对会展发展理念有新的启示和借鉴作用。

4. 会展与酒店之间的环境互造关系

酒店为会展营造较佳的外部环境。良好的酒店服务满足了会展相关人员的需求，使其更好地服务于会展。此外，区域内各酒店为取得市场份额必相互竞争，这有利于提高酒店业水平。会展水平的进一步提升则为酒店发展打开了更大的发展空间。

3.2.2 会展与酒店业互动发展支撑体系

1. 市场支撑体系

市场是任何经济活动赖以生存和发展的外部环境，会展和酒店业也不例外。因此，会展与酒店业在互动发展中要获得双赢，必须时刻以市场需求为基准。首先酒店特色旅游产品的推出应以会展市场需求为中心。会展客人具有停留时间短、消费高、地域性强等特点，他们对酒店服务水平、硬件设施等具有较高要求，因此在发掘会展新产品时应以顾客需求为中心，并不断提高酒店服务水平。其次，会展旅游产品定价注重消费者需求。会展客人一般具有较高的社会地位和较强的消费能力，其更注重酒店自身的服务水平，因此定价应根据市场需求更注重服务等软性因素方面。再次，分销渠道的确定。分销渠道的确定是酒店扩大产品销量的重要途径之一，是与专业的展览公司直接联系还是与相关行业协会联系，必须因时因地而宜，合理确定。最后，促销方式的选择。为更好地使会展客人与酒店得到沟通，完成经济目标，应合理选择促销方式。适当的促销方式能缩减酒店开支，缩短会展与酒店间距离，并减少双方时间成本，为双方带来益处。

2. 组织支撑体系

它包括以下 3 方面的含义。首先是会展活动主体，它包括参展商、观展人员、相关管理者、工作人员、媒体及其他人员。而实际上这类群体中能成为酒店潜在客源的是参展商、观展人员。在入住酒店前,其决策依赖于外界信息基础。入住后,酒店服务水平等实际指标是他们继续选择该酒店的决定因素。因此会展客人对酒店的信任度和忠诚度是实现会展与酒店互动发展的先决条件。其次是会展旅游中介组织,它包括会层展览公司、旅游商务网站及与会展相关的行业协会。它们是联系会展客人与酒店的中间枢纽。会展与酒店间要实现共同发展首先建立在两者相关联的基础上,而这依赖于旅游中介组织的调节、沟通、组织、协调等。最后是酒店从业人员。酒店业作为服务性行业,从业人员的基本素质和服务水平直接影响会展客人的评价和再次决策。

3. 基础支撑体系

它包括硬性支撑体系及软性支撑体系。硬性支撑体系是指确保会展顺利进行的公共基础设施及专业设施、酒店硬件服务设施等。软性支撑体系是指保障两者发展的外部宏观环境,包括会展相关法律法规状况、信息网络通畅程度、政府政策支持力度等。

4. 媒介支撑体系

它包括以下几个层面。首先是广告传媒,它是会展与酒店双方了解的第一步。会展通过报刊、电视、杂志等新闻媒介发布展会信息,而酒店根据所获取的信息适当组合旅游产品以满足会展的商务需求,两者实现初步互动。其次是会展中介组织。目前在我国较多的是展览中介公司及其他相关中介组织,它们是组织、协调会展与酒店等其他行业共同发展的重要机构。最后是会展行业协会。它们是保证会展与国际化水平接轨的重要组织,其提供的行业标准及行为准则为会展不断向前发展指明了方向,同时也为酒店业的创新经营及发展提供新的理念与要求。

3.2.3 会展与酒店业互动发展模式

1. 一体化发展模式

一体化发展模式主要通过活动主体、消费单元、协调机构表现出来,即会展活动主体在协调机构发挥作用的前提下,通过不同消费单元最终实现会展与酒店业一体化发展。它是结合我国会展旅游现阶段实际现状及酒店业自身特点而发展起来的一种新型模式。会展活动主体如参展商、观展人员、管理者、媒体相关人员等都可能成为酒店的主要客源。他们因为会展这一目的而聚集在某地,并在酒店运用广告、新闻、互联网等媒介沟通的营销推广下成为酒店的主要客源,进而在酒店完成住宿、餐饮、娱乐等消费单元,为酒店带来经济效益。甚至在酒店协助下完成购物、游览等相关旅游行为,从而推动酒店与会展客人关系向前发展。而另一方面,酒店提供的优质服务必然在客人心中留下深刻印象,有利于回头客的增加。同时,众多酒店良好服务所形成的规模优势也会极大地提高会展承办地的知名度和美誉度,促进会展的持续化进行,为当地营造更广阔的外部发展环境。实际上,一体化的发展还离不开政府、行业协会等中介组织的支持,它们所发挥的巨大作用必将推进会展与酒店的新型化进程。

2. 单体化发展模式

它是传统的会展与酒店业的互动发展模式，两者之间互动性并不强。即会展与酒店业基本上各自发展，关联性极弱。随着时间的推移，这种发展模式将逐渐被淘汰。

3. 国际化发展模式

随着中国迈入国际化进程的步伐不断加快，更多除会展及酒店业之外的其他第三产业将融入两者之中，实现多方合作、共同发展的新局面。国际化发展模式呈现的特点首先是主题选择的品牌化。会展业在创造属于自己的主题会展品牌的同时，酒店业推出品牌化的营销主题，两者充分合作。另一方面，会展在与酒店互动发展中应充分与第三产业中的其他产业如通信、邮电等协作，推进主题品牌化的发展道路。其次是技术运用的现代化。它主要表现在信息沟通网络化的运用、酒店预订系统的完善、会展设施的国际化等。最后是组织运作的规模化，主要表现在中介组织沟通规模化、会展与酒店业沟通规模化。同样，规模化、集团化的酒店也更趋向于与大的会展组织者联系，从而形成组织运作的规模化局面。

3.2.4 我国实现会展与酒店互动发展的对策

1. 建立完善的行业管理体制

目前，国内会展业还没有形成统一的行业管理部门，这与完善的酒店行业管理体制形成了鲜明的对比，为实现两者互动发展，必须尽快建立会展行业管理体制，以实现如下功能。首先是组织协调功能。充分利用行业自律机制组织协调会展在与酒店沟通过程中遇到的问题、矛盾，充分发挥行业机构在此方面的作用，以保障两者共同发展。其次是内外联系功能。对内加强会展业各机构组织间的合作与沟通，对外加强与酒店业等其他行业的联系，以及与国外相关行业协会的交流与合作。再次是法规示范功能。在会展与酒店等其他行业合作发展过程中遇到的问题，行业协会应提前预见，并制定相关的行业性法规，发挥示范作用，指导实际运作。最后是道路指示功能。在与外界交流过程中，行业协会充分学习国外先进经验，结合我国现阶段实际情况，为会展自身及与其他行业发展指明新的国际化道路，以融入全球化的发展进程。

2. 开发新型酒店会展旅游产品

市场营销中不同的顾客会有不同的需求，而旅游产品的开发围绕的核心则是如何最恰当地满足旅游者的个性化需求。酒店在开发创新型会展旅游产品时应充分考虑如下原则。首先，适应性原则。会展旅游具有专业性强、客户消费层次高、停留时间长、团队规模大等特点。因此酒店推出商务会展旅游产品时应充分考虑上述因素。在满足整体同质化需求的基准下，针对会展客人的不同需求提供个性化的产品。如会展 VIP 客人的高服务要求，据此酒店应派专业水平高的优秀员工来为其服务。其次，创新性原则。创新产品是保证酒店持续发展的主要动力。会展作为一种新型产业，由于信息流、人流庞大，因此对为之提供相应服务的酒店业提出了更高的要求。酒店若想形成自身特色，动力来源于创新。做到"人无我有，人有我新"，在满足会展客人基本需求的基础上推出外延性强、高层次的酒店产品，并在配套服务上以最优服务满足他们。

3. 扩展网络信息化保障体系

网络信息化保障体系是联结会展活动主体与酒店的各种会展中介、酒店中介、旅游电子商务网站、行业协会资料等各种信息资源群形成的体系。它是保障会展与酒店互动发展的重要外部条件。首先，信息展示功能。会展、酒店可通过互联网、报纸、杂志等媒介或加入会展、酒店相关行业协会来展示企业信息，使会展、酒店双方获得初步认知。其次，信息沟通功能。在双方初步了解获取一定信息后，为寻求合作，双方通过网上预订系统、电话、传真等现代通信手段来进行信息交流。而随着会展、酒店业国际化趋势的到来，必须扩展网络信息化保障体系以增强主体合作机会。

4. 健全系统的服务保障体系

系统化服务保障体系是为保证会展与酒店共同发展的完整化、标准化服务及为服务提供支持的基础设施等构成的体系。它包括3方面内容。首先是酒店产品售前服务。它主要表现为营销的推广，将企业服务形象宣传到会展潜在客源地，并形成相应的形象定位，为会展与酒店互动发展提供基础。其次是售后服务体系。酒店与曾在此下榻过的会展客人进行定期或不定期联系，加强顾客关系管理，通过调查不断改进现有酒店会展产品以更好地满足顾客。最后是基础设施保障。会议召开对酒店的通信设备、硬件设施等方面提出较高要求，酒店应根据不断变化的会展市场，完善和改进酒店基础设施，寻求商务会展旅游与酒店的最佳结合点。

5. 充分整合区域内相关资源

资源组合表现在内部资源组合，即会展、酒店各内部在相互协作、共同发展中需要优势资源；外部资源组合包括行业间资源组合，即会展、酒店业、通信、电信、娱乐、交通等各行业间合作；地区资源组合，即展览、酒店与地区旅游景点等其他旅游相关资源整合起来；信息资源组合，即人才信息、市场信息、产品销售状况等资源组合起来。在对上述资源进行整合后将其与会展、酒店业发展联系起来，充分利用，最终实现两者互动发展。

3.3 会展业与餐饮业的关系

3.3.1 竞合法则的必然选择

要在市场经济环境中立足生存，就必须兼具竞争意识和合作精神，战术上斤斤计较，战略上胸怀宽广。餐饮业曾经一度作为会展业的基础行业，加速了会展业的发展。但要全面展示我国餐饮业产业化、现代化、规范化发展中的崭新形象，大力宣传餐饮品牌企业和优新产品，广泛推介中华餐饮文化，深入交流探讨餐饮业面临的发展问题，推动中国餐饮业进一步发展乃至走向世界，餐饮业的巨头们不得不想到借助会展业这样一个新支点。同时会展业与餐饮业是两个难以分割的紧密关联行业，一方面对于餐饮业来说，能否与正走在风口浪尖上的会展行业合作是检验其发展态势、领域拓展能力的评价标准，是关乎其经济效益、生存前景的必然选择；另一方面对于会展业来说，离开了餐饮等基础行业的辅助作用必将事倍功半。2014上海餐饮博览会将在上海光大会展中心盛大召开，博览会将在海内外专业杂志、网站，以及报纸、商贸杂志、电视台、广播等大众媒体上刊登广告、发布新闻，充分利用上海城市的优势，努力创新，广泛邀请国内各专业买家的同时，并重点邀请国际采购、参观团。展会组织方与国外相关机构、协会、驻华商业机构通力合作，由其组织境外采购商赴会参观交流，极大地提高了展商的品牌宣传效果，为企业提供拓展中国餐饮区域中心市场寻求合作商最佳渠道。竞合法则告诉我们双赢局面的取得除增强竞争意识外，加强合作尤其是行业间的合作才是制胜的关键。

3.3.2 餐饮业发展势头良好为行业融合奠定了基础

随着部分餐饮企业逐渐转型，2013年全年行业增速达到11.82%左右，餐饮行业收入约26 035亿元。根据国家统计局最新发布的数据，2014年全国餐饮收入27 860亿元，同比增长9.7%，比上年加快0.7个百分点，终止了连续三年增速下滑的颓势。限额以上单位餐饮收入8208亿元，同比增长2.2%，增速由负转正，比上年大幅增长4个百分点。在餐饮业飞速发展的同时，餐饮企业集团化、网络化、信息化经营趋势加快，餐饮市场趋向细分化与特色化，绿色环保、营养健康已经成为消费时尚。餐饮业已经由最初满足人的生存进入提高生活水平的层次。现在的餐饮业也包括了社会餐饮、酒店餐饮、连锁餐饮以及快速餐饮4类形势，所以有必要通过举行专门的餐饮展，真实地反映餐饮业的发展状况。

可以说，餐饮行业发展的不断成熟为其与会展业的融合提供了可能。

3.3.3 积极参展为餐饮业的国际交流与发展提供了重要平台

近年来，中国与世界各国的经济文化交流日益频繁，东西方餐饮文化也在一定程度上得到了融合。2010年，中国餐饮业实际利用外资总额达2.7亿美元。餐饮展是促进餐饮业发展的重要平台，能够广泛调动餐饮企业和业内人士、厨师的积极性，推动行业发展，是弘扬中华餐饮文化和促进中外交流的重要窗口。

中华餐饮博大精深，在发展中形成了特色纷呈的菜系、厨艺，餐饮文化以其生动的表现形式和丰富的内涵，已经成为中华民族传统文化的象征之一，餐饮展可邀请餐饮发达国家的餐饮企业参展、交流与合作。

3.3.4 展会是展示餐饮业品牌形象的特殊载体

通过展会这种特殊的形式可以充分发挥行业主管部门的引导作用，通过会展活动与行业管理工作相结合、品牌培育与传统创新相结合、业务工作与宣传推介相结合、行业活动与国际交流相结合，充分调动各地行业主管部门、有关行业组织的积极性。近年来，以连锁、品牌经营和技术创新为代表的现代餐饮业，正在代替作坊式、经验型、随意性为特点的传统餐饮业。

顺应这一潮流，餐饮展可通过设立"百强餐饮品牌企业形象展区""中华老字号品牌餐饮产业知识产权保护系列演讲"等活动，在餐饮业大力推行品牌战略。这不仅可以给全国的品牌餐饮企业提供展示形象、交流经验、洽谈合作发展的契机，还是一次对全国餐饮业发展水平的大检阅。餐饮展品牌形象将给全国餐饮老字号企业、中国餐饮百强企业、全国重点餐饮企业、国家级酒家酒店、港澳台地区的品牌餐饮企业以及国内外餐饮特许品牌企业提供一个展示品牌形象、交流发展经验、探索合作发展的广阔平台。

3.3.5 餐饮业与会展业的融合是扩大消费的重要渠道和必然选择

面对我国长期以来内需不足的局面，快速发展的餐饮业已经成为拉动内需、扩大消费的重要力量。2010年，全国人均外出餐饮消费支出突破1160元。只要行业营销措施得当，这个数字还将不断攀升。餐饮展恰是专业及业余观众了解各大餐饮品牌的绝好机会。一些拥有较高知名度的大酒店、特色饭馆可以拿出看家本领，在餐饮展上多多吸引眼球，为自家今后的发展积聚人气。很多餐饮展的举办方也绞尽脑汁、别出心裁，在展会中既安排品牌评审、金奖菜点的认定，又有外国、外省市餐饮的展示；既有婚宴、寿宴、国宴等主流餐饮的荟萃，又有茶艺、咖啡等休闲餐饮的点缀，同时配以厨艺绝活表演、主题演讲论坛等，活动安排可谓精彩纷呈。会展行业在大喊"做大""做强"口号的同时，根据餐饮业的特点办展时也应"做细""做精"。

3.4 会展业与其他产业的关系

3.4.1 会展业的地位和作用

会展业地位和作用日益凸现。会展业涉及工业、农业、商贸等诸多产业，对结构调整、开拓市场、促进消费、加强合作交流、扩大产品出口、推动经济快速持续健康发展等有重要作用，在城市建设、精神文明建设、和谐社会构建中显示出其特殊的地位和作用，并日益显现出来。

其地位和作用具体体现在如下几个方面。

第一，能产生强大的互动共赢效应。会展业不仅能带来场租费、搭建费等直接收入，而且还能拉动或间接带动数十个行业的发展，直接创造商业购物、餐饮、住宿、娱乐、交通、通信、广告、旅游、印刷、房地产等相关收入。不仅能集聚人气，而且能促进各大产业的发展，对一个城市或地区经济发展和社会进步产生重大影响和催化作用。据有关统计表明，一个好的会展对经济拉动效应能达到1∶9的效果，甚至更高。

第二，能获得优质资源。会展业汇聚巨大的信息流、技术流、商品流和人才流，这意味着各行业在开放潮中，在产品、技术、生产、营销等方面可获取比较优势，优化配置资源，增强综合竞争力。会展业发展可以不断创造出"神话"，如博鳌效应就是其中的一个典型范例，穷乡僻壤的博鳌建成国际会议中心后，以其良好的生态、人文、治安环境，吸引了众多海内外会议组织者、参会者、旅游者等。

第三，能提升支持力度。各产业的发展，特别是制造业要生存和提升竞争力，需要相关服务行业的协作，加快新型工业化、新农村建设，更离不开会展业的支持和助力。其中会展业是一项极其重要的服务内容，作为特殊的服务行业，会展经济能服务和增强城市面向周边地区的辐射力和影响力。所以，会展经济有巨大的效能。

第四，能增加就业机会。随着近年来办展活动的增多，会展业不仅能提供就业机会，而且还能拉动和促进就业。

第五，能成为经济发展的"风向标"。会展紧扣经济，展示经济发展成果，会展经济的发展将直接刺激贸易、旅游、宾馆、交通、运输、金融、房地产、零售等行业的市场景气，大型和专业性会展往往是产品或技术市场占有率及盈利前景的晴雨表，推动商品贸易、投资合作、服务贸易、高层论坛、文化交流等各方面的发展与进步。

会展业是一个非常巨大的产业，根据国际展览业权威人士估算，国际展览业的产值约占全世界各国 GDP 总和的 1%，如果加上相关行业从展览中的获益，展览业对全球经济的贡献则达到 8% 的水平。国际会议业同样是一个巨大的产业，根据国际会议协会（ICCA）统计，每年国际会议的产值约为 2800 亿美元。在德国和中国香港等会展业发达的国家和地区，会展业对经济的带动作用达到 1∶9 的水平。我国会展业发展速度非常快，已经成为我国经济的新亮点。

3.4.2 会展产业推动区域经济发展

会展产业是指从事会展活动的，相互联系、相互作用、相互影响的同类企业的总和。它是伴随着社会生产力的发展，在社会分工的基础上，会展活动发展到一定阶段后的产物，是现代经济体系的有机组成部分。区域经济是国内空间资源组成的地区经济集合体，它是国民经济的组成部分，起着连接地区经济与国民经济的桥梁作用。

现在一说起会展产业，一般都提到其对区域经济有 1∶9 的带动效用。那么这些带动具体表现在什么地方，又是如何实现的呢？

会展产业对区域经济的推动作用可以从宏观环境、产业经济和微观主体 3 个层面来具体剖析。

1. 宏观环境考察

(1) 加速对区域增长极的培育。根据区域经济的梯次变化理论，地区经济发展的不平衡形成了经济增长极，增长极成为区域内的中心地区，在中心地区的周围，有着经济特征相近的环状地带，这些环状地带一层一层地围绕着中心地区不断向外辐射，把中心地区包围其中。按照经济指标进行分类，中心区经济指标最高，然后沿着环形带不断向外递减，越是靠近外侧，经济指标越低，形成了向外部梯次不断下降的空间分布。中心地区对低梯度地区产生着重要的影响，这种中心区的辐射力具有跨地区性，通过它的辐射来连接不同地区的企业，密切不同地区的经济运行，提高地区间的联合程度，最终建立起区域经济网络，必将强有力地推动整个区域经济的发展。

培育区域中心地区，即区域增长极的核心是培育和完善中心地区的功能，而通过发展会展产业，利用会展业较强的产业关联效应，带动地区建筑、餐饮、宾馆、饭店、金融、旅游等其他产业共同发展，加速了中心地区的建设，突出其金融、科技服务、信息中心等功能，并以此来控制和沟通不同地区企业之间的来往。这样，不仅中心地区得以发展，而且区域内其他地区同中心地区以及其他地区之间相沟通的条件建设也得到了相应改善。最终不仅中心地区或城市的经济得到发展，地位得到巩固，整个区域经济也必将得到长足发展。比如说广州，由于拥有"中国第一展"——"中国出口商品交易会"进一步增强了广州作为出口贸易中心的地位，推动了整个"珠三角"工业的优化升级，为珠江经济区提供产业配套、产业带动、产业集中等强有力的支持，促进区域内资金、物资、信息、科技、人才等要素的流动，进而带动区域经济的协调发展。

(2) 加快基础设施建设，完善区域功能。会展是一种大型的群众活动，它要求符合条件的展览场所，有一定接待能力、高中低档相配合的旅行社、宾馆、酒店、便捷的交通、通信和安全保障体系，优雅的旅游景点等。以发展会展经济为目的，为获得大型会议、展览的举办权，各地方政府都会积极进行综合性、全方位的城市建设，如铺设交通、通信网络，兴建现代化的大型会展中心、宾馆和酒店，加快环境保护工作等，加强对整个区域的基础设施建设。此外，通过会展产业发展也可以进一步增强区域作为贸易中心、服务中心、信息中心、金融中心、科技中心等诸多方面的功能，进而从整体上完善区域功能，提高整个区域的吸纳和辐射能力。例如，1999年昆明世博会218万平方米的场馆群及相关投资总计超过216亿元，使昆明城市建设至少加快了10年。上海因举办APEC会议，展开了新中国成立以来规模最大的一次"城市整容"活动，各景观道路建筑整容面积达300多万平方米，使上海路面的平整度达到历史最好状态。同时，上海的旅游、商业、交通等硬件设施也得到了发展。

(3) 提高区域综合竞争力和知名度。会展活动的开展使区域的基础设施、市政管理和服务功能不断得以加强和完善，区域环境得到了根本性治理，综合实力稳步提升，竞争力得以提高。同时，为了办好会展，主办者必然要在国内外进行广告宣传活动。这种宣传往往是与区域的建设、交通、经济、科技和人文等环境的推荐联系在一起的，它在客观上起到了宣传会展举办地的作用。国际性会展活动的进行更使会展举办地名声鹊起，知名度大大提高，并成为区域加速发展的最大无形资产。

(4) 扩大内需，增加就业。产业经济学理论认为，由于各产业发展的"关联效应"是客观存在的，产业间的劳动就业机会也就有了必然联系。某一产业的发展会相应地增加一定的劳动就业机会，而该产业发展所带动相关产业的发展，也就必然使这些相关产业增加就业机会，产业间的这种劳动就业联系在西方经济学中被描述为投资乘数在就业中的作用。

当城市在发展会展经济时，一方面由于会展业本身的发展会增加就业机会；另一方面，由于会展业的产业关联效应带动其他产业的发展，从而使其他产业增加劳动就业机会，就业机会的增加意味着收入和消费的增多，最终通过乘数效应，促进整个城市经济的繁荣与发展。统计分析表明，每增加1000平方米的展览面积，就可创造近百个就业机会。在香港，一年的会展收入达74亿港元，同时为社会提供9000多个就业机会。根据商务部2013年有关会展行业数据汇总表中的统计，2013年全国共举办展览7851场，提供社会就业岗位1960

万人次，比 2012 年增长 0.5%。对于人口众多的中国而言，会展产业的发展无疑为增加就业提供了一条有效的渠道。

(5) 加速外向型经济的发展。国际性会展活动有利于吸引不同地区、国家的客商相互交流与合作，增加国家的进出口贸易，同时，通过宣传国家的对外开放政策、招商引资项目，可增加资本跨国界流动的规模和速度，提高区域对外开放水平，增强区域对外开放能力。

(6) 促进全球经济一体化。经济一体化、市场化和区域集团化是世界经济发展的未来总趋势。而会展产业的发展有利于统一的市场规则、国际惯例、经济秩序的形成，从而加深不同国家、地区的相互了解和分工合作，加强各国政府和组织的协作，有利于突破经济一体化的各种制度因素和非制度因素，为完整的市场体系形成提供条件，推进全球经济的一体化进程。

2. 产业经济研究

会展产业发展为区域支柱、优势产业的崛起提供了契机。从区域的特色产业、优势产业入手，培育富有区域特色的品牌会展，将会加速区域生产要素与区外生产要素的循环，为区域产业发展赢得更多的资金、技术和人才，培育区域经济增长机制和发展功能，在孕育区域特色产业的同时使该区域的行业会展也可以长足发展。如深圳，高新技术产值占GDP的一半以上，从而形成了高交会；而东莞则有家具展、电博会；长春作为我国汽车工业的摇篮培育了汽车展；浙江省的义乌则由于小商品经济发达而拥有了小商品博览会。这些城市会展产业发展的特点使会展品牌与本身经济和产业特点密切相关。

毋庸置疑，优势产业孕育了富有特色的行业会展，而行业品牌会展的形成又为本行业的腾飞提供了契机，最终形成行业与会展之间的良性互动关系。

当然，考察国际会展产业的发展脉络，我们不难发现，会展产业对区域经济发展的推动作用主要是通过产业关联效应，带动整个产业链发展来实现的。

当某一区域的主导产业被确定以后，它将会通过扩散效应对整个区域产业结构的优化发展起到积极作用。主导产业对整个区域产业结构的影响是通过3方面来实现的：回顾效应、旁侧效应和前向效应。所谓回顾效应，是指当一个产业处于高速增长阶段时，由于其技术经济联系的要求，会对后向关联的部门提出新的投入需求。而这些新的投入需求，将会促进后向关联部门技术、组织以及制度等方面的创新与发展。所谓的旁侧效应是指主导部门的成长还会引起周围地区在经济和社会方面的一系列变化，这些变化趋向于在更广泛的基础上推进工业化进程和促进产业结构升级。主导产业正是通过这3种扩散效应的组合，来实现整个产业结构的优化和经济的快速增长。

会展业通过关联效应和扩散效应，带动建筑、旅游、餐饮、金融保险等其他产业发展，使产业结构顺着第一、二、三产业优势地位顺向递进的方向演进，顺着劳动密集型产业、资本密集型产业、技术(知识)密集型产业分别占优势地位的方向演进，使区域的产业结构向着更加合理化和高度化的方向发展，最终推动区域经济增长。

(1) 旅游业区域会展业插翅起飞的同时也为旅游业的发展注入了新的活力。通过各种类型会议、展览活动的进行而形成的旅游——会展旅游，目前已经在各会展城市闪亮登场。

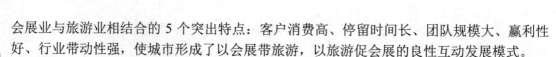

会展业与旅游业相结合的 5 个突出特点：客户消费高、停留时间长、团队规模大、赢利性好、行业带动性强，使城市形成了以会展带旅游，以旅游促会展的良性互动发展模式。

会展业为旅游业的发展创造了巨大的商机，开发出一个极大的市场。在德国会展局(GCB)和欧洲活动中心协会(EVVC)联合主办的 2013 年绿色会议和活动大会上，德国国家旅游局宣布德国作为商务旅行目的地的定位，商务旅行成为德国入境旅游增长非常重要的推动力量。会展业需要包括旅游业、餐饮业、酒店业、交通运输业等产业的支持。德国拥有丰富的旅游资源，旅游业年收入占 GDP 的 1.2%。德国酒店业在欧洲排名居第一，发展成熟的旅游业给予了会展业强大支持，而会展业的繁荣又带动了旅游业的兴盛。对于高速发展中的东欧和亚洲客源市场来说，德国极富吸引力。

(2) 餐饮、住宿会展业为区域餐饮、住宿业带来的收益非常突出。会展活动期间，大量的参展商和参展观众的涌入对餐饮、住宿行业形成巨大的需求，为这些行业的发展创造了机遇。在美国，其店客人的 33.8%均来自于国际会议及奖励旅游；2011 年深圳大学生运动会吸引数以万计的海外参赛者及国际媒体出席，香港作为拥有完善国际航班网络的旅程中转站，获得了巨大的商机。香港旅游业界估计当中 90%访客经港赴深。有深圳旅行社提早部署，为旅客设计 6 条香港游路线；香港酒店业入住率升 10 个百分点，达到 9 成。不单"大运会旅客"是香港的潜在客源，大运会举行期间，深圳居民额外获 7 天假期，亦变相为港增加两个"小黄金周"，有香港商场把握商机，加推优惠吸引他们届时到临香港消费。推出特别针对深圳居民的团购服务，深圳网民透过网络可以低至 2 折购买"购物、美食及娱乐"套票，商场预期因应深圳旅客有额外假期，可带动商场暑期生意，人流及生意额分别提升 10%及 12%，当中以餐厅食肆、童装、玩具、戏院、美容化妆及服装等店铺最受惠。

(3) 交通、通信会展业对举办区域交通、通信业的发展也有着很强的带动作用。会展活动的举办会将大量的人流、物流汇集到会展举办城市，增加对城市交通和通信业的需求，促进这些行业的发展。据资料显示，1998 年全世界会议代表所订的机票占全球机票销售量的 50%左右；在美国，其航空客运量的 25%来自于国际会议及奖励旅游；在每年两届的广交会期间，来自 170 多个国家和地区的 10 万多外商云集广州，仅出租车的日收入就比平日激增 300 万元左右。同时，会展活动的进行拉大了人们在地域空间上的距离，提高了人们之间通信联系的频率，增加了对城市通信服务的需求，从而为城市通信业创造了收入。

(4) 零售业会展业对零售业的发展也有着一定的带动作用。会展活动期间，大量人流的涌入会增加对生活用品和服务的需求，促进零售业的发展。据北京市统计局对多家商场在第 21 届世界大学生运动会(大运会)期间的销售情况进行的统计结果显示，这些商场的销售额都因为大运会的举办而大幅度增长：北京的当代商城、秀水街、红桥市场在大运会举行的 11 天时间里，实际销售额分别达到 1137 万元、600 万元和 3900 万元，月销售额同比增长了 35%、2.1 倍和 30%；在第二届长春汽车博览会期间，长春市内十大商场贸易额同比增长 37.1%。

(5) 被称作企业"第三利润源泉"的物流业在区域会展经济发展中也是大有作为，物流、会展两大朝阳产业的珠联璧合使得展览物流成为一块香味四溢的奶酪。

会展活动期间汇集了大量的商品，导致了频繁的物流活动：展览前后参展商品的运输、

3 会展产业与其他产业的互动论

包装、储存、装卸、搬运；会展活动期间向参展商和参展观众分发的成吨食品，以及其他的会展配套设施，都会增加对物流服务的需求。更重要的是，相对于一般的货物运输而言，展品对物流服务有着更高的要求，这就要求物流活动组织者不断采用先进技术、设备和管理方法，提高物流服务水平。

(6) 保险业也有一定的发展。为了确保会展活动中参展商和参展观众的人身安全；保护参展企业的专利、商标等知识产权；保证各类展品，特别是像珠宝、航空飞机等贵重展品的安全，于是在会展业的发展中不可避免地涉及了保险业。会展业的发展需要保险业的支持，从而带动区域保险业的发展。

世界第五大航展——中国珠海航展第四届展会举办时，把全部有形资产和无形资产都推向市场，由太平洋保险公司独家承揽 665 亿元的高额保险。这一揽子保险项目包括：飞机机身险、飞行表演、静态展示第三方责任险、飞行员及工作人员人身险、航空器财产险、火箭等航空航天系列保险；展馆公众责任险等。

当然受会展业影响的还远不止以上行业，会展业的发展还将会对举办区域的金融、环保、广告、装潢设计等相关行业产生拉动作用，使区域产业结构得以调整。正是由于会展业带动其他产业发展的独特魅力，许多城市，如德国的汉诺威、慕尼黑、杜塞尔多夫，美国的芝加哥，法国的巴黎，英国的伦敦，意大利的米兰，新加坡及中国的香港等都把会展业作为支柱产业来扶持，以促进城市产业结构的优化，加速城市经济的发展。

3. 微观主体剖析

(1) 沟通产销，吸引投资。大部分厂商和经销商参加会展的目的都是树立形象、取得订单，扩大销售或招商引资。因为在会展活动中参展商可以建立许多新的商业网络，使其中的一部分参展观众成为现实或潜在的客户，沟通了产销。同时，会展活动有利于技术和管理方式的交流与合作，促进科学技术的引进和转化，刺激对高新技术的需求，引导和推动传统产业了解有关产品和技术发展的最新动态。同时也可以引进外资，吸引风险投资，拓宽企业发展的资金渠道。

(2) 交流信息，传播技术。对专利技术展、高新技术展而言，其交流科技信息的作用是有目共睹的，它就是主办者的目的。对于普通的商品展览会、博览会，这方面的作用也是不可忽视的。会展活动通过集体性的物质、文化交流，使每一参与方都能不同程度地共享某些物质、文化交流信息。会展活动所伴随的信息传递和技术扩散功能有着便利性、快速性、中转环节少和反馈及时等特征。

(3) 树立和改进企业形象。企业的形象是企业的无形资产。人们透过企业形象，可以看到企业的管理、企业的精神、企业的作风，增加信任或尊崇，从而增加合作的机会。展览为企业提供了形象宣传的极好机会。展览中的企业形象宣传与一般的媒体形象宣传不同的是，企业不仅可以通过文字、图片等平面艺术形式说话，而且可以通过灯光、音乐和立体造型等艺术手段说话，还可以通过企业员工与客户的直接交谈，拉近与客户的距离，展示企业的形象。

(4) 丰富居民文化生活，提高国民素质。大型的地区性、国际性会展，可以吸引不同文化、不同观念的人们，有利于会展举办地人们与之交流，扩大人们的视野。同时，在与外来参观者接触过程中，人们也会学到一些先进的观念，改变一贯的做法，对于丰富文化生活，提高居民素质和修养具有重要的意义。

小城市应精办专业展推动经济发展

中国的会展经济经过改革开放后十多年的摸索，已逐步过渡到品牌展会集约发展的阶段。与此同时，会展经济带来的巨大商机，也将不少地方发展经济的重心向会展方面转移。于是，各地纷纷投资兴建大型展览场馆，出台各种积极的政策措施支持会展业的发展，形成了异常激烈的众多城市争做会展名城、争办大型会展的竞争格局。

那么，是不是发展到该阶段，只有举办大型展会才有前途呢？其实未必。大型展会的资源毕竟是有限的，退而求其次，对更多优势并不明显的3类会展城市，要想在激烈的竞争中异军突起，直至站稳脚跟，应根据自身的实力量力而行，合理地利用区域产业优势资源，走自身特色的中小型专业展会之路，才是助推中小城市经济发展的最明智之举。2006年6月在山东潍坊举办的中国(潍坊)铝型材、门窗幕墙及生产加工设备展览会，就是办精办好中小型会展的一个典型案例。

(1) 城市的优势产业是带动城市会展业发展的重要基础。

根据欧美展览业情况看，生产基地是展览会产生、发展的最重要条件，产业规模越大，展览会就越有条件做大、做强。同样，具体的一个展会项目更是如此，展会在立项时要从当地产业优势、行业资源、市场基础、消费需求及发展趋向来定位。

中国(潍坊)铝型材、门窗幕墙及生产加工设备展览会在立项时，组织者做了详细的市场调查和研究，确定了自身确实具备的一些优势，比如，江北最大的铝型材批发市场——潍坊市临朐县现有30多家铝型材生产加工企业，年生产能力且达50万吨，产后可实现销售收入90亿元；该地汇集了全国各大铝型材生产厂家的一级和二级经销商，年交易额100亿元，成为江北最大的铝型材集散地和山东省十大优秀市场之一；业务范围辐射广东、江苏、安徽、河北、河南、内蒙古、东北三省等近20个省、市、地区。只有具备了这些硬性条件，才足以把一次展会成功地支撑起来，而不至于盲目办展。

(2) 不求大，而求精、求专。

目前，众多展会追求规模、追求数量，这样的结果是展会主题过多，展会专业性不强，鱼目混珠。甚至有的展会组织者为了追求展会的规模，生搬硬凑，把一些与展会全不相干的参展商以超低价格甚至是赠送的方式拉进展会。

为了避免这种情况的发生，中国(潍坊)铝型材、门窗幕墙及生产加工设备展览会的组委会从一开始就专注于铝形材、门窗幕墙及生产加工设备，对于关系不大的企业一律谢绝参展。这样，虽然展会的规模不大，但都是这个行业内的，展会做到了既精又专。

(3) 做好专业观众的组织和全方位、立体化的宣传报道工作。

专业观众的数量和质量也是衡量展会成功与否的标志，对本次专业性极强的展会而言更是如此。

为保证中国(潍坊)铝型材、门窗幕墙及生产加工设备展览会专业观众组织工作落实到位，组委会精心策划了全面的展会推广方案，指派专人负责展会的宣传推广、观众组织邀请，可靠的组织保证是展会成功举办的基础。同时还联合行业内专业媒体、网站、会展业内权威媒体，以及当地的强势新闻媒体，全方位地推介本次展会。

(4) 高规格的行业发展高峰论坛、讲座及丰富的现场活动。

展会期间，组委会邀请了国家有关部委的领导和行业内的著名专家学者，就我国铝型材、门窗幕墙行业的现状和发展前景进行专题研讨。针对行业内的许多技术问题，邀请有关专家和参展商代表进行专题技术讲座，此外还举办了丰富多彩的现场活动。所有这一切在提升展会规格的同时，更吸引了众多高品质的专业观众。

正是做到了以上几点，本届中国(潍坊)铝型材、门窗幕墙及生产加工设备展览会以产销对接、厂商共赢为主题，以江北规模最大、品种最全、交易量最高的铝型材及相关产品集散地——临朐县铝型批发市场为依托，达到展出面积 10 000 平方米，设置展位 100 余个的效果，成为迄今为止山东省内规模最大、最专业的铝型材及门窗幕墙专业展会，吸引了国际知名品牌如泰诺风保泰、阿克苏诺贝尔、意大利吉斯等的纷纷亮相。而也正是展会前各项工作策划、筹备、宣传等做得比较到位，使受众都认为这是一个真正专业性的展会，仅开幕式当天就吸引专业观众近万人次，参展商们也普遍反映本次展会是一次专业性、高层次的展会。

诚然，与在上海、北京、广州等国内一级会展城市举办的大型展会相比，这样的中小型专业展似乎还有着很大的差距。但从促进区域经济发展，切实拉动地方相关产业方面，这样的展会却不一定比大型展会的效果差。因此，在集约化大型展会发展趋势下，中小城市办精、办好中小型专业展会还是大有前途的。

复习思考题

一、名词解释

会展旅游

二、论述题

根据实例谈谈自己对会展业与旅游业互动关系的理解。

会展构成要素

知识目标

- 了解会展构成的各个要素
- 理解承办商的职责
- 了解参展商与主办商之间的关系
- 掌握展会与观众的关系

技能目标

- 熟悉会展构成各个要素之间的关系
- 了解会展场馆的使用
- 学会分析如何选择服务承包商

4 会展构成要素

防止展会变成大杂烩

(1) 狐假虎威，乱挂"旗号"。

一些办会单位为了获利，扩大展销会的知名度，使其名正言顺，竟拉上一些权威部门作招牌，冠以"某某部门主办"。在这样的招牌下，什么样的展会都能办，什么样的冠名都敢吹，什么"博览会""国际商品展销会"等，应有尽有，连一些县办的展销会也敢冠名"中国服装展销会""中国食品展销博览会"等，如此展销会纯粹假、大、空，是在欺骗消费者。

(2) 名不副实。

办展销会是一项严肃的事情，必须进行认真筹划，同时要量力而行，符合当地实际。可眼下一些地方为了提高所谓的知名度，今天办这个节会，明天办那个展会。为了把展会办出火爆的效果，竟强迫所在地企业租摊位赞助，渲染气氛。而实际结果则是冷冷清清。某市举办"国际啤酒节"，参加企业只有二十几家，且多为名不见经传的小啤酒厂，展会期间不是啤酒唱"主角"，而是参加展会的部分私营个体服装、小百货店主演"宠儿"。原定5天的展销会，不到3天就草草收场。事实上，眼下的一些展销会，只有开场，无法收场，纯属是花钱买热闹，作秀。

(3) 成为伪劣、淘汰商品的"集散地"。

按理说，展销会是推陈出新、引领时尚、展示自我的好场所，主办单位、参展单位都有一定的程序及标准，旨在规范、提高展会质量。可眼下一些展会主办单位为了获利，招商邀请函满天飞，不论什么单位，只要掏钱，都可以进场展销，致使一些假冒伪劣商品、淘汰过时产品堂而皇之地进了展销会，展会成了各种商品大杂烩的"集散地"。他们利用展会的旗号展销这些商品，最终害了消费者，毁了展会声誉。

针对展会市场的诸多不良现象，各地各部门应高度重视，并尽快采取切实措施，整顿展会秩序，同时要加强审批力度，确保展会质量，真正为市场牵线搭桥，体现展会的真正价值，宁缺毋滥。

——资料来源：http://www.xdmice.com 西点会展网

4.1 主办商

展会组织者的目的是能够从一个成功的展会中获得利润。这里所讲的"成功"是指多年来参展商和观众人数不断增加，以及建立和维持一个公平良好的形象。这些目标可以通过运用针对性的营销和公关方法，达到国际性的高度，定位全球领先展会行业的某一个分支等这些方式来实现。展会组织者也需要从展会管理的未来趋势、展会运营商的技术发展及其相关服务做一个长远的考虑。

1. 目标

为了实现这一设定的目标，展会组织者应注重以下几个方面：参展商和参观者的收获；

为参展商和参观者提供高品质的服务；基础设施的不断发展；与参展商和媒体保持联系；为参展商、观众和记者提供相关资料。

2. 确定展览主题

确定一个新的展览主题有很多方法。最简单的方法是采用现有展览会中的一个部分，把它发展成为一个独立主题。另一个选择是与行业协会商讨建立一个相关的展会业务部门。最难的就是根据市场研究结果确定展会主题。

3. 保证市场调查

一旦确定展会主题，接下来确定可能参加的参展商的数目就显得尤为重要，要能够保证一些比较具有行业代表性的参展商参展。这个数目的确定就要根据区域、国家和国际性调查来进行。

我们还建议建立一个全国、国际贸易协会以及特定商业部门组织的清单，以便可以随时找出一些积极支持你的合作伙伴。

市场研究同样需要更好地了解可能参展的参展商和观众的需要和愿望，要让参展商和观众及时地了解展会的相关信息和最新发展情况，以便他们根据自身情况及时做调整，从而更好地融入展会当中去。

4. 展览发展观

通过已有展会，同一个与展会有关的贸易支持合作伙伴发展新展会合作的概念是非常可取的。因为它在选择主题上已经有了适当的经验储备。

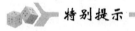 特别提示

发展一个展会的参考概念如下。

相关产品和副主题，为了吸引正确的目标(参展商和观众)和区分来自同样分支的可能性竞争事件的展会；展会周期(每年，每两年，每年两次等)，取决于发达国家的产品创新频率/服务(这跟从分支到分支不同)，如果频率太长(例如每3年一次)，有可能竞争对手的展会就会填补了中间的空白；展会的时间和持续时间；展会的地点；参展商和参观者的目标群体；可能挂钩的会议与活动；条款和参展条件(开放时间，设置和拆除时间，付款方式，一般信息安全、责任、保险、注销等)。

5. 吸引参展商和参观者

根据展会和已经定义的产品门类的概念，参展商可以采取全方位的营销手段来进行采购(产品/出价、价格/条件、分配、通信)，在展会开始之前吸引游客。第一步，组织者可以分享关于本次会展的一般信息，比如会展名称、主题、城市和地点、日期及开放时间、门票、相关会议和其他补充方案的一般信息。然后，当相当多的参展商签署了合同后，关于他们的信息也可以补充进去。

组织者可以为参展商提供需要的广告和宣传资料，并站在他们的立场上去向他们的客

户描述他们对客户的欢迎态度。另一项重要活动就是为参展商和参观者之间的合作提供沟通平台。

6. 展览结果分析

在一个展会结束时,调查参观者和参展商的意见,以此来评定展会是否成功,这对于展会组织者来说是很重要的。另外,对组织者来说,通过分析一些数据,判断是否达到之前设定的目标,从而来判断展会的成功与否也是很重要的。

如果一些目标尚未实现,重要的是分析展会的原因,然后指定一项战略,以此避免将来这样的错误再犯。

界定展会成功的定量指标是:收入、租出场地的面积、售出的门票数量、商品成交的数量、从服务所产生的收入、参展商数目、参观人数。

界定展会成功的定性指标是:参展商的类型、客商类型、媒体对展会的反应情况、展会的氛围。

通过和客商代表的面对面的访谈,调查和分析客商的意见。对这些客商的调查,应考虑到以下标准:客商的来源(国际、国家、区域);他们在自己公司的位置;他们所代表的行业;他们的访问时间;他们参加本次展会或者其他同类展会的频率。这些客商的信息通常由主办单位公布,因为这是一个说服参展商参展的很好方式。

除了对客商进行分析外,通过采访几个特定的人选来调查参展商的意见、意愿和关于展会的感受也很重要。结果可以用来改善展会的概念,以此来提供更好的服务和加强与参展商的关系,也可以与媒体进行沟通交流。

7. 展览会的盈利计算

贡献利润是一次短期内的控制型工具,非常适合于计算贸易展会的收益率。它清晰地从固定成本(在短期的基础内无法被影响)内区分出可变成本(在短期基础内可以被影响)。

特别提示

贡献利润计算的优点在于:可变成本的估价是每次任务所花成本的内在配置的基础;固定和可变成本的严格区分是每次任务能够有一个清楚的成本配置;它促进了目标的管理,因为一次成本被分配到每个任务当中,这样成本可以更好地被规划、分析以及控制。

当在计算一次展会的收益时,管理组织公司的大体花费以及经常开支必须被考虑进去,贡献利润计算满足了不同等级制度的需求:对于展会的项目管理者来说,中肯的控制型工具是贡献利润 1,用展会收益减去固定和可变成本,直接关联到了展会;对于部门的领导来说,中肯的控制型工具是贡献利润 2,它指把部门的固定成本包含在贡献利润 1 中;对于执行董事会而言,中肯的控制型工具是贡献利润 3,它指把公司相关的固定成本包含在贡献利润 2 中。贡献利润 3 最终在一个展会的利润或亏损上给予一个反映。

ROI 是两个目录的产品(营业额收益率和资产营业额),同时描述了投资资产的年收益性,营业额收益率分析了在营业额上的利润关系,资产营业额分析了在投资资产上的营业额关系。投资回收率周期是在必要的时间里回收投资资产并放入一个展会当中。投资回收率的周期不能超过3年。在许多公司中,已声明的最低收益率为10%~20%。

4.2 承办商

自20世纪90年代后半期起,中国会展活动呈快速增长趋势,诸多相关行业聚焦这一新兴市场,从而催生了一个新生的行业——会展业。中国会展业起步迟,经营组织、策划创意、法律合同等各方面都尚未形成完善的体系。会展包含会议与展览,经营显然要比单项来得庞杂。美国是世界上会展业最发达、会展历史最悠久、会展法律也最细致的国家,本节就以美国会议承办商的经营模式和运作细节为对象进行解析。

4.2.1 类型与作用

2012年,在美国召开的会议超过180万次,约有2.05亿人次参会。在180多万次会议中,公司以及商业会议约占会议总量的50%,位列其后的分别是年会、专业会议、代表大会以及发布会等。从参会人员上看,大部分的参会人员都来自公司会议;协会及会员组织居第二位(26%);第三位的是非政府、非营利性组织(23%)。通过以上两组数据可以看出,公司及商业会议是美国会议业的主要类型,对整体会议业具有非常重要的意义。

在庞大的会展市场中,首先有必要把主办方和承办商区分开来。从最大的概念区分,展会有主办方直接操办和承办商受委托代办两种。有些大公司如微软、通用、波音,都有自己专门办会的机构,各协会也有自己办会的。但有许多会议是交给承办商代理的。在美国,办会已有相当稳定的市场分工。公司自办会议约占34%,各类协会自办会议约占27%,政府和旅行机构办会约占26%,由独立的会议公司承办的约占13%。

如单纯只从"承办"这个概念出发,实际上,旅行社和旅游公司一类的旅行机构应归入承办商之列,但这中间又有着很重要的差别。在美国经常举办会议的大城市,有两类、3种公司。一类称为目的地接待公司(Destination Hospitality Company,DHC),这类公司基本类同于旅行社,或本身就是旅行社(注:美国旅行社与中国的旅行社经营范围差别很大,大量小旅行社主营业务只是代售机票,而大的旅游公司不仅统揽旅游,甚至涉足金融、房产)。它们负责协调会议活动、组织安排与会议相关的服务,包括参观、游览、考察、配备陪同、落实城际和市内交通等。这类公司的服务功能主要不在会议本身,而在于为会议安排服务。当然,有一些单位的内部会议(如董事会、学术会)、恳谈会、研讨会等不需会议公司涉足,一般只要安排好会场、落实好交通和旅游即可。这类会议公司虽也是承办商,但它们基本是旅行社转型,并仍以旅行服务功能为主。另一类是真正意义上的会议承办商,又分为两种情况,一种称之为PCO(Professional Conference Organizer),即专业会议组办商,另一种称为IMP(Independent Meeting Planner),即会议独立承办商。这两者都是专营会议市场的策划者、组织者和管理者。他们要把握整个会议的主题和运作全过程,尤其是前期与会议内容直接有关的选址、会议类型的确定、会议形式及场景、会议内外的全部安排、会议预算等,要既有创意,又达到理想效果,对会议的顺利进行与否担负着重大责任。如果说 PCO 与 IMP 有什么不同的话,前者是 Organizer,因而往往还承担招徕客源、组织客源的任务;而 Planner 主要是策划、安排、管理,一般较少直接去组织客源,至少对参会者的多少不负有经济责任。简而言之,在会议的设计、营销、运作和管理四大任务中,PCO 往往全部挑起担子,而 IMP 则不揽市场营销这一块。本节所讨论分析的会议承办商主要指 IMP。

4.2.2 角色与性质

自有市场经济以来,就有了中介商(或称"中间商")。在商品生产和销售的价值链中,中介商的服务历来存在于消费者和生产商之间。如房产代理商、旅行社(注:Travel Agency 直译就是"旅行代理商")、财务顾问等。在美国,从 20 世纪 70 年代浮出水面的会议独立承办商(以下简称"承办商")就是会展业的中介商。IMP 从事重要的组织、谈判和安排服务。有时他们代表买方,并由买方支付费用;有时他们代表卖方,并从卖方那获取报酬;有些安排让中介商角色更模糊、更微妙——时而代表买方,时而代表卖方。

由于美国会展业成熟,法律齐全,因而对中介商的地位、角色、作用和利益都有着明确的界定。乍看起来,会议承办商既然是帮主办方在操办会议,顾名思义应是主办方的全权代表。实际上,在美国这样高度市场化的国家里,判断"代表谁"的唯一准绳就是"利益原则"。承办商只是从会议主办方那里得到报酬吗?一个会议的成功举办,有哪几方得利?譬如说,即使是一个非营利性会议的成功举办,有哪几方得利?无论从长远经济效益,还是即时社会影响来看,主办方是获益的;但是我们又要看到,承办方把会议"卖"给了某家酒店,这家酒店得到丰厚的营业收入,酒店同时也是获利者,承办商从酒店也能得到佣金(Commissions)的回报。从法律角度看,承办商不可能只是主办方的忠实代表,完全有这样一种可能:为获得更多的佣金而增大会议在酒店的开销。站在法治的高度,对承办商一切可能产生利益的渠道都应有公正、公平、透明的规制,而不是依赖承办者的道德水准。随着会展业的发展,会议的规模越来越大,情况越来越复杂,承办商的作用愈加凸显。在美国,办会的一般规律是:与公司和协会核心业务有关的会议仍捏在自己手中,其他则实行外包(Out Source),从而使承办会议的市场越来越大。现在美国大大小小的会议承办商已达几千家。

美国对会议承办者的法律界定是独立于买方与卖方之外的第三方(The Third Party),这也是 IMP 中强调 Independent(独立)的道理。承办商是代理人,而不是主办方的雇员。他们与酒店打交道,和公司直接与酒店打交道的性质截然不同。他们既不会,也无权代表主办方的一切意愿和利益。

在具体承办中,由于主办方各有自己的能力和要求,因而委托的内容和项目详略不一,差别很大。总的来说,承办商的主要职责包括:会议选址、合同谈判、登记注册、活动促销、程序设计、会场管理、展览管理、旅游安排、考察联络、往返交通、遴选演讲者、礼品选择等。从美国 IMP 统计资料看,现场服务管理占 46%,一揽子全包服务占 36%,选址与现场督导占 30%,合同谈判占 28%。

在美国,由于市场专业分工的成熟和诚信机制的确立,各种机构愿意聘请 IMP 来承办会议。其中选址当然是第一位考虑的，把会议要求告诉对方，接下来谈房价，也包括附属设施和活动价格在内。谈妥后，代主办方与酒店起草一份对双方均公平的合同草稿。在合同中，房价和会议人数是关键。会议房价折扣比例为25%～40%，折扣大小取决于3个主要因素：淡旺季、客房档次和会议规模。

有经验的承办商为确保双方公平，会把承接酒店需要提供产品和服务、赔偿、意外、使用语言都详尽写清。美国的会议合同在双方公平上考虑得极为周全严密。譬如说，会议主办方改变主意取消会议，那就要对酒店做出赔偿；反之，酒店碰到更有利可图的活动有变卦的可能。因而在合同中对双方的赔偿责任都写得明明白白。与之相比，会议市场随意性很大，常见的是，突然一道行政指令让酒店回绝早已安排好的会议，也不向主办方做出赔偿或道歉。政令大于合同，这也是我国市场经济远未成型的突出表现之一。

4.2.3 收入与报酬

2012年《美国会议产业影响力研究报告》指出美国会议业对国内生产总值的贡献达3938亿美元，创造的联邦税收、州级税收和地方税收总计达887亿美元，三年内美国会议业创造的税收增加了近2.5倍。美国会议业除了对国内生产总值和税收等方面产生巨大影响，在就业、劳动收入等方面也起着巨大的作用。2012年，会议业为美国提供了约530万个就业岗位，并创造了约2346亿美元的总劳务收入。

收入来源主要有3种渠道。一是按会议预算的固定比例收费。根据主办方的要求以及与酒店签订的合同内容，承办商完成所有应该提供的服务，主办方按会议预算比例支付给承办商。这个比例国内会议一般为20%，国际会议一般为30%。二是按小时收费，为会议办事而发生的一切费用另计，实报实销。根据会议要求的工作量，收费标准从每小时70～140美元不等。三是从酒店获取佣金。如果承办商只承担选址等很少量的工作，一般也就拿酒店会议客房收入的10%左右，如果海外客人则为5%，一些顶级品牌的酒店如丽嘉(Ritz Carlton)对仅选址的承办商给予3%的佣金。以上第一种占绝大多数，IMP的75%是按会议预算比例收费。

比较以上3种收入来源，显然拿佣金是承办商最不愿意干的事。一方面，拿佣金像是拿小费的服务员，身价大大降格；另一方面，拿佣金就没法发挥办会人员的专业水平，大材小用。此外，佣金要等主办方把账全部付清后，酒店才会付给承办者，从美国办会的实际情况来看，拖几个月甚至几年才拿到佣金的并不少见。

按预算比例收费，因承办商与主办方签有协议，故付款及时，数额也到位。一般的行规是，主办方按应付给承办商的总额的20%支付一笔启动费，这笔费用不管中途有什么变化，哪怕会议取消，承办商是不退还的。接下去，主办方按与承办商商定的比例按月支付，直到会议结束，主办方把余款全部付清。

但实际上，会议承办商的收入来源还不仅仅是以上3种正规渠道。作为第三方的中间商，他们在办会过程中随时都有从买卖双方同时获利的机会，这是调查不清但却普遍存在的"灰色渠道"。根据业内粗略地估算，"灰色渠道"能使IMP在显性收入上再增加5～8个百分点的隐性收入。

4.2.4 合同与纠纷

酒店、主办方和承办商是 3 个独立的经济利益体，在办会前后及过程中必然各有其利益诉求。美国在这方面已有比较成熟的行规，可以通过谈判、签订合同、调解和法律诉讼来解决利益纠纷。归纳起来，主要有以下 4 个方面的问题较为常见。

1. 参会人数

IMP 一般不承担参会人数的责任。会议规模和代表人数均由主办方定，而且也由主办人确定具体名单，承办人充其量代为邀请、代为网上登记等。矛盾的突出方面倒是在主办方与酒店之间。任何会议的参会人数不可能预计得那么精确，也有略晚报到、早走等各种随机变化。酒店对小量的变化一般不会苛求，但合同中还是要写明定量界限。也就是说，如果变化额大到造成酒店损失，那必要的赔偿还是合理的。

2. 报到截止时间的确认

这是一个在操作中更难以处理的问题。订了房的代表未到有两种可能：一是迟到，二是不来了。这对酒店和办会方来说都有风险存在，尤其是在旺季。因而一般在会议合同中会写明"酒店不能重复出售会议订房"的条款，但前提是办会方先要把房款打到酒店账上，然后再按"最后出售"的原则，在约定时间过后再出售给其他客人。如果售出，房款退还给办会方。合同中有了这一条款，承办商必须不能疏漏那些已经入住酒店而办手续时未显示会议代表身份的客人，尤其是网上预订的客人。要将参会者名单与入住酒店名单仔细核对。如果实际到会人数确实少了，还得与酒店协商减少支付。一般来讲，美国酒店对会议有行规惯例，可以协商。但直接退现金不太可能，多数会同意在淡季或 6 个月内给另一个会议提供相应的免费房。从全美会议统计来看，主办方白付空房费的情况只占 20%不到。

3. 价格约定

美国网上订房已成主流，而且网上往往能拿到便宜房价，承办商必须坚持酒店在网上不能提供低于会议团队的房价，否则，参会者上网各自另行订房就会乱了套。参会者也不都按会议指定议程同一天报到、同一天离开，只要是参会代表，合同中要约定，早到和迟走，仍按会议团队计价。有经验的 IMP 在参会者达到甚至超过预订客房数额时，往往会站在主办方的立场上进一步与酒店协商在餐饮方面提供优惠。另外，从公平对等原则出发，既然酒店对未到和早走的客人要收费，那么对没有预计而"闯会"的代表就也应提供房价打折的优惠。

4. 会议内容

承办商不对会议内容本身负责。会议主题及其演讲或讨论的内容是否精彩，代表们是否感兴趣，与会者是否有收获和启迪，这是主办方的责任。美国曾发生过这方面的诉讼，但最后承办方胜诉。理由是，承办方主要的责任是确定会址并负责全部流程及后勤保障；

会议内容是主办方决定的，如果会议的项目、方案及讲演者不妥造成参会人减少或提前离会，与承办方无关。

5. 佣金和积分

这是美国会议承办中最突出的、也是最错综复杂的问题。这不仅在认识上大相径庭，而且在具体处理时也有很大的差别。

在美国，所有酒店都有旅行社订房付 10%的佣金的制度，并有奖励积分，分值累积到一定数额有房价优惠。但对会议却无定式，这会潜在影响到会议的选址。客观而论，佣金不仅影响选址，而且还会使承办商对房价敏感度降低。对他们而言，房价越高佣金越多，并能借此与酒店搞好关系。要解决佣金问题，会议主办方应直接给予承办者以能抵补佣金的报酬而让承办商放弃佣金和积分。有些承办商主动不拿酒店的佣金和积分，而把利益还给主办公司或协会。这两者之间又有区别，对主办公司来说，佣金是"羊毛出在羊身上"，自然不感兴趣。但主办协会却很看重，因为他们可以拿这笔钱作为志愿者的津贴和补助。所以，对佣金和积分在不同利益的情况下，最好的办法就是事先放到桌面上，拿不拿？若拿，由谁拿？主办方、承办商和酒店应签好协议，防患于未然。

美国举办会议的各方出现的矛盾和问题当然远不止以上 5 项，如主办方"偷"了承办商的策划思路后不再签约；两个以上会议在同一酒店举办引起的客房数量、时间、报到人数及调整的冲突；假借旅行社牌子来拿佣金；遇到不可抗拒因素而取消会议的赔偿等，不胜枚举。美国的国情与中国不同，会展业的发展水平也不同，本节解析的问题，尤其是一些具体细节不可能照搬模仿。但已经成为中国现代服务业支柱之一的会展业，可借鉴美国举办会展的经验。其核心要义有 3 点：一是培育会议服务的中介商即专业的会议公司，转变现在由政府、企业自办和旅行社兼办的低层次水平；二是向市场化运作过渡，作为经济产业，就要按市场规律行事，讲究效益，提高质量，打造特色；三是加强对会展业的法治建设，这方面我国几乎还是空白。可以强化合同意识和以合同执行为切入点，逐步完善会展业的行业立法，使我国会展业沿着健康、和谐和快速的轨道发展。

4.3 参 展 商

自 20 世纪 80 年代以来，会展业已成为现代服务业的一个新兴产业，对城市经济发展特别是第三产业的发展以及打造、经营城市品牌具有巨大的作用，日趋成为刺激经济增长的强劲引擎。在会展活动中，参展商的营销成为重中之重。这是因为，一个商业性的会展，组织者的收入主要来自于参展商。足够多的参展商的介入，是会展得以运转的关键。那么会展组织者如何才能赢得参展商的青睐，取得会展的成功呢？

4.3.1 会展，千里之行，始于展商

赢得参展商的参与是会展成功的开始。

4 会展构成要素

"顾客就是上帝",会展的组织者要赢得参展商,必须明确参展商在展览价值链中的地位,树立以参展商为中心、为参展商服务的思想。而这一思想可以体现在会展组织者为参展商所做的准备工作上,即为重点参展商策划参展计划。

一般而言,参展计划是参展商进行会展营销的依据,是参展商实现目的的保证。而会展组织者依据自身特点为参展商精心准备的参展计划则更具有实际意义,更有助于参展商目标的实现。为重点参展商策划的参展计划主要包括以下几个方面的内容。

1. 行业调查

行业调查即参展商专业结构调查,尤其是参展行业发展趋势的信息调查。通过为参展商提供这些信息,帮助参展商了解市场动态、获取与企业经营活动密切相关的市场信息,从而使企业把握行业发展的脉搏,找到市场切入点,即使要调整营销策略。对重点参展商而言,这是具有实际价值的"增值"服务。

2. 统计分析

统计分析即历届展览专业观众的分类与构成比例。展会招商和招展是互相影响、互相作用的。一方面,如果展会招商效果好,到会观众数量多,质量上乘,参展商的展出效果就有保证,企业就更乐意来参展;反之,参展商的展出效果就难有保证,企业参展的积极性就会降低。另一方面,如果展会的招展效果较好,参展企业尤其是行业知名企业较多,展品新,信息集中,观众到会参观就会更加踊跃。对历届会展专业观众的统计分析则可以协助重点参展商评估展览,理解参展价值。

3. 场地规划

明确指出重点参展商可优先选择的特色区域,为重点参展商进行场地规划和展台设计提供建议。展位选择至关重要,选择合适,可以事半功倍;选择不合适,则事倍功半。但企业参展如何选择展位,很多企业并不在行。因此,会展组织者为重点参展商提供这方面的建议,是吸引参展商参展的一项重要因素。图4.1为上海新国际博览中心平面图。

一般来说,确立标准、选好展位、设计好展位造型是参展商必须要考虑的3步棋。这3步棋怎么走,如何走好是参展成败的关键一步。总之,选择展位一定要大小适当、得体。

其次,选择好展位。一般说来,展位的地点最好选择以下地方:开幕式主席台对面及两侧;入口处的正门口,或正门口的两侧;出口处的后门口或后门口两侧;主要人行干道的两首或"十"字干道的中心四角处;上述4个地方的邻近处;知名大企业及有影响的团体或组委会附近。总之,参展企业要多留心观察,分析和比较展馆内的不同展位位置给企业带来的影响,争取利用选择展位位置的有限权利,选择一个对企业交易、洽谈、形象展示都有利的位置,用最小的投入去争取最大的回报。

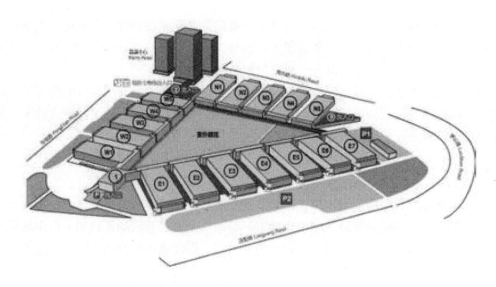

图 4.1　上海新国际博览中心平面图

再次，设计好展位造型。展位造型的设计(也叫展厅造型设计)是一项非常重要的课题，直接影响到展览是成功还是失败。可以说设计好展位造型也就等于展览的成功实现了一半。那么，展位造型的设计该如何考虑呢？这里主要注意 3 个方面：一是整个展位的造型，二是展位的组合内容，三是展位的陈列摆放。展位造型的设计是一个多姿多彩的世界，是一个艺术创作的王国，它的可塑性、创新性的空间非常大，很难确立一个固定的模式。

4. 参展价值

参展价值即分析重点参展商的会展营销可以取得的成果。如利用会展这一营销工具，企业可能实现很多营销目标：首先吸引目标顾客，促成交易。绝大多数展览会都有其特定的展览对象及参与者，在展览会上，企业可以面对面地对顾客进行产品介绍和宣传，现场演示产品的功能，就产品的各种问题开展讨论和交流，这种双向沟通能够促使顾客尽快作出购买决定。其次，参加会展能使企业低成本接触客户，节约营销费用。

5. 增值服务

增值服务即会展组织者为重点参展商能提供的一系列增值服务措施与策略的列表，如网络服务、贸易撮合服务、商务旅行服务等。通过服务来吸引参展商的参展。

6. 媒体信息

媒体信息即会展组织者所确定的媒体推广计划，对计划的详尽介绍是重点参展商有效评估参展对其企业的重要影响力的依据。

综上所述，为重点参展商策划参展计划，使参展商更全面地了解会展的举办情况，增

4 会展构成要素

强参展商参展的信心,是赢得参展商的一个妙招,值得会展组织者一试。

4.3.2 服务,唯展商是瞻

做好参展商的组织、服务工作是会展成功的关键。

参展商报名参展,会展组织者与参展商的合作就开始了。作为会展的组织者,要为参展商提供一系列专业、周到的服务。

首先,同参展商进行沟通,明确参展商的参展需求、企业产品的定位、寻求合作的贸易方式、寻求贸易对象的类别等,进行针对性服务。

其次,做好专业观众的组织工作,通过展会的宣传、广告、网站等发布信息,邀请一定数量和质量的专业观众到会参观,这是展会提供给参展商的重要服务。

再次,解决参展商的其他具体问题。参展商面对展会会遇到许多实际问题,如了解场馆环境、展位尺寸及结构、展位设计、展品运输、现场搭建;形象宣传、现场广告、展期活动安排和工作人员吃、住、行等具体问题,作为会展组织者应尽量向参展商提供详细、周到的服务,使他们得到更直接的专业服务。

最后,从专业或行业的角度,邀请国内外同行专家进行讲座、咨询服务,也是做好展会综合服务的一部分。

4.3.3 发展,携手才能共进

与参展商建立长期的合作关系是会展发展的根本。保证长期的合作关系,是会展组织者与参展商共同努力的结果。

从会展组织者方面出发,会展组织者必须关心参展商,重视彼此的忠诚度。第一,作为会展的主办者应及时总结每次展览举办的情况,发现问题及时改进或在下次办展时改进。需要强调的是对参展商的服务方面,应做出详细的检讨,一条一条予以落实、改进。第二,应关心参展商成交情况的落实,总结参展商的经验和教训,并通过适当途径向其他企业介绍,以提高参展商的参展效果。第三,举办参展企业培训班,就参展企业的有关问题开办专家讲座,灌输新思想,转变旧观念,提高参展企业的实际操作水平。第四,开展联谊工作,如通过会员俱乐部等组织形式,加强会展组织者与参展企业的联系。

而参展商的连续参展,正是会展组织者的利益所在,是衡量一个会展成功与否的重要指标。这是因为,展览中的成交统计常常不能准确反映会展的实际成效,但参展商连续参展,在相当意义上可以说是对商界会展成效的一个客观评价的反映。总而言之,会展组织者与参展商的这种合作的良性循环是会展发展追求的目标所在,也是会展发展的根本。

综上所述,参展商作为会展举办所必不可少的要素之一,会展组织者作为为参展商营销提供平台的主体,只有两者共同努力,密切配合,做好各自的相应工作,才能充分发挥展会的功能,取得共赢之效。

4.4 会展观众

会展观众是展会上的主角,但是现在的会展界,对展会观众的认识还存在着很大偏差。

4.4.1 观众的定义与标准

中国展览市场的竞争日益白热化,能不能办好一个展览的标准已不仅仅局限于展览会收益的多少。展览的持续性、规模的不断扩展、精品化、品牌化是提升展览品牌的基本要求。而表现最为直接的就是如何将展览上获得的各类观众数据充分利用,以此提升展览的水平和形象,更好地为展商和专业观众服务。观众的数量和质量直接反映了展览的成效。观众数据分析,特别是专业观众和境外观众的数据分析对客户关系的建立和发展有着重要的意义。观众数据分析不仅反映了观众的地区分布、行业构成及参展目的,更重要的是它客观地反映了观众对展览的期望值,为完善展览组织工作提供了决策依据,也是参展企业与目标观众选择展览的重要依据。

严格的观众定义是精确统计的前提,被誉为展览大国的德国在展览的观众的定义及展览统计方面有一套相当成熟的做法。德国展览统计数据自愿控制组织(FKM)规定:凡购票入场或是在观众登记处登记了姓名和联系地址的人都被称为观众。记者、展商、馆内服务人员和没有登记的嘉宾不在观众之列。这个行规在欧洲普遍通用。但在美国,参展公司的工作人员和其他的团体被称为"展览参与者",部分也计算在观众数量中。因此,德国FKM将有兴趣和展商建立商业关系的人才能算做观众,是最为严格的观众的定义。

展览的观众一般有普通观众与专业观众之分。两者的根本区别在于专业观众对展览发展而言具有重要价值,能对展览品牌起到关键作用。而普通观众则是展览发展所要影响的目标客户或潜在客户,展商和其目标观众有了密切接触的机会后才有进行商务交流的可能性,展商参加展览的目的也因此达到。

4.4.2 怎样认识展会与观众的关系

1. 专业展会观众贵精不贵多

会展观众有专业观众与普通观众之分,其中专业观众是会展组织者宣传和吸引的主要目标,因为专业观众是对参展商构成吸引力的主要因素。

展会的成功与否很大程度上取决于参观者的数量和质量。展览不仅需要参观者,而且需要达到一定数量和质量的专业参观者。参展商参展主要是为了拓展产品销路和市场,展览会交易额是衡量参展成功与否的主要标准,而专业观众是参展商真正的潜在客户。专业观众的数量和质量直接影响参展商的参展效益和以后再次参展的可能性。所以组织者应在尽可能大的范围内选择和吸引符合要求的目标观众。

按照国际惯例，专业展会并不是以参观者数量的多寡取胜。目前，展览会评估与认证在国内还属空白。然而，对参展商而言，展会评估的结果可以给参展商在不同的展会与其他营销手段之间的选择提供参考依据。对观众而言，尤其是为专业观众选择参观展览会提供客观的标准；对展会主办者而言，为打造品牌展以及更好地改进对参展商及观众的服务提供客观的依据。

德国被誉为展会王国，在展会的各个方面都已有一套相当成熟的做法。就观众的定义及会展统计问题，德国会展统计数据自愿控制组织(FKM)主席兼慕尼黑国际博览集团首席执行官胡明峰先生介绍说，购票入场或是在观众登记处登记了姓名和联系地址的人都被称为观众。记者、展商、馆内服务人员和没有登记的嘉宾不在观众之列。这个行规在欧洲普遍通用。

在美国，参展公司的工作人员和其他的团体被称为"展会参与者"，部分也计算在观众数量中。只有有兴趣和展商建立商业关系的人才能算作观众。这对观众的定义是最为严格的。

有专家认为，对中国来说建立一个全国性的审核系统是很必要的，因为目前中国的展会组织者使用的统计标准五花八门。对展商、观众和媒体来说，要了解展会真正的规模和影响是十分困难的。展会统计数据的透明化会使整个中国展会市场受益匪浅。然而，一部分展会组织者仍抵触这种透明度，他们从自己制定的标准中得利，这是不利于会展统计和评估的普及的。

2. 观众的质量比数量更重要

专业观众参展的比例是参展商衡量会展服务质量的首要参数。参展商的主要目的是扩大成交额，扩展新客户。他们费心地将自己的产品筛了又筛，选了又选，反复包装，不惜重金设置展台，全部心思都是为了吸引目标观众，因为目标观众中有合作伙伴，有潜在客户。

另外，专业目标观众中决策者的比例也是至关重要的。目标观众中如果缺少决策者，那么进行的洽谈多数将是意向性的，能拍板定案的不多，这自然会影响参展效果。

如果说其他方面的服务差些尚可忍受，缺少目标观众，参展商是不可忍受的。为了更好地进行交易洽谈，一些著名展会往往会对一般观众做限制性限定。德国在中国举行的展会，和中国同类展会相比，对媒体宣布的观众人数要少得多。对于慕尼黑博览集团5月份在上海举办的物流展的展会报告，虽然现场人气看上去比较旺，但会后统计的观众数量只有9000多人，对此，专家分析，慕尼黑国际博览集团在中国所办的展会主要是针对专业观众。观众在拿到入场券之前必须进行预登记。因此，慕尼黑国际博览集团了解准确参展观众的人数和性质(专业观众或普通观众)，媒体和未登记的嘉宾并不算作观众。

与中国的同类展会相比，慕尼黑国际博览集团所办展会公布的观众人数通常较少，但这并不影响展会的声誉。慕尼黑国际博览集团认为，对于展会，最重要的是观众的质量，而不是数量。展商和其目标观众有了密切接触的机会后才更有可能进行商务交流，展商参加展会的目的也因此达到。如果展商面对的是数量更多的普通观众，他们就需花费更多的时间和力气从其中分辨出真正的客户。

4.4.3 如何为展会招徕更多的专业观众

展览会的观众邀请工作至关重要，它关系到展览会的生命力，决定着展览会的成败。认识到观众邀请工作的重要性，首先必须处理好展览会中的招展和招商两方面的相互关系。招展决定着展览会能否举办，而招商却决定着展览会是否能够圆满成功，因此从某种意义上说招商比招展更为重要。然而，展览会不仅需要参观者，而且更需要一定数量和质量的专业参观者，专业观众的数量与质量直接影响着参展商的参展效益，决定着下届展览会参展客户的回头率和各项工作是否能够走向良性循环，也是展览会主承办单位服务质量的重要体现。

1. 招商方式：传统与现代并存

展览宣传是吸引目标观众的主要手段。所谓展览宣传，就是利用各种手段将有关展览的各种信息传递给现有的和潜在的观众，激发他们的兴趣，促进他们参加展览会。

招商方式多种多样，通常的做法有：印发参观券和邀请函，并有针对性地向政府有关部门、商协会、协办单位、经贸机构、团体、大型企业发送；向外国驻华使馆或机构发送；网上链接宣传；在各种新闻媒体和专业刊物发布广告(软性、硬性)；召开新闻发布会；电话、传真、寄邮件明信片、登门拜访等。

近几年，随着展览会的主办者对专业观众重要性认识的不断提高，观众邀请工作五花八门，出现了许多新的方式，以下列举几种，各有利弊，可供分析借鉴和评判。

有些政府主导型的展会，地方政府十分重视，主要领导轮流带队，各级分管部门抽人组成规模庞大的出国招商团，分批到各国举办推介会，成本费用极高。因多数团组人员是轮流或照顾性质出国，所以招商效果参差不齐；有的办展单位公开在邀请函上承诺组委会为前往参观的客商提供在本地的吃、住、行等，以此来吸引专业观众；有的请各地对口行业协会组织采购团，然后按规模给对方提取组织费，因此也经常出现滥竽充数的现象；有的给需方代表发了邀请函，但担心流于形式得不到落实，特地在请柬上注明凭请柬现场领礼品(有的甚至标明礼品名称和价值)和几天餐券，或凭请柬现场抽奖等；有的在拜访重要客商时直接送去请柬、贵宾卡和礼品；有的办展单位充分利用信息传媒，将展览消息用手机短信的方式发给所有专业观众，这种方法既有目标的针对性和操作的简便性，又快又节省费用，正被越来越多的人采用。

有的参展单位干脆就派人拉客商(在展厅或宾馆酒店门口拦截)，因厂家争抢客商而引起吵架的情形也时有发生，让客商感到十分尴尬；有的办展单位要求每家参展单位必须提供一定数量的客户名单，报组委会后统一以办展机构的名义发邀请，而参展单位则担心自己的客户被别人带走，因此经常"留一手"；有的地方政府主办的"洽谈会""招商会"招商工作有较大难度，采用商业化运作，请相关单位或人员协助邀请外商赴会，按外商报到的实际数量提取招商佣金(每位数百元至数千元不等)，这种做法可称作"商托"。出于"商托"的利益，有些持海外护照长期在境内的人员也都经常成为前来凑数的对象。

当今展览市场竞争激烈，焦点已从争取参展商转为争取和组织专业观众，谁能够拥有一定数量和质量的专业观众尤其是大采购商，谁就能够取胜。因此，在展览策划立项时就

4 会展构成要素

必须重视招商工作,同时确保足够的招商费用,选择确有成效的招商方式。

2. 招商理念多种多样

品牌展览会的组织者通常将招商工作放在举足轻重的位置,经常研究专业观众的地位,以争取其参展。各种招商理念可概括如下。

"上帝之上帝"理论:即展览主承办单位或展览公司在租用展馆办展时,是展览馆的"上帝";厂商报名参展时,是主承办单位的"上帝";专业观众参观订货时,是参展单位的"上帝"。因此展览场馆面对着三重"上帝",主承办单位面临着两重"上帝"。对服务对象而言,订货的专业观众是涉及办展各层次人员的最终服务目标,是最终的"上帝",所以做好观众的邀请和服务工作是招商工作的核心。

"观众三层次"理论:将参观的观众分为 3 个层次,决策层(各级政府部门负责人、企事业单位负责人)、经办层(经贸业务、科技、情报等人员,他们带有一定的任务要在展览会上进行经济贸易和技术交流活动)和潜在层(指一般参观者),三者呈金字塔型。上两层统称贸易观众,决策层对展品的采购或项目的开发合作具有决定权,经办层人员对展品或项目有推荐权或承办权,主办单位邀请的重点是这两层贸易观众。一般观众也并非完全是无关人员,如:有些参观者虽然当时还是学生,但他们毕业后可能会成为该展会某些产品的用户;有些设计人员对某类展品留下深刻印象,在今后的工作中会有涉及和推广的机会;布展装修人员则收集拍摄了大量资料,今后在使用借鉴过程中会有意无意地起到宣传和推介该厂商及产品的作用;随行人员则有可能经常回忆对展品的印象或提出看法等,因此一般观众都属于潜在层。总之,如何瞄准决策层、留住经办层、争取潜在层,是招商工作的重点。

3. 观众管理推陈出新

1999 年在美国考察时,据芝加哥一家展览公司的经理介绍:在美国的专业展览会上,70%的参观者是对其中某些产品的采购起决定或有作用的人,美国的进出口贸易 40%是在展览会上实现的。在德国则几乎没有无关人员进入专业展览会,由此可见"经贸展览-专业观众-实现贸易合作"三者密切相关。

随着社会的发展和科技水平的不断提高,各种观众管理的方式不断出现。国外有的展馆采取"敞门入场-出门收票"的做法,即先进馆参观然后随时买门票,待出馆时检票。此做法实施后,许多参展单位就先买门票寄给自己的客户,或通知客户展览期间到自己的展位见面洽谈,临别时赠门票送其出馆,这虽然是展览馆避开入场高峰期排队购票既拥挤又浪费时间而采取的措施,却也成了参展单位邀请客户表示诚意、增进感情的极好办法。

最近,国内有的专业展览会主办单位为证实自己进行了客商的邀请工作,直接就给登记了资料后的参观客商身上贴了个"买家"字样的不干胶标签,犹如旅行团随行的人员。被贴了标签的客商代表也是表现不一,有的昂首挺胸满面春风,有的则哭笑不得无所适从。

不同的展览会需要不同的观众,"商品展销会"需要的观众是一般的商品消费者,以购物为主;"专业订货会""交易会"需要的观众则主要是贸易商或各类需方代表,以贸易订货为主;而"洽谈会""招商会"需要的观众则主要是项目开发和准备投资的合作者;"国际博览会"的观众则是各界多层次愿意接受新的科技成果与应用和项目开发的综合型观众。

不同的国别、地区、学历、职业、年龄有着不同的展览意识，也会形成不同的展览观众，这是分析展览观众时不可忽略的一个重要因素。国内展览会通常人较多，特别是看热闹的人多，经常有拥挤火爆的现象，3米宽的通道经常会被挤得水泄不通，而展位内却无人问津。看热闹的人多，其主要原因是观众的邀请工作只注重数量，却不注意质量的提高。

观众登记资料后免费领证与卖高价门票创收是一对矛盾，有些展览会的承办单位注重门票的收入，尚未形成品牌时，就想高价出售门票，造成观众冷场，参展商意见很大；相反，有的主办单位怕冷场到处拉人，忽略对现场的管理，造成无关的闲杂人员甚至乞丐盲流也可以随时进入展厅，展览环境混乱，参展商甚至部分参观商意见很大。因此确定展览会是卖门票或是登记后发证或是畅门入场等，都是主办单位在总体策划的时候就要考虑各方面因素并慎重决策，它是招商工作的一个重要组成部分，需要通盘考虑，切不可随意。

中国经济正持续、稳定、健康地高速发展，它对会展业的需求将进一步扩大。中国会展业也必将成为中国经济的一个重要亮点，这一切都要求中国会展业尽快走上一条健康发展的道路。

中国会展业走向成熟的重要标志是真正实现展会的规模化、规范化、国际化、品牌化和专业化，这是中国会展的发展方向。从这些方面的资料来看，中国会展业将在世界上有自己的会展舞台，所以观众选择是尤其重要的。观众是展览会上的最重要因素，"上帝"的意义也就更深刻了。

4.5 会展场馆

4.5.1 会展场馆的定义

会展场馆作为会展经济发展的载体，被誉为会展经济发展的火车头。一般会展场馆指的是举办会议、展览会等的场所。它是为各种类型的商品展示、行业活动、会议交流、信息发布、紧急贸易等举办各种活动的场所。会展场馆是一种建筑产品，同一般工业产品相比，其显著特点是体型庞大。会展场馆一般场地规模很大，拥有的设备设施种类繁多，投资额巨大，需要建设维护的费用也很高。

作为一个会展场馆，应该具备以下几个条件。
(1) 它是由一个建筑物或者由多个建筑物组成的接待设施。
(2) 它必须能够提供会议或展览设施，也能够提供其他相关设施。
(3) 它的服务对象是公众，因此服务对象既包括外来的参观者、参加者，也包括当地的社会公众。
(4) 它是商业性质的，所以使用者要支付一定的费用。

随着社会的进步和发展，场馆的设施和功能日趋多样丰富。现代会展场馆是由展览馆、会议室、停车场、餐厅、休息场所以及通信、娱乐、新闻、商务、住宿、其他临时办公场所等服务设施组成，以满足顾客多种需求的商业性综合建筑设施。

4 会展构成要素

4.5.2 会展场馆的作用

1. 能够大力推进会展产业的发展

会展场馆所处的区域产业基础、市场规模等因素都能推动当地会展产业的发展，但一个先进适用的展馆无疑更是举办展览的硬件基础。会展场馆经营的准确定位是推进会展业必不可少的前提。

如大连星海会展中心的建成投入使用，带来了大连会展业的"一鸣惊人"；深圳会展业曾因"深圳国际展览中心"的建成而客商云集，但是后来因展览面积过小，致使"国际家具展"等品牌展览离开深圳去异地举办；自 1999 年以来，高交会展览馆的建成和高交会的成功举办，再次给深圳会展业带来了发展的契机，并逐步形成了一个发展高峰期。

2. 能够积极培育城市的展览品牌

会展场馆不仅仅是为会议和展览提供场地和相关服务，其经营策略还关系到城市展览品牌的培育。按照国际惯例，展馆存在着 6 个月内不承接相同题材展览的行业管理。接哪些展不接哪些展，对展览品牌的成长甚至生存至关重要。如德国的汉诺威、慕尼黑、杜塞尔多夫在上海投资建设展馆和办展，不仅加剧了上海展览场地方面的竞争，而且一定意义上影响了上海整个城市会展业的发展方向。

3. 能够提高会展业的市场化程度

会展场馆的市场化运作有助于会展业的市场化经营。会展业市场化经营的主体主要包括展览公司、展台搭建公司、展品运输公司、酒店、餐饮、礼仪服务公司等。如果会展场馆采用垄断经营及提供垄断性展览服务，那么行业内的展览公司、装修公司、运输公司等经营主体就无法获得公平竞争的市场环境及发展空间。

4. 能够适度调控会展业的市场运作

通过会展场馆经营，能够给需要予以扶持培育的展览品牌以发展的空间，能够在一定程度上对会展市场的健康发展起到宏观调控作用。

5. 能够大力培养会展业人才

作为会展市场主体之一的会展场馆，需要大量高素质的专业人才，以保证会展场馆管理、展览服务专业化工作的圆满完成。如香港会展中心有正式员工 817 人，大部分是从世界各地招聘和自己培养的高素质专业化人才。因此，会展场馆的经营和运作，可以为城市会展行业吸引大批高素质、高水平的专业人才并培养大量本土专业化人才。

6. 能够强化城市的服务职能

会展业具有极大的产业带动效应，除直接产生经济效益外，还对社会和经济发展有着巨大的影响和催化作用。会展业作为一个城市服务业的重要组成部分，对强化城市的服务职能有积极的推动作用，其中，会展场馆的带动作用不能低估。强化和提高会展场馆的服务水平及服务质量，可以推动会展业的发展，同时，对完善城市服务功能起到积极作用。

4.5.3 会展场馆的类型

1. 按照会展场馆的主要用途划分

1）博物馆

博物馆是指对有关历史、自然、文化、艺术、科学、技术的实物、资料、标本等进行收集、保管、研究，并陈列其中一部分供人们参观、学习的专用建筑。比如杭州除了西湖等旅游名胜以外，还有位于龙井的中国茶艺博物馆、与同仁堂齐名的胡庆余堂中药博物馆、展示丝绸发展是的中国丝绸博物馆、南宋官窑博物馆等。

2）展览馆

展览馆有两种含义：一种是指展览专用建筑物；还有一种是指从事展览馆业务的、具有法人资格的事业或企业单位。

3）美术馆

美术馆是指以陈列展出美术工艺品为主，主要收集有关工艺、美术藏品，进行版面陈列和工艺美术陈列的建筑物，有的也设立美术创作室。比如 2002 年 3 月 27 日，"朱屺瞻艺术展"在杭州西湖美术馆开幕。

4）纪念馆

纪念馆是为纪念具有历史意义的事迹或人物而建造的建筑物。如江西省吉安县文天祥纪念馆兴建于 1984 年，1992 年对外开放，1996 年被命名为"全国中小学爱国教育基地"。这座建筑面积 2200 平方米、具有民族建筑风格的纪念馆，是京九线上的一处重要旅游景点。

5）陈列馆

陈列馆是指一般为单纯的陈列展出，或设于建筑的一角，或成为独立的建筑，其中多陈列实物以供人们参观学习。如陆仰非诞辰 95 周年画展暨《陆仰非纪念文集》与 2003 年 3 月 31 日在常熟博物馆陆仰非艺术陈列室举行。如图 4.2 所示为常熟博物馆。

图 4.2　常熟博物馆

6) 会议中心

会议中心主要是为各种会议活动提供专门场地、设施设备和服务的场所。它一般以承办接待国际、国内会议及展览等其他大型活动为主要经营项目。一般来说，会议中心具有最新的视听和通信技术装备，能够提供专业的会议视听服务，还配套提供餐饮、商务、信息咨询、票务、旅游等服务以及视听、办公等实施设备的出租服务。会议中心的场地和实施与公共装置、绿化、步行道、停车场等构成一个有机整体。在会议中心室内，温度、湿度、采光、音响以及室外的交通等均符合以人为本的需要。

7) 展览中心

展览中心是指有固定场馆来展示陈列和举办一些定期及不定期的临时性展览会、博览会的场所。其基本内容是：主办者为了一定的目的，提出一定的主题，按照主题要求选择相应的展品，在展厅里或其他场所，运用恰当的艺术手法，在一定的材料和设备上展示出来，以进行宣传、教育或交流、交易。它既有认识、教育、审美、娱乐等作用，又有传递信息、沟通产销、指导消费、促进生产等多种功能。如上海中苏友好大厦(今上海展览中心)，1954年5月开工，1955年3月竣工。该工程由中央大厅、工业馆、东西两翼的文化、农业馆及电影院5个项目组成，建筑面积5.8万平方米，大厅顶部镏金塔标高110.4米。

8) 体育场

体育场是指为开展群体性体育活动而设置的体育活动教学、训练和竞赛的公共体育场所。有单项的，也有综合性的，体育场设有专职或兼职的技术指导和管理人员，负责日常工作。如图4.3所示为中国国家体育场。

图4.3　中国国家体育场

9) 体育馆

体育馆是室内体育运动场所的统称。大规模的体育馆包括篮球、排球、乒乓球、羽毛球等的比赛馆和练习馆。

10) 文化广场

文化广场是指面积广阔的文化场地和场所。

11) 文化馆

文化馆是国家设立在县(自治县)、旗(自治旗)、市辖区的文化事业机构,隶属于当地政府,是开展社会主义宣传教育及组织辅导群众艺术(娱乐)等活动的综合性文化部门和活动场所。文化馆的展览用房面积占总使用面积的 10%,由展室、展廊等展览空间及储藏间组成。

12) 城市规划展示馆

城市规划展示馆是供人们传授、学习或增进知识等活动的公共建筑。它要求幽静的环境、必要的设备、适宜的空间和充足的光线等。如上海城市规划展示馆,建筑面积为 2 万平方米,主体结构高 43 米,地上 5 层,地下 2 层。

13) 剧院

剧院是只用于戏剧或其他表演艺术的演出场所。

14) 剧场

剧场是供演出戏剧、歌剧、曲艺等的场所。

2. 按照会展场馆规模大小划分

按照规模可以分为大型会展场馆、中型会展场馆、小型会展场馆和临时会展场馆。

大型会展场馆是指会展场馆规模庞大,一般举办大型的国际性会议和综合性的展览活动。如广州国际会展中心、上海国际展览中心等。

中型会展场馆是指会展场馆规模比较大,一般举办区域性的国际会议、大众性的行业会议和行业性的展览活动。如西安国际会展中心、昆明国际会展中心等。

小型会展场馆是指会展场馆规模较小,一般举办地区性的会议和地区性、专业性的贸易展览活动。如广州锦汉展览中心、广州百越展览中心等。

临时会展场馆是指不是专门用于会展的临时性会展场所,一般不会经常举办会展活动,如广东国际大酒店等各种大型物业展览馆。

3. 按照会展内容不同划分

按照会展内容可分为综合型、展览型、博览型和会议型会展场馆。

综合型会展场馆是指可同时和分别举办会议和展览活动的场所。如上海国际会展中心、大连星海会展中心等。

展览型会展场馆一般指举办各类产品和信息的展览活动,一般不举办交流会议。如广东现代国际展览中心(东莞)、上海国际展览中心等。

博览型会展场馆是指举办各种画展、花卉展、艺术品展、文物展等博览性活动的场所。如上海新国际博览中心、广州花卉博览园等。

会议型会展场馆是指主要举办国际会议、行业会议等大型会议的场所。如北京国际会议中心、博鳌亚洲论坛会议中心等。

4. 按照会展场馆性质不同划分

按照会展场馆性质可分为项目型、单纯型和综合型会展场馆。

项目型会展场馆是指不是专门用于会展，只是偶尔举办会展的场所。如白天鹅宾馆展示厅、广东国际大酒店展览馆等。

单纯型会展场馆是指专门用于某种产品展览、某个行业展示或某种会议举行的活动场所。如广州花卉博览园、中国农业展览馆等。

综合型会展场馆是指可以举办各种商贸展览和交流会议的活动场所。如上海光大会展中心、武汉国际会展中心等。

5. 按照会展场馆功能划分

按照功能会展场馆大致可以分为 3 种类型：大型展览中心、大型会议中心和会展中心。

大型展览中心和大型会议中心的功能较为单一，主要是各类展览和会议。如上海新国际展览中心、香港会议中心等。

会展中心又可分为会展建筑综合体和会展城。大型会展建筑综合体是当今较为流行的一种会展场馆类型，包含了展览、会议、办公、餐饮、休憩等多种功能。如加拿大大厦、墨尔本国际会展中心、上海世贸商城、大连星海会展中心等。会展城是指超大规模的会展中心。如英国国家展览中心、德国汉诺威会展中心等。

4.5.4 会展场馆的特点

1. 规模大

规模宏大是现代化会展场馆的重要标志。现在国外新建的会展场馆占地面积一般都超过了 100 万平方米。比如，巴黎北会展场馆的占地面积高达 115 万平方米。会展场馆的建筑呈越来越大的趋势，一些会展场馆的展览面积达 20 万平方米，并且出于前瞻性考虑，国外新的会展场馆均有一定比例的预留地，以便将来增建场馆。

2. 设施全

现代化会展场馆不仅有展馆，还有会议中心、餐饮服务等设施。会展场馆既可以展览、开会，又可以进行文艺表演、体育比赛等活动。因此，它是完整意义上的会展场馆。会展场馆的建设必须考虑到停车难问题，所以大多建有大面积的停车场。比如德国慕尼黑会展中心就建有可容纳一万辆车的停车场。

3. 智能化水平高

高科技在现代化会展场馆得到充分利用。国际上发达国家的会展场馆基本上都配备了智能化程度很高的网络系统。比如观众、参展商电子登录系统、电脑查询系统等。此外，多媒体、手机短信等多种通信手段也在场馆内得到了应用。

4. 规划设计"以人为本"

会展场馆是为参展商和观众提供服务的场所。因此在会展场馆的规划和建造中，如何满足他们的需求，是建设规划之初就必须加以认真研究的问题。现代化会展场馆需要突出

"以人为本"的建设理念,具体就体现在如下几个方面。首先,场址选择"以人为本"。现代化会展场馆的选址一般都选在城乡接合部,并将交通、环境和地形等条件作为选址的三大要素进行论证,同时场址选定后仍要与市政规划相吻合。其次,内部布局"以人为本"。会展场馆内部布局合理,可以使会展场馆内部管理有序,方便参展商和观众,提高工作效率。再次,展馆设计"以人为本"。现代化的会展场馆基本上都是单层单体,面积约1万平方米,高度为13～16米。这一设计具有科学依据。单层单体1万平方米的场馆,正好是长140米,宽70米,处于人眼的正常视觉范围内,观众不容易迷失方向;而高度13～16米是基于展台特殊装修设计的要求,更加适合于布展作业。

5. 经济实用

现代化的会展场馆,占地规模虽然大,但在总体规划上,要求做到不浪费一寸土地,达到既经济又实用的目的。

6. 政府支持

现代化会展场馆公益性很强,因而它从规划到建造都需要政府的大力支持。有些城市在建设会展场馆时,政府不仅在土地方面给予了很多优惠政策,而且还提供人才。

4.6 服务承包商

4.6.1 服务承包商的定义

总的来说,会展服务承包商是任何为会展经理人和参展商提供产品或服务的公司或个人,他们所提供的产品或服务——展厅层以及内部所有相关物,能够为会展创造良好的环境。一个承包商可能为会展提供所有的外部服务,它或是通过独家转包商而完全受限于某一个公司,或是两者联合。承包商一词,也可以指提供任何一项专门产品或服务,例如摄影或花卉团设计的公司。

(1) 会展服务承包商协会(GEC),又被称为综合服务承包商(GSC):提供全方位服务的综合服务承包商由会展经理人指定,他们有充分的设备,为一个200个展位以上的商贸会展提供服务(美国展览服务和承包协会ESCA,1999,3)。

(2) 专业承包商:为商贸会展提供某项专门服务的公司,包括A/V(视听设备)提供者、电力供应商、花木公司、摄影公司、搬运公司、展台搭建公司、保安部门、专业家具租赁公司、登记服务公司、参展商指定的承包商等(ESCA,1999,3)。

(3) 合伙人:综合承包商或专业承包商的供应商(ESCA,1999,3)。

许多会展公司与某些特定的服务公司就其所从属的参展公司的办展事务订有合同关系,这些服务公司或是商号便是所谓的参展商制定承包商。它们通常是会展设计制作公司或会展装卸公司,与会展公司签有合约并为其提供参展商的展出或展位的设计、制作和装

4　会展构成要素

卸服务。在实际中，参展商必须注意到会展经理和综合服务承包商都希望有一个参展商指定的承包商在展出场地，但参展商指定承包商必须遵从综合服务承包商制定的方针(包括劳动力政策和实际做法)。

正如前文所提到的，综合服务承包商是由会展经理选定的，但仍存在着总承包商无法完全控制会展服务的情况。如综合服务承包商在面对独家承包商时便无法直接安排有关服务事宜。一些会展地点可能与特定的供应商有合同约定，在该场地举办的任何会展都必须对此予以认可，而此时，综合服务承包商仍然需要与他们协调合作。

某些情况下，服务供应商必须由第三方批准或授权以决定其立约资格，这从消防规范、保险条例、工会劳动规章或地方法令等方面不难看出。虽然这些规章制度并非总是由专门的服务承包，但却可以限制会展经理对某一专门职能的服务承包商的选择。

4.6.2　综合服务承包商的作用

综合服务承包商在筹办会展的整个过程中是一个重要角色。在很多方面，综合服务承包商可以被视为精心管理的、高质量而且多能的智囊团。承包商所要完成的许多工作都是耗费脑力的，而这些工作直接关系到会展效益。承包商工作的复杂性直接与会展的规模和所需的服务数量挂钩。

小资料

以下是综合服务承包商为会展活动提供或安排的代表性服务。
安排设备和材料的运输至会展场地。
负责货架至储存室的搬运。
负责货物的储存，随后运至场内。
展台的搭建、维修和拆卸。
装卸处至展位货物的往返运送。
现场需要劳动力或设备的其他服务。
固定展位或过道的界限以使展览品保持笔直。
在展览区设置地板覆盖物或是铺设地毯。
用管子和帷幔来分隔展位。
保证电力、燃气、蒸汽和水的接入。
为整个展厅或各个展位装置特殊的照明设备。
为参展商和主办方设计展位或定制其他特殊结构样式。
解决音响系统和特殊视听需要。
布置花草植物和其他特殊装饰。
提供特殊人员，包括模特、演艺人员和摄影人员。
为参展商和制作人承办绘图和标牌。
提供其他转包商。
如果生产商需要，安排额外的营销服务。
展台架构、场地规划的认可，临时办公室、登记处和其他辅助区域的设立。
展后跟踪调查、结账和评估会议。

一些情况下，只需提供上述部分服务；而在另外的情况下，会展需要的是所有服务及其他附加服务。同样，部分服务在一些特定的会展中由设施方或是会展经理人提供，其他则由服务承包商提供。为大型会展安排和管理这些事项是非常复杂的，它涉及各种技能和领域及利用重型设备和高科技系统的潜在可能性，以及为参展商和会展经理人制订详细的后勤计划时可能遇到的时间冲突。

劳动力工资、消费物品的成本、空间使用和各种租赁的费用，这些成本都由需要这些服务的参展商或会展组织方支付。

服务承包商在竞争激烈的市场中是一个营利性组织，承包成本是整个会展预算上的一项，它们向展会经理人提供服务是在扣除直接成本和管理费用后获取利润。而个别参展商的服务则是直接寄送账单的。与其他许多行业一样，这里虽然竞争激烈，还是存在着相当的利润空间。

4.6.3 综合服务承包商的选择

为了选择一个合适的综合服务承包商，"需要对自身的会展有详细了解，对可选的服务承包商做一个评估，同时要对如何促进会展和承包商顺畅的合作具备敏锐意识。"(L·弗林和 M·弗林 Flynn and Flynn，995，26)。初期规划过程中详细的需求分析会使我们了解到在一个特定的会展活动中，哪些需要服务承包商来提供服务。

总的来说，小型会展只需要综合服务承包商所有潜在资源的一小部分；中等规模的会展所需要的服务则主要取决于参展商和会展经理人所需服务的数量和复杂程度；大型会展通常都需要综合服务承包商来提供全方位的服务和管理一支大型的服务团队。

这里有 7 项选择综合服务承包商的标准，包括个人经验、可用性、有无推荐和声誉、对场地的熟悉情况、现有资源、成本以及行业联系。

显而易见，如果有原先的合作经历，会展经理可以以自己的经验做出判断。一个重要的问题是看中的服务承包商在预定的时间上能否在会展期间安排服务，而没有与其他活动冲突。他们必须有足够的资源来为你的会展提供专业服务。此外，这些服务的成本也是影响决策的因素。为了保持出色的业务表现，许多有经验的会展经理倾向于服务承包商能以 1~3 年为周期提供一次服务，尽管他们之间已经建立了良好的业务联系。这样做的目的是使账单与行业价格相一致，同时对双方关系的价值做一个评估。

地理位置是否方便已经不是一个大问题，因为综合服务承包商能够在任何需要的地点开展业务。大型的综合服务承包商可能在多个地区设有办事处、设施或代理人，其中一些甚至在每个较大的会议城市都以上述一种或多种方式设立了分点。还有一些综合服务承包公司有着国际业务。必须认识到，行业内的成功是能力的表现，而在多个地区开展业务也正是行业内成功的一个方面。

在当前服务承包商之间竞争激烈的情况下，许多会展经理通过招标为当地和国内的服务公司提供了平等的竞争机会。通常，如与大型的全国性企业签订了合同，就会终止与当地公司的关系。同时，无论是当地公司，还是区域性或者全国性服务承包公司，对其进行调查研究都是非常有意义的。

如果没有原先的关系，会展经理人可以通过在现场观察综合服务承包商的服务操作来获得反馈；如果会展经理人与综合服务承包商之间有良好的关系，而此承包商目前没有承接其他业务，那么这就是有竞争力的推荐；此外，也可以从其他会展经理人那里获得对某些承包商公正的评价和推荐。

其次，参展商也是有价值的反馈来源。许多参展商参加过多次会展，大多数都在会展期间使用过综合承包商的服务。通过集合访谈或是电话采访可以从参展商的角度观察承包商，展后参展商调查提供了获得反馈的绝好机会。许多会展经理用这些反馈作为指定服务承包商的标准之一。

还有一个可用资源是当地的会议与旅游者管理局(CVB)，他们提供本地区综合服务承包商的名单，但是会议与旅游者管理局不做任何推荐，也不参与相关的资格考评。

如果综合服务承包商对会展的场地有所了解，他就能更有效或者更早地参与到会展的策划中来。许多服务或其他工作将是轻车熟路的，这就使服务承包商能够对场地提出专业意见，同时有利于他们做出有创意的建议和推荐。也许有人认为当地承包商更熟悉会址，有人认为在该场所提供过数次服务的大型公司会有绝对优势。但请注意承包商了解的是哪些方面，对场地过于熟悉也有可能导致错误结论。

在选择承包商的过程中，不能过分强调专业化。因此在会展服务承包商协会(ESCA)的成员中寻找综合服务承包商也是明智的一步。他们不仅遵守行业的道德规范约束，而且经常参加一些培训会议，与该领域的最新发展趋势保持一致。这将减少会展经理在选择承包商过程中的担心。

利用会展服务承包商协会的另一个好处是许多专业的承包商是它的会员。除此之外，也可以在国际会展管理协会(IAEM)的会员名单上找到专业的服务承包商。

无论是出席国际会展管理协会的全国性聚会还是地方性聚会，都能够结交许多服务承包公司的代理人。事实上，在一个竞争激烈的行业内，利用行业网络和同行关系是非常关键的。"这只是你认识的人而非你掌握的事"这句话并不正确，应稍修改为"你所认识的人肯定会影响你所掌握的事"。

利用会展服务承包商协会、国际会展管理协会和当地的会议与旅游者管理局的信息资源，会展经理在寻找合适的综合服务承包商候选人时不再有很大困难，真正的注意力应该放在如何决定哪个承包商才是最适合这个会展的。会展行业是人与人之间的交流，其要义是在你和能帮助一成功的人之间建立和谐的关系。所选的综合服务承包商正是会展经理人在展前、展期和会展尾声时的左右手。因此，选择合适的对象为你的承包商是至关重要的，他必须是你乐意授权，能够多方面有助于你，并且能与你建立起长时间信任关系的商家。

展馆成为会展业发展的主要瓶颈

与发达国家相比，我国会展业起步较晚、规模还小、水平尚低，在馆场建设、管理机制、组织手段、配套服务诸方面离国际水平还有相当差距。专家指出，我国会展业目前存在的主要问题是：在会展建设上缺乏长远规划和合理布局，展馆规模较小，供需矛盾突出。

以汉诺威 CeBIT 亚洲信息展为例，它就是因为受到展览面积的局限，让人感到"盛名下的遗憾"。

此次展览在上海光大会展中心举行，521 个参展商净展览面积 1.1 万平方米，这个规模不仅无法与诺威 CeBIT 超过 41 万平方米的展览面积、近 8000 家参展商相比，就是与在北京举办的国际通信展 5.5 万平方米的展出面积、600 多家参展商相比也逊色，上海给 CeBIT 的施展空间实在是太小了！CeBIT 展的组织者也不无遗憾地对媒体表示，虽然这个展览的整体概念是德国风格，但是很多好的想法在目前的光大会展中心没有办法实现。比如在汉诺威 CeBIT 上设有一套很好的电脑查询系统，它要求整个场馆都是联网的，而光大会展中心不具备这样的条件。

展览面积有限，展会的规模、参展商的数量都会受到限制，并且展区的划分也无法像汉诺威 CeBI 那样以专业展馆的形式得到体现，难怪参观者会有拥挤、嘈杂、混乱的感觉了。

在此之前举办的上海车展也一样受到了这个问题的困扰。通用、福特、丰田、大众、戴姆勒—克莱斯勒等每年被当作上海车展的顶梁柱，2001 年不约而同地表示不来参展。上海车展因为场地狭小，总会把它们分在 3 处——与延安西路一路之遥的上海世贸商城和上海国际展览中心以及与这两个展馆相距 7 公里左右的上海光大会议中心。由于场馆限制，要在不同的 3 个地方举行，分散不说，各个场馆及其周边的硬件条件也不尽相同。这就决定了厂家参展必须先定场地，后做策划，再布展，"工作人员于烈日下在三处展馆之间奔波劳累不说，这种场地布局必会导致观众分流"。这样一来，也就难怪汽车巨头们异口同声地对上海车展说"不"了。

更为严峻的是，21 世纪初，我国会展业将步入成熟期。届时，不少国际专业展都将超过 10 万平方米甚至 15 万平方米的规模，展馆面积不足的矛盾将会更加突出。

复习思考题

1. 目前我国会展场馆发展存在的主要问题有哪些？
2. 结合材料说明如何促进我国会展场馆的发展。

5 会议活动

知识目标

- 了解会议的概念和类型
- 掌握会议策划及基本流程
- 掌握会议的申办方式

技能目标

- 学会制订会议工作计划
- 掌握会中管理和服务的基本方法

导入案例

博鳌亚洲论坛2011年年会开幕

博鳌亚洲论坛2011年年会于4月15日举行开幕大会。约有1400多位来自世界各地的政要、企业领袖、知名专家与学者、国际与非政府组织代表出席博鳌亚洲论坛2011年年会,约半数来自企业界,其中不乏一批世界级大企业领导人。

中国国家主席胡锦涛、俄罗斯总统梅德韦杰夫、巴西总统罗塞夫、南非总统祖马、韩国总理金滉植、西班牙首相萨帕特罗、乌克兰总理阿扎罗夫、新西兰副总理英格利希等出席了论坛年会开幕式。

日本经济界领袖的踊跃出席,是本届论坛年会的又一亮点。在博鳌亚洲论坛理事长福田康夫的推动下,新日铁会长三村明夫、松下会长中村邦夫等著名日本企业家出席了年会。这是继2010年年会印度内阁部长首次亮相博鳌、印度企业家参会热情骤增之后,又一亚洲主要经济体积极参与到论坛年会的讨论之中。

今年论坛秘书处在邀请代表参会时,更注重代表的质量,代表规格也高于往年。据悉,参会的企业界代表人数1000人左右,一批世界级大企业的领导人已出席年会,包括邦基董事长魏泽博、沃尔玛前总裁李斯阁、花旗集团副董事长古铁雷斯、沃尔沃总裁雷夫·约翰逊、荷兰皇家孚宝董事长霍克斯特等。

此外,本届年会还特别邀请了数十位国内外主流媒体的代表出席年会,深度参与论坛讨论,包括《财经》总编王波明、凤凰卫视董事局主席刘长乐等。

——资料来源:新华网

会议是人们为了解决某个共同问题或出于不同的目的聚集在一起进行讨论、交流的活动,它往往伴随着一定规模的人员流动和消费。作为会展业的重要组成部分,大型会议特别是国际性会议在提升城市形象、促进市政建设、创造经济效益等方面具有特殊的作用。

5.1 会议的概念、类型和构成要素

5.1.1 会议的概念

什么是会议?通常的理解就是"聚众议事",所谓众,至少应为3人以上,若仅两人,只能称为"对话"。既然是聚众,就必须有主持人,有一定的议事规则,而所议之事,应为共同关心的问题或是希望表达的意志。会议有"聚"有"散",是一种临时性的活动。因此,我们可以这样定义会议:会议是指3个人或3个人以上参与的、有组织、有目的的一种短时间聚集的集体活动方式。

会议的表现形式很多,只要是在一定时间内有目的、有组织地把有关人员召集起来,传递信息、协商事项、研究问题、布置工作、交流经验等,都可以说是会议。在竞争激烈的当今社会,每天都在进行着各种繁多的会议,从国家之间的大会议到家庭内部的小会议。会议已经成为人们相互沟通的生活形态,无论是面对面,或是通过电子媒体,或是通过卫星,都已深刻地影响着人们的生活。

会议是一种群体性社会活动，个人的看法或想法往往有片面性和局限性，假如将看法或想法各异的许多人聚集起来，进行交流和沟通，解决问题的角度就会呈现多元化。

会议是一种目的性很强的社交活动，会议的策划和实施均围绕着会议的目的和主题来进行。任何一个会议都是为了满足一定的客观需要，解决现实生活中一定的实际矛盾或问题而举行的。

从会展的角度，我们讨论的会议主要是指具有一定规模与影响力，产生相当社会与经济效益的会议。

5.1.2 会议的类型

世界上每年召开的一定规模与影响力的会议有数十万个，虽然很难将它们进行明确分类，但按照不同的标准大致有以下几种分类。

1. 按照会议的主办单位划分

1) 公司类会议

公司类会议是指会议主办者为一家企业或多家同行业、同类型及行业相关企业的会议活动。

2) 协会类会议

协会类会议是指会议主办者为由具有共同兴趣和利益的专业人员或机构组成的社团组织的会议活动。

3) 其他组织会议

其他组织会议是指不能归于以上两类的会议活动。

2. 按照会议活动的特征划分

1) 商务型会议

商务型会议是指为了企业的业务和管理工作发展的需要而进行的会议活动。

2) 度假型会议

度假型会议是指企业等组织机构利用周末或假期组织员工边度假休闲、边参加会议的会议活动。

3) 文化交流型会议

文化交流型会议是指各种民间和政府单位组织的，以跨区域的文化学习交流为主的会议活动，常以考察、交流等形式出现。

4) 专业学术型会议

专业学术型会议是指某一领域具有一定专业技术的专家学者参加的会议活动，主要表现为专题研究会、学术报告会、专家评审会等。

5) 政治型会议

政治型会议是指国际政治组织、国家和地方政府为某一政治议题而开展的会议活动，一般采取大会和分组讨论等形式。

6) 培训型会议

培训型会议是指用一个会期对某类专业人员进行有关业务知识方面的技能训练或新观念、新知识方面的理论培训的会议活动，一般采用讲座、讨论、演示等形式。

3. 按照会议的性质划分

1) 论坛式会议

论坛式会议即采取论坛会议形式的会议活动。论坛一般由小组组长或演讲者来主持，许多听众参与，各种各样的问题分别由小组组长和听众提出讨论，两个或更多的发言人可以就各自的不同意见向听众阐述，会议主席将总结各方意见并引导讨论，听众可以提出各自的问题。论坛的特点是反复深入的讨论。

2) 研讨式会议

研讨式会议即采用研讨会形式的会议活动。研讨会一般由一些个人或专门小组做示范讲解，一定数量的听众会参与讨论。相对论坛而言，研讨会更正规，会议中观点和意见的交流较少。专题讨论会、座谈会、进修会、讲习会、讲座、演讲等也属于研讨会形式。

3) 报告式会议

报告式会议即采取报告会形式的会议活动。报告会通常由个人或专门小组进行专题讲演，一般不存在讨论，更加正式，组织得更加严密。传达会、表彰会、纪念会、动员大会等都属于报告会形式。

4. 按照会议的规模划分

1) 小型会议

小型会议是指与会人数少于 100 人的会议活动。

2) 中型会议

中型会议是指与会人数为 100~1000 人的会议活动。

3) 大型会议

大型会议是指与会人数为 1000~10 000 人的会议活动。

4) 特大型会议

特大型会议是指与会人数在 10 000 人以上的会议活动。

5. 按照会议代表的类型划分

1) 会员会议

会员会议是指会议代表主要为会议主办者会员的会议活动。其主办者主要是各类协会。虽然会员会议的与会者并不局限于会员，但会员是与会者的核心部分。

2) 内部成员会议

内部成员会议是指会议代表主要为会议主办者内部成员的会议活动。其主办者主要有企业、政府机构等。

3) 业务关系人员会议

业务员关系人员会议是指会议代表主要为与会议主办者存在业务关系人员的会议活

动。其主办者一般为企业，企业的管理人员和员工等也参加会议。

4) 公众会议

许多会议主办者是为公众举行会议，这种会议代表主要为社会公众的会议活动即公众会议。其主办者可以是政府、社会团体、企业等，又可分为营利性和非营利性两种。政府机构和社会团体倾向于举行非营利性公众会议，企业有时为了公共关系的需要也会开展非营利性的公众会议。营利性的公众会议的主办者则有许多，包括杂志、专业协会、公司以及想出售与会议有关产品的个人等。

6. 按照会议代表的范围划分

1) 国内会议

国内会议是指会议代表均来自会议举办国的会议活动，一般又分为全国性会议和地方性会议。

2) 国际会议

国际会议是指会议代表来自不同国家的会议活动，一般又分为全球性会议和区域性会议。根据ICCA的定义标准，只有与会人数在50人以上，至少在3个国家轮流举行的固定性国际会议才被纳入国际会议活动的统计范围。

 小资料

最大的国际会议——2005世界社会论坛

2005世界社会论坛年会被称为历史上规模最大的国际会议。据组委会介绍，共有135个国家的15万各界人士与会，其中包括巴西总统卢拉、委内瑞拉总统查韦斯以及许多国际知名人士。在为期6天的年会期间，与会者就维护和平、消除贫困、普及教育、保护弱势阶层权益、新的社会经济发展模式等问题进行了广泛讨论。

——资料来源：网易新闻摘自《北京青年报》

7. 按照会议举办时间的特点划分

1) 固定性会议

固定性会议是指按照规定的时间定期开展的会议活动，主要形式有年会、例会等，具有周期性的特点。

2) 非固定性会议

非固定性会议是指按照实际情况的需要适时开展的会议活动，具有不定期和灵活性的特点。

此外，还可以按照会议的主题来划分，如医药类会议、科学类会议、工业类会议、技术类会议、教育类会议、农业类会议等。

5.1.3 会议的构成要素

构成会议的基本要素是会议主办者、会议参加者、会议时间、会议地点、会议方式及会议的主题。其核心要素是会议主题，它决定了其他要素诸如会议时间、地点、方式及参加者的选择。

1. 会议的主题

会议的主题是会议要讨论的主要内容，是会议要商议或要解决的问题。围绕会议的主题可选择一个或若干个议题开展讨论。会议的主题是会议的核心。

2. 会议的主办者

会议的主办者是会议活动的组织者。会议的主办者具有决定会议的主题、参加者、时间、地点、形式以及选定承办者的权利，并承担会议的法律责任。会议的主办者也可能就是承办者，但许多情况下，会议的主办者会将会议的一些具体事务交给专业的会议承办者承办。

3. 会议的参加者

会议的参加者即出席会议的人员，根据会议的内容与规模不同必须选择符合需要的与会者。一些会议中有正式代表与列席代表之分，他们在会议中具有不同的权利和义务。会议参加者的数量与身份地位决定了会议的影响力和经济效益。

4. 会议的时间

会议的时间是指在何时开多长时间的会议。会议时间的选定应考虑多数与会者的方便性及主题的时效性。

5. 会议的地点

会议的地点指会议举办的区位及具体的场所。不同的会议对其举办的区位与场所有不同的要求，选择的依据主要是会议的背景、主题及会议场所的软硬件设施等。

5.2 会议的策划

策划是人们为实现预定目标，事先筹谋、计划、设计的社会活动过程，也就是在综合运用信息的基础上，运用现代科学方法，寻求实现目标最佳方案的创造性思维活动。为实现会议的目的，前期的筹谋及计划设计是必不可少的。会议策划可以为会议决策提供方案，提高会议活动的经济效益，帮助提升会议品牌形象。

5.2.1 会议目标策划

为了使会议的内容有的放矢，在准备会议以前，会议组织者要多方收集市场信息，对相关背景做深入的研究，努力抓住会议关注的热点问题，为下一步确定会议目标提供详细的背景资料和参考依据。

会议的目标是会议组织者的期望，而会议的任务则是在目标统帅下所要完成的具体工作。换句话说，目标是会议所要完成的具体任务的总和，而完成任务则是实现会议目标的具体步骤。会议的目标和任务制约着会议的议题和议程，决定会议的性质，影响会议的方式，引导会议的结果。确定会议目标和任务就是要解决为什么开会这一最基本的问题，开会只不过是实现组织者目标和期望的手段而已。目标清晰，任务明确，会议才能发挥应有的功能。

特别提示

会议目标和任务策划的要求如下。
(1) 提出的目标和任务要明确。
(2) 实现目标和完成任务的时机和条件要成熟。
(3) 处理好目标层次之间的关系。
(4) 处理好总目标与具体目标的关系。
(5) 处理好主要目标和次要目标的关系。

5.2.2 会议议题策划

议题策划是会议策划的一项重要内容。会议一定要有能紧紧把握时代脉搏、能切实反映该行业某一领域发展动态的鲜明主题。会议的主题是会议的灵魂，一个好的主题能对会议潜在的听众产生巨大的号召力；如果会议主题不能被潜在的听众接受，会议将名存实亡。会议失败的原因可能很多，但主题确定不当一直是众多失败原因中最致命的一个。

一般来说，会议的主题要有创意，并且要具备以下特征：前瞻性、总结性和时代性。所谓前瞻性，是指会议的主题针对行业的发展现状和发展趋势要适度超前，对行业热点问题要看得更远、更深，不能只局限于眼前情况；所谓总结性，是指会议主题要能高屋建瓴，能对行业发展有所总结，能体现行业发展的特点和趋势，不能脱离行业发展，泛泛而谈；所谓时代性，是指会议的主题要能有的放矢，紧扣行业热点和难点问题，不能远离现实。会议主题可以不同时具有上述 3 个特征，但是至少应该具备其中一个。否则，会议的主题将会失去号召力。

为了更好地确定主题，会议组织者可以征询相关机构、行业专家的意见，也可以针对与会对象展开调查，让他们提出建议，在此基础上，会议组织者再综合各方面的意见，并结合会议目的和内容来确定会议的主题。

小常识

确定会议主题时需考虑的问题如下。
(1) 热点议题还是热点吗？看看当前的热点话题是什么。虽然有些话题在几个月以后会过时，但是人们对多数热点话题的兴趣至少会持续一段时间。此外，如果在真正举行会议的时候，人们对主题的认识有所改变,你只需提前一段时间吸引住听众就可以了。

(2) 你与你的工作组是否了解国内、学术界或者当地领先思想?你是否为更新观念而不断地参加相关活动,而且一直关注所有国内热点话题的辩论赛?

(3) 你了解你的竞争对手吗?如果你的会议主题与当前的热点相关,会议的内容和主题就极有可能与其他同时进行的会议相近。潜在的会议代表是有限的,如果活动过于相似,你的活动也将以低出席率而告终。

(4) 有你希望探讨的当前热点事件或时事话题吗?当前国内形势是否有什么新进展?你的目标群体最感兴趣的、最密切关心的是什么?

(5) 活动应该短小精悍,主题不要过于泛泛。

(6) 重要活动要有多个主题,但议题不宜过多。

(7) 不要期望能够吸引所有的目标听众,不要期望所有构想的组成部分都能被实现。

(8) 要事先考虑好如何推进几个议程同时进行。

5.2.3 会议类型和形式策划

会议目标策划是解决为什么开会的问题,会议议题策划是解决开什么会的问题,而会议类型策划解决的是开什么样的会的问题。会议类型策划一般要考虑以下因素:会议的目标任务因素、会议的职权和主办权因素、会议的功能因素。会议形式和会议类型是相互联系的。一般说来,会议形式服从于会议类型,即一旦确定了举行何种类型的会议,会议形式就应当与之相适应。会议形式策划除了要考虑会议类型策划的各项因素外,还要考虑座位格局因素、会场装饰因素、技术手段因素等。

5.2.4 会议对象和规模策划

邀请哪些对象参加会议,这既是会议领导者的职权,也涉及参加对象的法定权利,同时又关系到会议形象和会议目标能否顺利实现,因此要特别慎重。

确定会议对象可以有以下几种程序:领导确定、会议规则确定、磋商确定、选举确定等。

会议对象的策划要做到如下几点。一是具有合法性,即会议对象的确定必须符合法律、规章以及组织章程、议事规则的有关规定;二是具有必要性,即强调哪些对象必须或者应当参加会议,可以根据会议的目的、议题、会议的类型和功能、会议的公关需要等来确定对象;三是具有明确性,即对象的职务或级别明确、对象资格明确;四是具有代表性,代表大会、调查会等应当充分考虑参加对象的代表性。

会议规模的策划有两层含义:一是指会议组织存在的时间,存在的时间越长,规模就越大;二是指会议占有的空间,包括动用的人和物的总和,动用的人员和物资越多,规模就越大。一般来说,决定会议规模的主要因素是动用的人员,其中又以参加会议的总人数为主要依据。

5.2.5 会议发言策划

发言是会议交流信息的主要方式,也是会议活动区别于其他活动样式的特有方式。发言的申请和确定可以通过会前报名、临时申请、领导指定或自由发言等方式进行。

　　会议发言策划需要注意：一是发言应符合会议的目标和议题；二是尊重与会者的发言权；三是精选发言的内容；四是注重发言人的能力素质；五是照顾发言人的代表性；六是控制发言人数；七是限制发言时间；八是合理安排发言顺序。

 小常识

确保发言质量的技巧如下。
(1) 仔细考虑你为什么要安排主要发言。
(2) 尽量选用尚未过时的热门话题。
(3) 慎重选择主要发言人。
(4) 与主要发言人的私人助理谨慎合作。
(5) 听取他人特别是在其他地方听过你所要邀请的主要发言人演讲的人的意见。
(6) 一开始就要和发言人说明你的期望。
(7) 他们是否愿意出席？你请得起他们吗？你有联系他们的较好的渠道吗？他们在你的通讯录上吗？
(8) 你是否接到主要发言人来信说他们的确"正在准备发言"？你为他们准备了对他们有所帮助的详尽的纲要了吗？
(9) 你是否确定他们在发言的时候能够准时出席？你是否对他们同意出席表示过感谢？
(10) 活动当天你是否再次让主要发言人明确所有事项？他们是否能根据计划来安排进程？

5.2.6　会议时间和地点策划

1. 会议时间策划

　　会议的时间策划涉及两个方面的问题：一是时机，即什么时候召开会议最为合适；二是会期，即会议时间的长短。

　　会议时间策划应把握以下几条原则。一是时机原则，举行会议的时机必须成熟；时机成熟的会议应当及时召开；选择合适的会议时间。二是需要原则，会期的长短要依据会议的实际需要来确定。三是成本和效率原则，会议时间的长短与会议的成本和效率密切相关，一般情况下，会议的时间越短，成本越低，效率越高。因此在满足需要原则的前提下，适当、合理地压缩会议时间是降低会议成本、提高会议效率的有效手段。四是协调原则，会议活动往往是领导人的主要活动形式，安排会议，特别需要注意协调领导人之间参加会议的时间，以免相互冲突。五是合法合规原则，法律、法规以及组织章程或议事规则明确规定会期的会议，应当严格按照规定的会期召开，非特殊情况不得提前或推迟。

　　策划会议时间时还需要注意几个具体问题：一是会议的主要领导人、嘉宾、报告人是否能在预定时间参加会议；二是与会者是否有足够的时间准备提交相关文件或发言材料；三是会议的各项组织和准备工作是否有足够的时间完成；四是会议的具体日期是否具有政治上、宗教上、民族风俗上的敏感性等。

2. 会议地点策划

　　会议地点策划包括两个方面问题：一是选择合适的举办地，二是选择合适的场馆。

对于会议地点的策划，我们要求会议的地点能够产生良好的政治影响和经济效果。事实上，随着世界政治经济的发展，现代会议的地点选择已经超越了会议本身的意义，而越来越具有浓厚的政治和经济色彩，一些重大的国际会议往往会给主办者带来巨大的政治利益，提升主办者的国际地位。正因为如此，许多国家积极申办一些重要的国际性会议，从某种意义上说，国际会议的申办已经成为国际政治较量和经济竞争的焦点之一。从主办者角度来说，会议放在哪里举行才能产生最好的政治和经济效果，这是会议地点策划首先要考虑的问题。

现代会议地点的选择与会议主题不无关系，因此会议地点的策划要能够突出会议主题。理想的会议地点不仅能够吸引与会者，而且可以突出会议的主题，提高会议的效果，有利于实现会议的目标。

理想的会议地点还会对会议的气氛产生良好影响。因此选择会议地点时应注意选择能够营造良好会议的地方。

5.2.7 会议程序策划

会议程序是会议实施计划的进度安排，它对会议的进程进行总体的调控和安排。会议程序应当详尽、明确，具有可操作性。可以对每项发言、每项活动细节的名称、主持或发言人的身份以及发言限定的时间都做出明确的规定。如重要仪式中的奏国歌、升旗、颁奖、献花等细节，都需做出具体说明。这样，会议程序可以让与会者详细了解每项活动的具体内容及时间顺序，同时便于会议主持人掌握会议的进程。

5.2.8 会议的公关和宣传策划

会议的公关和宣传是会议组织工作的有机组成部分，也是会议取得成功的重要保证。做好会议的宣传工作能够及时传递会议信息，增加会议透明度，尊重人民群众的知情权，体现政治民主和管理民主；能使会议的目的和意义深入人心，调动广大人民群众的积极性，为贯彻落实会议精神及各项决策创造良好的舆论环境；对于因举办大型会议活动可能对部分群众带来的某些不便，通过正面宣传予以解释，消除部分群众的顾虑，使他们充分理解和支持会议的举行；能树立领导机关或主办单位良好的社会形象，提高会议知名度，创造会议品牌；通过公关活动，争取社会在经费、物资、智力和人力等方面的支持和赞助。

会议的公关和宣传报道分为会前、会间和会后 3 个时段，不同的时段具有不同目的、不同的公关和宣传效果。会前公关和宣传的主要目的是让与会者、群众了解会议的目的、性质和意义以及会议的筹备情况等，以形成正确的、健康向上的舆论氛围，积极争取社会支持，为会议的成功举行鸣锣开道。同时也可以争取本地群众的理解和支持，宣传会议品牌，增加报名人数，扩大会议成效，争取社会赞助。会间公关和宣传的主要目的是让群众了解会议的进展情况，特别是报告、审议、辩论、投票表决的过程，提高透明度，使群众了解决策的过程，接受群众的监督，促进与群众的联系。会后公关和宣传旨在肯定会议取得的成果，鼓舞士气，提高斗志，树立主办者的形象。

会议公关和宣传的方法可以采取设立会议新闻中心或新闻发言人；邀请记者前来采访；

运用组织内部的宣传渠道和宣传形式宣传；邀请群众旁听会议；刊登会议广告、张贴海报渲染会议气氛等。

5.2.9 会议预算

(1) 收入预算，包括会务费、赞助、广告收入、参展商交费、拨款、利息及其他销售收入等。

(2) 固定支出预算，包括承办者、组委会、市场宣传、办公室补给和开销、可偿还开销、工作人员等的开销。

(3) 变动支出预算，包括视听设备、计算机服务、娱乐服务、展览、旅行、地面交通、酬劳、翻译人员、与会者支持、发言人、陪同人员接待计划、合同服务、设备、印刷和复印、奖品和纪念品、公共关系、保安、运输、会场租赁、餐饮、会议评估、后续工作等的支出。

5.3 会议的准备

5.3.1 安排会议议题

在一般情况下，先有议题后决定开会，而不是先决定开会再找议题。但是，实际管理工作中，往往不完全按照正常逻辑发展。有的时候硬要临时找议题，这种情况多是发生在按期举行例会的机关。凡是开会，一般都由秘书工作人员提出建议，并负责安排好会议议题。

通常，决定召开大型会议时领导就已决定了会议的议题。而各级党政机关、企事业单位日常会议多数是例会，也有的叫办公会议，它既要确定工作方针，又要解决实际问题。安排例会会议议题，各部门虽有不同的做法，但归纳起来不外乎以下几大类。

(1) 主管领导临时确定议题，由会议秘书人员向有关部门搜集文件，准备资料。

(2) 待讨论的问题很多，文件也早已准备好，只是一次、两次会议讨论不完。这时，秘书工作人员就要根据轻重缓急，以及当地当时的实际情况，提出合理化建议，把要讨论的问题合理安排好。

(3) 由会议秘书人员事前询问各主管部门是否有需要在会议上讨论的事情和项目，然后加以安排，在一周甚至一个月之前，就必须把要讨论的问题整理好，列成议程表，提交领导审定。

会议议题的来源主要有如下几个方面。一是领导同志批示交办的或指定有关部门汇报的问题；二是下级机关提请讨论的问题；三是上级领导下达指示，需要各部门集体学习讨论、研究贯彻执行的问题等。

排列日常会议议题时，就应当尽量将同类性质的问题集中排列在一起；凡不属于一个体系的问题，不要安排到同一个会议上；同时，要注意把保密性较强的议题放在后面。这样，一方面问题的性质相同，相互有联系，便于讨论；另一方面也便于有关人员到会和提前退席。此外，还应有一些后备议题，以备会议进展顺利、时间充裕时随时供会议讨论。

不论采用何种办法和方式，任何会议议题的最后安排都应请有关领导定夺。

5.3.2 提名与会人员

什么人应当参加会议，同会议议题的安排一样，决定权在领导。秘书工作部门在接受委托以后，可以提出参加会议的参考名单，供领导选择并决定。

什么人应当参加会议，在大多数情况下是固定的。比如中央全会，中央委员当然是与会人；政治局会议，政治局委员当然是与会人；省的常委会议，省委常务委员当然要是参加会议的。此外，有些会议，其名称就确定了大部分的参加人员，如：省市政府农业会议，自然是要主管农业的省长、市长参加；县委书记会议，工业市长会议等等。但是，仍需要会议工作人员提出与会人员名单，送请有关主管领导审定。特别需要注意的是，一定要对列席人数加以控制，人员过多，就会影响会议效果。

对一些没有固定与会人员的会议，例如民主人士座谈会、知识分子问题座谈会，还有一些大型的报告会、传达会等，会务工作人员必须根据领导机关的指示与要求，全面考虑后，提出与会人员名单；如果领导自己拟定与会人员名单，会议工作人员可以提供有关资料或提出补充意见，请领导参考。

要做好与会人员的报名工作，关键是熟悉各部门的业务和各领导同志的行踪动向。为了掌握全面的情况，应该做到如下几个方面。

第一，多看些文件，例如部门的请示报告、业务资料等。

第二，会议工作本身就是熟悉情况的好机会。会议上有文件、有讨论、有决定，每次都有不同的与会人员，会务工作人员利用工作上的便利条件，可以大致了解这些情况。

第三，请干部管理部门提供情况，例如从组织部门定期编制的干部名单中，摘记新情况。

第四，可通知各部门、各主要负责同志的秘书，请他们随时将领导同志的出差、返回时间通知秘书工作部门或会务机构。秘书部门为了记忆和迅速回答各领导同志的出差、返回情况，可采取一些简明而有效的记载办法，如挂牌登记。这种办法是把一个方形木板分成两栏，一栏挂返回的领导的名字，一栏挂出差的领导的名字，非常简便，且一目了然。

5.3.3 发出会议通知

会议同志可以采取书面形式，当然也可用电话通知或传真、手机短信、电子邮件等方式通知会议。书面形式的会议通知包括标题和正文两大部分。

标题写明"××单位召开××会议的通知"。大型的重要会议，如各种代表大会的会议通知要编发文号。一般性的日常工作会议可以只写"会议通知"或"通知"即可，不编文号，召集会议的单位写在通知的正文的右下角，加盖公章。

会议通知中的正文要写清楚何单位、何时、何地、开什么会议、会议的主要目的及主要内容、会议的期限与日程的大体安排，与会人员需要提前做好哪些准备工作，报道的地点以及日期，是否可以带随从工作人员、车辆、乘车的地点和航班等，文字上应力求不产生理解上的歧义。

如果是各种类型的代表大会或代表会议,在发出会议通知之前,还要就会议代表的名额分配、各方面的比例、代表条件和产生的方法等,专门发个通知。有时,为了让与会人员提前做好充分准备,发正式通知之前,先发预备通知。

5.3.4 做好报到工作

与会人员从接到会议通知,到进入会议场所开会,一般有以下 3 道程序。

(1) 通知会议召集机关能否到会。

(2) 从自己的工作单位或住地到达指定的开会地点,并通知会议秘书工作部门已经到达。

(3) 进入会场的时候,签名或者交出签到证件。

上述这 3 道程序,可分别称它们为报名、报到和签到。报名方式一般用电话或手机短信,如时间来得及,也可用填发回执方式报名,外地代表也可用传真、电子邮件报名。与会代表、出席人员和列席人员接到会议通知之后,向大会报名,说明他将参加会议,会议组织部门或秘书部门就要为他做必要的准备工作。

报名,仅仅说明会议代表准备参加会议或可以参加会议,但还有可能因工作情况或其他缘故不能参加会议。所以,报名和报到是不同的手续。本地代表,一般只履行其中一道手续,外地代表和因故外出的本地代表,应该履行报名和报到两道手续。报到的方式一般是要求本人持会议通知亲自报到,也有让其秘书代劳的。接受报到的会务工作人员,应该礼貌地接待会议人员报到,在证实了报到人的身份以后,需将其住地、电话号码等进行详细登记,并将预先准备好的文件袋发给报到人。有的会议如人民代表大会会议、政协会议、党的代表大会会议等,还要按规定索要相片,以便制发证件。

外地代表来到会议住所,就同时完成了报到手续,但会务工作人员应登记其到达的时间和随员人数等情况。如果会议代表有几处住所,各住所的会务工作人员要及时向大会总值班室汇报与会人员报到情况,以便在规定的报到日期内,随时掌握报到人数。发现该报到而未及时报到的,应抓紧催促,以保证在开会之前,与会人员能全部按时到达、报到。

5.3.5 与会人员编组

开大型会议时,与会人员姓名确定之后,在发出会议通知的同时,就要对与会人员进行编组。大会的编组,有几种不同的方法:各种代表大会,多是以代表团为单位编成若干小组;一般大会可以以区域单位编组,也可以以专业为单位编组。概括地说,会议人员编组的方法基本上有两种:一种是按地区编组;另一种是按专业编组。

会议将召集会议机关的领导同志分入各地区小组时,应注意这样两个问题。

(1) 某些同志自愿到某个地区小组去参加讨论问题,就可适当照顾,将其编入该地区的组内。

(2) 应该将负责某项业务的各个领导同志分散到各个组去,而不要集中在一个组内。

大会编组,会务工作人员只提供意见,做具体的组织工作,决定权属于会议领导。

5.3.6 布置会场座次

开会要借助于一定的场所,会场诸方面的条件好坏,舒适程度高低,对参加会议人员的心理有着不可忽视的作用。会议场所各方面的条件好,与会人员开起会来,就会心情愉快,精力集中;反之,效果就会差一些。这在一定程度上影响到会议的成效。可见,会场的选择与布置,要有一定的讲究,它也是一门学问。

5.3.7 制发会议证件

召开会议,应视必要,制发会议证件。一般来说,制发会议证件,只限于大中型重要会议,而通常的小型会议没必要制发有关证件。会议证件一般有出席证、列席证、来宾证和签到证4种。另外还有会议工作证、记者证等,这些证件都是工作证件。

会议证件有4个作用:一是证明与会人员的身份;二是为了会议的安全;三是为了统计到会人数;四是为了方便维持会场秩序。

制发会议证件,应根据具体情况与条件,不可也不必都一样。有些会议不排座次,就不必搞座号。有些大型会议,可以制作普通的证件如入场券性质的证件。另外有些会议,如一些规模不大的一般性专业会议,或是大型的干部会议等,每人发一个印有字样的有色布条或纸条,也具有证件的作用。对于一些特别是极为重要的连续开几天以上的大中型会议,不但要有正规的证件,而且要在证件中贴上本人相片,加盖钢印,以防被人仿冒。

证件的形式,应当深刻反映会议内容,做到美观大方、朴素适用,切忌华而不实,低级庸俗。证件不必定型,可以根据上述要求设计各种式样。

1. 出席证

1) 简式
用名片纸印制,长9cm,宽5.5cm,底色为黄、白色等均可。
式样1

```
┌─────────────────────────┐
│     ××省领导学学会成立大会     │
│                         │
│       暨第一次学术讨论会        │
│                         │
│       出   席   证        │
│                         │
│         ××年×月×日         │
└─────────────────────────┘
```

2) 繁式
折叠式,左边折起,口向右连开,卡片纸精制,长11cm,宽7cm。

式样2

(证件的首页外面，紫红色，烫金字)

中国共产党第××次全国代表大会

出 席 证

席次：××排××号

姓　名：_____

选举单位：_____

编　号：_____

(证件的底页内面，浅黄色，印字)

注意事项

(1) 凭证进入大会会场。
(2) 此证可通行各小组会场及各代表住所。
(3) 如有遗失请立即通知大会秘书处。

2. 代表证

1) 简式
用名片纸张印制，长9cm，宽5.5cm，底色为黄、白色等均可。

式样3

全国第××届领导科学学术讨论会

代 表 证

××年×月　地点：××

2) 繁式

用名片纸精致印制，长 9cm，宽 5.5cm，底色为黄、白色等均可。

式样 4

```
中国××学术讨论会

代　表　证

中国×××研究会　上海××宾馆

姓名：_____    职务：_____
单位：_____    NO.：_____
```

3. 列席证

折式，尺码规格同繁式出席证。卡片纸简式，表里均为粉色，正面为深红印字，内面项目同繁式出席证，只是要把"选举单位"改为"单位"，底页内面内容亦同繁式出席证。

式样 5

```
中国共产党第××次全国代表大会

列　席　证

席次：××排××号
```

4. 来宾证

折式，尺码规格同繁式出席证，卡片纸精制。

式样 6

(首页外面，大红色、烫金字)

```
中国共产党第××次全国代表大会

来　宾　证

席次：××排××号
```

```
(底页内面，粉色，印字)

姓名：

单位：

编号：
                ××年××月××日填发
```

上述各式会议证件，如需贴相片，可贴于正页内面位置，原有项目向下顺移。有的大会证件持有人的照片是贴在证件正面，并佩戴于胸前。这里所列举的各例只供参考，实际上各种会议证件在设计上及各次会议中有所不同。

5. 签到证

道林纸精制，胶印。有条件时，可套印浅色图案作为衬底，左连压一条钢线，便于撕下。以预计会议天数为页数装订成一本，再夹于出席证折式之间，成为一个袖珍证件本，出席证(或代表证)为封面、封底，签到证为中页。这是将出席证和签到证分别印制，装订在一起，此装制方法对于代表携带、保管较为方便，代表每出席一次会议签交一张即可。也有的会议筹备机构将会议代表证和签到证分别印制，分别装订，代表证证明身份，签到证专门起签到之用。

式样7

```
         签 到 证
         席次：××排××号

         姓名：
         ××年××月××日×午
```

5.3.8 编制经费预算

1. 交通费用

(1) 出发地至会务地的交通费用。它包括航班、铁路、公路、客轮，以及目的地车站、机场、码头至住宿地的交通费用。

(2) 会议期间交通费用。它主要是会务地交通费用，包括住宿地至会所的交通、会所到餐饮地点的交通、会所到商务交际场地的交通、商务考察交通以及其他与会人员可能使用的预定交通费用。

(3) 欢送交通及返程交通费用。它包括航班、铁路、公路、客轮及住宿地至机场、车站、港口的交通费用。

2. 会议室费用

1) 会议场地租金

通常而言，场地的租赁已经包含某些常用设施，譬如激光指示笔、音响系统、桌椅、主席台、白板或者黑板、油性笔、粉笔等，但一些非常规设施并不涵盖在内。比如投影设备、临时性的装饰物、展架等，需要加装非主席台发言线路时也可能需要另外的预算。

2) 会议设施租赁费用

此部分费用主要用来租赁一些特殊设备，如投影仪、笔记本电脑、移动式同声翻译系统、会场展示系统、多媒体系统、摄录设备等，租赁时通常需要支付一定的使用保证金，租赁费用中包括设备的技术支持与维护费用。值得注意的是，租赁时应对设备的各类功效参数做出具体要求，否则可能影响会议的进行。另外，这些会议设施由于品牌、产地及新旧不同，租赁的价格可能相差很大。

3) 会场布置费用

如果没有特殊要求，通常而言，此部分费用包含在会场租赁费用中。如果有特殊要求，可以与专业的会议服务商协商。

4) 其他支持费用

这里所谓的"支持"通常包括广告及印刷、礼仪、秘书服务、运输与仓储、娱乐保健、媒介、公共关系等。基于这些支持均为临时性性质，如果会议主办方分别寻找这些行业支持的话，其成本费用可能比市场行价要高，如果让专业会议服务商代理，将获得价格相对较低廉且服务专业的支持。对于这些单项服务支持，主办方应尽可能细化各项要求，并单独签订服务协议。

3. 住宿费用

住宿费用里面有些价格是完全价格，而有些是需要另外加收政府税金的。对于会议而言，住宿费可能是主要的开支之一。找专业的会展服务商通常能获得较好的折扣，正常的住宿费除与酒店星级标准、房型等因素有关外，还与客房内开放的服务项目有关。

4. 餐饮费用

会议的餐饮费用可以很简单，也可以很复杂，这取决于会议议程的需要及会议目的。

1) 早餐

通常是自助餐，当然也可以采用围桌式就餐，费用按人数计算即可。但考虑会议就餐的特殊性及原材料的预备，所以预计就餐人数不得与实际就餐人数相差15%，否则餐馆有理由拒绝按实际就餐人数结算，而改为按预定人数收取费用。

2) 中餐及午餐

中餐及午餐基本属于正餐，可以采取人数预算的自助餐形式，按桌预算的围桌式形式。如果主办方希望酒水消费自行采购而非餐馆提供，餐馆可能会收取一定数量的服务费用。

3) 酒水及服务费

通常，如果在高星级酒店餐厅就餐，餐厅是谢绝主办方自行外带酒水消费的，如果可以外带酒水消费，餐厅通常需要加收服务费。在高星级酒店举办会议宴会，通常在基本消费水准的基础上加收15%左右的服务费。

4) 会场茶歇

此项费用基本是按人数预算的，预算时可提出不同时段茶歇的食物、饮料组合。承办者告知的茶歇价格通常包含服务人员费用，如果主办方需要非程序服务，可能需要额外的预算。

5) 联谊酒会/舞会

事实上，联谊酒会/舞会的预算可能比单独的宴会复杂，宴会只要设定好餐标与规模，预算很容易计算。但酒会/舞会的预算涉及场地与节目支持，其预算可能需要比较长的时间来确认。

5. 旅游费用

通常在会议结束以后会安排与会代表参加富有当地特色的旅游活动，可以找一些旅行社来安排会议旅游，费用由旅行社根据参加会议人数和天数报价。

6. 设备视听费用

如果是在室外进行，视听设备的费用通常就可以忽略。如果为了公共关系效果而需要在室外进行，视听设备的预算就比较复杂，它通常包括：设备本身的租赁费用，通常按天计算；设备的运输、安装调试及控制技术人员支持费用，可让会展服务商代理；音源，主办者可自带，也可委托代理。

7. 宴请及演出费用

通常可以选定节目后按场次计算，预算金额通常与节目表演难度及参与人数正相关。在适宜地点如果有固定的演出，预算就很简单，与观看表演的人数正相关，专场或包场除外。

8. 预计外支出

它是指会展过程中一些临时性安排产生的费用，包括各类文秘、礼仪、司仪、勤杂、临时采购、临时司乘、向导打印、临时运输及装卸、纪念品、临时道具、传真及其他通信、快递服务、临时保健、翻译、临时商务用车、汇兑、会议过程中的点心、水果及调制色酒等。这些服务通常是临时或者按时提供的，其费用的预算很难计划，在预算时通常按类别笼统计算，也可以按不可预计费用或者按其他类别计算。如果通过代理公司操作，则应告知代理公司做好随时服务的准备。代理公司与主办方之间的最后服务费用核算将通过双方指定的联络人互相签单认可，由双方财务或者相关人员核定。

5.4 会中服务和会议评估

5.4.1 会中服务

1. 组织代表签到

与会者或会议代表进入会场时，一般要签到。会议签到是为了及时、准确地统计到会人数，便于安排会务工作。有些会议只有达到一定人数才能召开，否则会议通过的决议无效。因此，会议签到是一项重要的会前工作。

1) 簿式签到

与会者在会务工作人员预先备好的签到簿上，按要求签署自己的姓名，表示到会。签到簿上的内容一般有姓名、职务、所代表的单位等，与会者必须逐项填写，不得遗漏。簿式签到的优点是利于保存，便于查找。缺点是只适用于小型会议，一些大型会议参加的人数很多，采用簿式签到就不太方便。

2) 证卡签到

会务工作人员将印好的签到证事先发给每位与会者，签证卡上一般印有会议的名称、日期、座次号、编号等，与会者在签证卡上写好自己的姓名，进入会场时，将签证卡交给会务工作人员，表示到会。其优点是比较方便，避免临开会时签到造成的拥挤。缺点是不便保存、查找。证卡签到多用于大中型会议。

3) 会务人员代为签到

会务工作人员事先制定好参加本次会议的花名册，开会时，来一人就在该人名单后画上记号，表示到会，缺席和请假人员也要用规定的记号表示。例如："√"表示到会，"×"表示缺席，"○"表示请假等。这种会议签到方法简便易行，但要求会务工作人员必须认识绝大部分与会者，所以这种方法只适宜于小型会议和一些常规性会议。对于一些大型会议，与会者很多，逐个询问到会人员的姓名很麻烦，所以大型会议不适宜采用这种方法。

4) 座次表签到法

会务工作人员按照会议模型，事先制定好座次表，座次表上每个座位按要求填上合适的与会者姓名和座位号码。参加会议的人员到会时，就在座次表上销号，表示出席。印制座次表，与会者座次安排要求有一定规律，如从×号到××号是某部门代表座位，将同一部门的与会人员集中一起，便于与会者查找自己的座次号。采用座次表签到，参加会议的人员在签到时，就知道了自己座位的排数和座号，有引导的效果。

5) 电脑签到

电脑签到快速、准确、简便，与会人员进入会场时，只要把特制的卡片放到签到机内，签到机将与会者的姓名、号码传到计算机中心，与会者的签到手续在几秒钟内就办完，与会人员到会结果由计算机准确、迅速地显示出来。电脑签到是先进的签到手段，一些大型会议都采用电脑签到。

2. 引导代表入座

参加会议的人员事先可能不熟悉会场，因此，会务工作人员要把与会者引导到相应的座位上。这样，既方便与会者，又维持了会场秩序，保证了会议效果。一些大型会议，会场较大，参加会议的人数也很多，更需要引导座位。为减轻会务工作人员的负担，可以采用印刷座次表，在会场上设立指示标记、在签到证或出席证上注明座次号码等方式，引导与会者顺利地找到自己的座次。

3. 发放会议文件

会议中所需要的文件材料，会议工作人员应及时、准确地分发到每位与会者手中。分发会议文件和材料有两种形式。会前分发文件和材料，可以在与会者进入会场时，由会议工作人员在会场入口处分发给每位与会者；也可以在开会之前，按要求在每位与会者的座位上摆放一份文件材料。会中分发文件材料，可以把会议工作人员分派到各组，每人负责每组的文件材料的分发和收退。需要收回的文件材料，一般在文件的右上角，写明收文人和收文时间，收文时要登记，以免漏收。

对于某些保密程度较高的会议文件，要按照编号分发。会务人员分发这种保密文件时，要注意准确性、保密性以及登记手续的完整无误。如果一次会议要发几个保密文件，每个人拿到会议文件上的编号应一致，这样做有利于会议文件的管理与回收。可以在会议文件上加盖与会者姓名章或在会议文件上写上与会者姓名，按人装封分发，封上应加盖密封章和限时章，同时要完善签收手续。特别重要的会议文件分发，还要采用回执的办法，使与会者收到会议文件。

4. 安排会议发言

有的会议在分组讨论的基础上，还要组织大会发言。虽然安排大会发言的决定权属于大会的有关领导同志，但是，会务工作人员可能被委托先提出安排意见，供领导人审定。安排大会发言，要考虑如下几个方面的问题。

1) 注意地区的平衡

做到在一天的会议中，可以听到不同地区的与会人员的发言，使与会者能更快地了解到全面的情况。

2) 注意高层领导与基层领导的平衡

高层领导的发言，可能内容全面，政治性、理论性较强；而基层领导或做具体工作的与会者的发言，可能内容具体，材料生动丰富。这两种与会者的发言适当地穿插安排，可使会议发言生动活泼，效果更好。

3) 注意主题平衡

每个与会者的发言都有主题思想。要安排符合会议总体精神的主题，但注意不要过分重复主题。相同内容的会议发言，不要紧连在一起，最好也不要放在一天，以免影响与会者的情绪，削弱会议效果。总之，要把相同内容的会议发言适当分开，使会议不致使人感到单调、乏味。当然，如果有实际需要，例如为了加强某种声势，反映某种呼声，还是可以把同一个方面的会议发言做集中安排的。

会务工作人员安排会议发言都必须服从大会的总体目的。此外，会务工作人员还应当做一定的促进工作。如透露领导的意图，了解会议发言人的准备情况，安排好发言的顺序和发言时间等。

5. 组织分组讨论

在大中型会议中，许多问题往往需要在小组中进行讨论，小组会常常穿插在大会之间进行。有许多议题，一般是先把议题放到小组中充分酝酿和讨论，形成初步意见，然后再在大会上通过。

概括地说，把与会人员进行编组的基本方法有两种：一是按地区编组；二是按专业编组。各组应事先指定召集人和记录员。

为了及时了解小组会中的讨论情况，可派会务工作人员分别到各小组中去，随时了解会议分组讨论的动态，掌握会议的进展情况，发现好的方法和建议及时反映上来，用会议简报、快报的形式进行交流，因势利导，以便把会议开得更好；如发现问题，也能及时解决。

6. 做好会议记录

会议记录是开会当场把会议的情况，如发言人姓名、会上的报告内容、讨论的问题、与会者的发言、通过的决议等如实记录下来的书面材料。

1) 会议记录的要求

会议记录要求准确、真实、清楚、完整。记录人员应当有高度的政治责任心，以严肃认真的态度如实记录发言人的原意，重要的意思应记原话，不得任意取舍增删。会议的主要情况，发言的主要内容和意见，必须记录完整，不要遗漏。记录字体力求清晰易认，不要过于潦草，不要使用自造的简称或文字。

2) 会议记录的内容

会议记录一般分如下两个部分。

第一部分记录会议的基本情况。它主要有会议的名称、开会的时间、地点、出席人、列席人、主持人、记录人。这些内容要在宣布开会前写好。至于出席人的姓名，会议人数不多时，可一一写上。会议人数多时，可以只写他们的职务，如政府职能部门会议上的局长、副局长，学校会议上的各校正副校长、教导主任等，也可只写总人数。如是工作例会，可只写缺席人的名字和缺席原因。

第二部分记录会议的内容。它主要有主持人的发言、会议的报告或传达、与会者的讨论发言、会议的决议等。内容的记录，有摘要记录和详细记录两种。

(1) 摘要记录。一般会议只要求有重点地、扼要地记录与会者的讲话和发言，以及决议，不必"有闻必录"。对一般性的例行会议，只要概括地记录讨论内容和决议的要点，不必记录详细过程。

(2) 详细记录。对特别重要的会议或者特别重要的发言，要做详细记录。详细记录要求尽可能记下每个人发言的原话，不管重要与否，最好还能记下发言时的语气、动作表情及与会者的反应。如果发言者是照稿子念的，可以把稿子收作附件，并记下稿子之外的插话、补充解释的部分。需要详细记录的发言，可采取速记的方法。还可以先录音，会后再整理。

3) 会议记录使用的工具

会议记录可采用统一制发的会议记录本或记录纸。使用灌注有蓝墨水的钢笔或经国家档案局鉴定可用于档案书写的圆珠笔。这种圆珠笔芯上标有"DA"（"DA"为档案的拼音字头)标记。

4) 会议记录的技巧

一般说来，会议记录的技巧有4条：一快、二要、三省、四代。

一快，即书写运笔要快，记得快。字要写得小一些、轻一点，多写连笔字。要顺着肘、手的自然趋势，斜一点写。

二要，即择要而记。就记录一次会议来说，要围绕会议议题、会议主持人和主要领导同志发言的中心思想，与会者的不同意见或有争议的问题、结论性意见、决定或决议等做记录；就记录一个人的发言来说，要记其发言要点、主要论据和结论，论证过程可以不记；就记一句话来说，要记这句话的中心词，修饰语一般可以不记。要注意上下句子的连贯性、可信性，一篇好的记录应当独立成篇。

三省，即在记录中正确使用省略法。如使用简称、简化词语和统称。省略词语和句子中的附加成分，比如"但是"只记"但"，省略较长的成语、俗语、熟悉的词组，句子的后半部分，画一曲线代替，省略引文，记下起止句或起止词即可，会后查补。

四代，即用较为简便的写法代替复杂的写法。一可用姓代替全名；二可用笔画少易写的同音字代替笔画多难写的字；三可用一些数字和国际上通用的符号代替文字；四可用汉语拼音代替生词难字；五可用外语符号代替某些词汇；等等。但在整理和引发会议记录时，均应按规范要求办理。

7. 处理临时事项

会议进行过程中，有些临时任务、应急措施需要会务工作人员协助完成。比如，调整会议议题、临时增加与会人员、有关领导同志有紧急文件需要转送有关部门、会外有紧急文件要呈送领导人批阅等。会务工作人员应当根据有关领导的指示和实际情况，采取相应措施，及时妥善地给予解决。

会议进程中，可能发生一些意想不到的临时变故或突发事变、突发事故等，会务工作人员应及时采取应急措施并向领导请示，按有关领导的指示，机智、果断地处置。必要时，协助会议主席组织与会人员紧急撤离危险地带，妥善处理好突发事件带来的危机，减少对与会人员造成的伤害及其财物的损失。

案 例

会议故障场景

会议故障场景1：

当主持人宣布："下面，由××先生做演讲，大家欢迎！"掌声起，许久未见演讲者上台。主持人再次重复，"请××先生上台演讲"，仍未见演讲者出现，议论声四起。

会议故障场景2：

演讲者演讲过程中，扩音器不断嚣叫，音响管理人员找不出原因。演讲者指桌上一物问："这是什么？"下面听众中一人说："这是我的录音笔。"将录音笔取走，嚣叫声立即消失。

会议故障场景3：

与会者在报到处问："安排我们住宿的酒店离这有多远？"

接待人员回答："不知道。"

与会者问："明天何时开会？"

接待人员答："不知道。"

与会者生气地说："你怎么什么都不知道？"

接待人员答："我是今天早上才过来参加会议接待的学生。"

8. 内外联络工作

会议进行中不是与外界隔绝的，需要会务工作人员进行内外联系，传递信息。如有关部门的紧急情况要转达与会者，传递信件、电报、接电话等。

会务秘书要协助主持人组织好大小会议，并做好上下联络。要收集掌握会议动态，并随时把会议的进展情况、与会者的建议和要求向会议主持人汇报，同时及时将主持人的安排意见及有关领导人的意图传达贯彻下去，做到上下沟通，以利于问题的解决。

在会议进行过程中，如会务工作人员接到寻找与会者的电话，应妥善做好转接工作。一般而言，只要不是特别紧急的电话，均可先不传呼，先记下相关内容，等待会议中间休息时或会议结束后再交给当事人；只有内容十分紧急的电话，会务工作人员才用纸条通知当事人接听。

对会议进行过程中的来访者，如有急事，会务工作人员可请来人稍候，然后用递纸条的方式，告诉当事人让其自己来处理。

在内外联系、传递信息中，会务工作人员应该注意会议内容的保密，任何保密的会议内容均不可泄露出去。

9. 餐饮服务

一些会议的与会者对会议期间的餐饮服务非常重视，会议期间的工作用餐和宴会不仅是享用美食的场所，而且还是重要的交流场所，良好的餐饮服务会让与会者留下深刻印象。

大多数会议都统一安排用餐，其费用一般包含在会务费中。通常是与会者在所住酒店用早餐，中餐和晚餐集中用餐，许多会议采用发放餐券的方式进行管理，也有的是由与会者凭代表证进入餐厅。用餐形式主要有自助餐和围桌餐两种。通常采用较多的安排方式是会议期间采用自助餐，会议结束时采用围桌宴会的形式。

作为会议的组织者要考虑的问题有以下几种情况。

(1) 饭店或会议中心的场地应能容纳所有人就餐，如果分开就餐常常会使与会者感到遗憾。

(2) 可邀请当地高级人士参加会议的宴会，以引起媒体的注意与报道。

(3) 可寻找赞助单位冠名赞助宴会或某次中晚餐，既节约经费又为赞助单位提供宣传机会。

(4) 如果节目太多，而且正式时段都已排满，则可以安排在吃饭时间做特别演讲。

(5) 精心选择菜单，既要满足与会者的基本需求又要考虑成本因素。低劣的饮食会影响与会者情绪，部分人会另选就餐地点从而降低会议出席率。

(6) 无论选择何种用餐方式和地点，饮食安全卫生都是首先要考虑的必要条件。

自助餐是一种很好的用餐方式，或许成本略高，但可自由选择食物和座位，使人们感到轻松自在，也有利于与会者相互间的交流，提升与会者的满意度。自助餐最容易出问题的地方是食物供应的数量和质量，既要保持充足的食物供应又要避免浪费，这需要周密安排。

宴会往往是会议结束时的一个活动高潮，办好宴会需要付出大量的精力与费用，但宴会的影响也是不可忽视的。

案 例

2014 公司年会，晚宴

一、年会总述
二、年会策略
年会概述
时间：　　　　　　　　　　地点：深圳***酒店
参会人员：
年会主要环节
**主要领导讲话
与会领导致开幕辞
环节一：年会
环节二：论坛
环节三：晚宴
位置：主会店门口
人员：2014年**年会与会嘉宾
在红毯尽头设巨幅年会背景墙，与会人士可在背景墙上签字，拍照留念。
年会暖场片
播放时段：会议开始前

播放内容：《感谢有你》专题片
播放时间：5'
回忆**四年来的成立、发展状况，通过**管理者和员工的工作、生活、团队等情节，再现**四年来的美好生活。
年会启动及各领导发言
开场辞
**领导宣布2014年年会总结会议部分结束

资料来源：中国新闻网

5.4.2 会议评估

1. 会议评估的意义

会议评估是会议管理工作的一项基本任务，它关系到会议组织者或举办者的水平能否不断提高。会议组织者或举办者不要害怕收到批评会议组织管理工作质量的意见，因为没有一个会议的组织管理工作是完美无瑕的，建设性的批评意见是今后改进会务工作的苦口良药。

科学的会议成效评估，不仅能获得关于已经结束的会议质量的信息，而且更重要的是可以通过对已经结束会议的分析总结，获得会议组织管理工作的经验教训，从而有利于对会议组织管理工作人员进行有针对性的培训，提高会务工作人员组织管理会议的水平，使以后举办的会议质量越来越高，成效越来越好。

2. 会议质量评估的人员

会议质量评估的人员主要有3个方面：一是会议主持人，二是训练有素的会议专业人士，三是与会者。以上的组合比较合理，因为专业人士和与会者对会议所做的质量评估，视野比较开阔，也比较客观。

1）会议主持人的评估

会议结束后，会议主持人应该诚恳地向有关人员征求意见："我的主持水平怎么样？""哪些议题的讨论进行得比较顺利？为什么？""哪些部分的安排有问题？为什么？""下次会议上，应如何改进？"

这是会议主持人要思考的最基本的问题。会议主持人应该对会议过程中顺利及有问题的地方有深刻的印象。花一些时间，对这些地方做深入思考，总结经验教训，这对提高自己的主持会议水平，会大有益处。

2）专业人士的评估

一个训练有素的会议质量评估专业人士，对会议质量与成效的要素、客观评估会议质量与成效的技巧都比较熟悉，因此，由这种专业人才进行会议质量评估，能得到比较好的会议质量评估结果。不过要找到这种专业人才并不容易，而且需要支付一定的会议质量评估费用。

会议结束之后，会议质量评估专业人士可以将他观察到的会议组织管理工作状况与其他事情，向全体会务人员和与会者报告，并邀请他们共同讨论如何改进下一次的会议组织管理工作；会议质量评估专业人士也可以私下与会议主持人交换看法，并讨论需要改进的地方。

3) 与会者的评估

与会者是评估会议质量与成效的最佳人选。他们对于会议本身、会议中发生的事情以及会议主持人的表现，都有所感受。会议中的公开讨论，通常是得到与会者反馈信息的最佳方式。

除此之外，会务工作人员与社会公众对会议质量的评估，也是不可忽视的。

3. 会议评估的内容

1) 会前成效评估

会前筹备工作质量与成效评估的主要内容有以下几个方面。

(1) 会议目标是否明确？
(2) 会议筹备计划方案是否科学、合理、实用？
(3) 会议议程是否合理？每一项议题的时间分配是否适中？
(4) 与会者人选是否得当？数量是否合适？
(5) 会议时间的选择是否得当？
(6) 开会通知的发放是否得当？开会通知的内容是否详尽？
(7) 会议地点的选择是否得当？
(8) 会议场所的布置是否得当？
(9) 会议场地的设备是否欠佳？
(10) 会议代表接站与报到工作的组织是否科学而有序？
(11) 与会者是否做好了充分准备？
(12) 会议的会期长短是否得当？

2) 会中成效评估

会中组织管理工作质量与成效评估的主要内容有以下几个方面。

(1) 与会者在会中的交往是否正常？
(2) 外界对会议场所与会议代表住宿的干扰程度如何？
(3) 与会者在会议发言中是否离题？
(4) 会议主持人是否能科学地控制会场？
(5) 会议文件与资料数量是否适中？会议记录是否详细与周全？
(6) 是否有少数人垄断会议的现象出现？
(7) 与会者对会议议题是否关心？会议期间外出办私事的人多不多？
(8) 与会者是否敢于发表自己的见解？
(9) 与会者之间的争论是否有攻击性？
(10) 与会者与会议主席的争论是否有利于会议预定目标的实现？
(11) 与会者的发言是否超时？
(12) 会议场所中的视听设备是否能正常运转与使用？

(13) 会议的交通与通信是否畅通？
(14) 会议代表在会议期间的文体活动、参观游览活动安排是否得当？
(15) 会议保卫工作是否实现了预定目标？有无出现安全事故？
(16) 会议是否能按时结束？
(17) 会议代表的食宿是否安排妥当？是否出现了伤亡与食物中毒事故？
(18) 会议主持人是否能科学而周详地总结会议取得的成果？

3) 会后成效评估

会议善后工作质量与成效评估的主要内容有以下几个方面。

(1) 会议代表离场工作的组织是否科学而有序？
(2) 为代表送行的服务是否热情、周到？
(3) 清理会议场所是否及时与彻底？会议期间借用的物品是否及时归还与结账？
(4) 会议记录的整理是否及时与周详？
(5) 会议决定或纪要的下发是否及时与得当？
(6) 会议文件的整理与归档是否完整有序？
(7) 会议精神的传达是否及时？
(8) 会议的新闻报道是否及时而有效？
(9) 会议保密工作做得如何？
(10) 对会议议决事项的督办是否得力？
(11) 会议开支的决算是否能按规定进行？
(12) 会议成效评估是否得当？
(13) 会议总结是否得当？

4. 会议评估的时机

对一个会议进行会议质量评估的最佳时机，是在该会议刚刚结束的时候。对于一个小型会议来说，这比较好做到，待会议工作全部结束时，进行会议质量评估就可以了。大型会议的质量评估应分阶段、分活动进行，应在会议进行到一定阶段，大会结束或某个分会、活动结束后，立即对刚刚过去的事件进行质量评估。这样，大型会议的质量评估工作就可以做得比较全面了。

5. 会议质量评估方法

1) 调查问卷

会议质量评估最常用的有效方法是调查问卷。会议质量评估调查问卷的设计者把要评估的各方面问题列举出来，每个问题后面给出几个评价性术语，会议质量评估者只要从中选择一个或几个打"√"，最后写上几句评价意见或评论语即可。它对于会议质量评估者来说，简单易行，只需花很少的时间就能完成，因而受到有关人员的欢迎。会议质量评估调查问卷可以通过如下几种方式发送与回收。

(1) 现场手工填写。即会议质量评估组织者把会议质量评估调查问卷用纸张印刷出来，在适当的时候发给会议质量评估者，请他们现场手工填写后，及时收回。

(2) 现场电脑填写。即会议质量评估组织者把会议质量评估调查问卷放置在特定的电脑中，请会议质量评估者在电脑上现场填写。待所有会议质量评估者填写完毕后，电脑即可统计出会议质量评估调查问卷中量化部分的数据。

(3) 会后电脑填写。会议结束后，会议质量评估组织者把会议质量评估调查问卷发到会议质量评估者的电子邮箱中，请会议质量评估者在规定的时间内填写后，再通过电子邮件发给会议质量评估者，会议质量评估组织者收集后，再进行处理。

2) 面谈访问

在会议结束后，有关部门的人员邀请部分调查对象集中或者分别面谈，征求他们对会议组织管理工作质量的意见，听取他们对会议组织管理工作质量的评价。经过综合整理后，形成会议质量评估报告或作为会议质量评估报告的一部分。这种方法适用于对会议质量进行定型评估。

3) 电话调查

在会议结束后，有关部门的人员打电话给调查对象，征求他们对会议组织管理工作质量的意见，听取他们对会议组织管理工作质量的评价。经过综合整理后，形成会议质量评估报告或作为会议质量评估报告的一部分。这种方法只能用于对会议质量进行定性评估。

4) 现场观察

在会议现场或会议期间组织的各个活动过程中，派出人员观察会务工作人员的表现情况，观察与会者参加会议期间的各种反应或表现，从而对会议成效与质量做出评估。

5) 述职报告

在会议结束后，会议领导者要求每个会务工作人员，对自己在会议过程中所做的工作做出述职报告。经过有关人员的综合整理，就可以从一个侧面了解会议组织管理的成效，从而对会议质量做出有效评估。

复习思考题

一、名词解释

1．会议　　　　2．国际会议　　　　3．会议构成要素

二、简答题

1．申办国际会议一般经过哪些步骤？
2．如何制订会议工作进度计划？
3．会议会场的布置应遵循什么原则？

三、论述题

设计一个学生学术论坛活动。

6 展览活动

>>>>> **知识目标**

- 了解展览的发展史
- 掌握展览的分类
- 理解展览的相关定义

>>>>> **技能目标**

- 熟悉展览策划阶段的工作程序
- 掌握立项策划的主要内容
- 掌握展览实施阶段的工作要点
- 能设计一项小型的展览文案

6 展览活动

导入案例

2014年CeBIT汉诺威开幕中兴、华为等中国企业登场

作为全球规模最大、影响最广的ICT顶级国际盛会之一，全球最大科技产业大展德国CeBIT 2014于3月10~14日在德国汉诺威举办。本届展会以"大数据处理"为核心主题，国际知名ICT公司IBM、微软、SAP、Intel、华为、中兴等均携各自产品及解决方案参展。通过参展企业对新技术和产品的展示，显示出当前全球IT产业发展的四大趋势：大数据、社交化、移动性、云技术。

连续四年参展的中国厂商华为公司今年高调亮相CeBIT，上千平方米的庞大展台，展示了敏捷网络、统一通信与协作、移动办公、云计算与数据中心、行业解决方案等。根据环球科技记者现场体验，华为ICT解决方案覆盖了政府、医疗、教育、电力、交通、能源、媒资、中小企业等行业信息化领域。

中兴首次携丰富的政企业务高调亮相2014年CeBIT。中兴以"Make It Easy"为主题，全面展示面向企业移动互联网和大数据的一系列先进ICT产品及解决方案，并发布多个新方案，与全球客户分享和达成更多的商业机遇和合作机会。

继美国CES消费电子展和巴塞罗那MVC世界移动通信展之后，尽管在CeBIT的各个展台上依然摆放着各类智能手机和平板电脑，但它们所展示的是针对企业的专业解决方案。尤其是"大数据处理"成为焦点话题，即如何处理数字化时代所产生的海量数据。展会主办者也创造出"Databilily"的概念：这意味着可持续性地、负责任地处理海量数据，以防在这一领域的商机被发掘的同时也吸引不法分子的眼光。

2014CeBIT将有来自全球70个国家和地区的3500家公司参展，展示内容分为通信和网络、全球采购、数字商务解决方案、企业内容管理(ECM)和输出/输入解决方案、数字安全、网络和移动解决方案等十项。

——珠海特区报

6.1 展览策划

6.1.1 展览的相关定义

在中文里，展览会名称有博览会、展览会、展览、展销会、博览展销会、看样订货会、展览交流会、交易会、贸易洽谈会、展示会、展评会、样品陈列、庙会、集市、墟、场等。另外，还有一些展览会使用非专业名词，加上这些非专业名称，展览会的名称将会更多。

展览会名称虽然繁多，但基本词是有限的，比如英文里的fair exhibition exposition show，中文里的集市、庙会、展览会、博览会。其他名称都是这些基本词派生出来的。

展览是一种特殊的流通媒介。从流通性质上讲，展览与批发、零售等流通媒介相同。通过展览，买主和卖主签约成交做成买卖。但是，展览也有其特殊性，有别于其他流通媒介。不论是外贸、商业，还是期货等，本身都是交换过程中的一个环节；不论是形式上(商

业和贸易），还是意义上(期货)的常规交换，都要先买进商品，再卖出去。而展览则不是交换的中间环节，它只为卖主和买主提供环境，由买卖双方直接达成交换。在实业界和学术界，许多人把展览视为传播媒介。展览的两大性质是展示和宣传。政治、文化类的展览可以被划归为传播媒介。虽然经济贸易类展览也具有传播功能和作用，可以被用作传播媒介。但就其根本作用和性质而言，经济贸易类展览是一种特殊的市场，是一种交换媒介，而不是传播媒介。由此看来，展览是一种既有市场性又有展示性的经济交换形式。

据美国《大百科全书》定义，展览会是一种具有一定规模，定期在固定场所举办的，来自不同地区的有组织的商人聚会。以此概念为基础，可以对展览会做出如下界定：展览会是一种具有一定规模和相对固定的举办日期，以展示组织形象或产品为主要形式，以促进参展商和贸易观众之间的交流洽谈为最终目的的中介性活动。

6.1.2　展览会的发展历史

受历史传统和文化因素的影响，世界各国的展览会都具有明显的地域特点和各自不同的办展风格。从总体上看，欧美展览会的质量、贸易效果和办展水平都高于其他地区，代表了当今世界展览业发展的最高水准。尤其在细微之处进行比较，欧美展览会在办展方式和展览会风格方面已形成其显著的特点。我国企业出国参展最多、最集中的是欧美展览会，深入细致地分析欧美展览会的不同与区别，不仅有利于进一步做好出国展览工作，也有利于在比较中学习和借鉴西方先进的办展经验和成功的办展模式，以便在与世界接轨中逐步摸索和形成有中国特色的办展风格。

欧洲的展览会明显具有数量多、规模大的特点。据统计，每年在欧洲举办的贸易展览会约占世界总量的 60%，而且其规模巨大，参展商数量和观众人数众多，绝大多数世界性"航母"级超大型和行业顶级展览会都在欧洲举办。在这方面，德国堪称最典型的代表。世界著名的国际性、专业性贸易展览会中，约有 2/3 都在德国举办。按营业额排列，世界十大知名展览公司中，也有 6 个是德国的。每年，德国举办的国际性贸易展览会约有 130 多个，净展出面积 690 万平方米，参观商逾千万，参展商 17 万家，其中有将近一半的参展商(约 48%)来自国外。

从历史的角度看，欧洲当之无愧是世界展览业的发源地，具有十分悠久的历史。而且由对欧美展览会历史渊源的考察可知，欧洲展览会比北美展览会具有更强的贸易性。据考证，早在公元 710 年，法国北部的圣丹尼省就举办了一个大型的展览会，参展商多达 700 余家。到公元 11 世纪，德国的法兰克福已成为一个重要的城市，它于 1240 年获得当时皇室的批准，每年在法兰克福举办一届秋季国际博览会，如图 6.1 和图 6.2 所示。

到 15 世纪，莱比锡和许多其他欧洲国家的城市都相继成为著名的世界展览大城市。考察世界展览业发展史可知，现代意义上的贸易展览会最早诞生在德国。因此，一般认为，德国是世界贸易展览会的发源地。现代贸易展览会与传统庙会式展览会一个重要的差别是，现代贸易展览会是以展出样品为主的展览会，开创了现代贸易展览会之先河。欧洲的展览会是从中世纪的"周市"发展而来。周市(Weekly Market Place)是指每周办一次的集市贸易，如古罗马的鱼市、米市、油市等，都是专门以买卖双方的交易活动作为办展的宗旨，因而欧洲的展览会一直具有很强的贸易性。

6 展览活动

图 6.1　法兰克福市市貌

图 6.2　法兰克福秋季国际博览会

而早期北美展览业的起源史，现在尚没有详细的历史记述。一般认为，北美展览会开始于 18 世纪，是直接从西欧传过来的，这些展览会刚开始主要集中在早期殖民城市波士顿。1765 年，美国第一个展览会在温索尔市诞生，而加拿大的第一个展览会则诞生于 1792 年，是由加拿大尼亚加拉联邦的一个农业组织发起和举办的。北美展览会起源于专业协会的年度会议。起初，展览只作为年会会议的一项辅助活动，只是一种信息发布和形象展示的活动，展览会的贸易成交和市场营销功能曾在很长一段时间里并不为企业重视，这就是为何现在仍有许多美国展览会与专业协会年度会议结合在一起同时举办的重要原因。由于北美展览会的贸易性不及欧洲，因此贸易展览会在欧洲企业开展市场营销和贸易促销中所发挥的作用大于其在北美所发挥的作用，从而导致欧美企业对展览会的重视和利用程度也存在较大差异。据统计，欧洲企业编制市场营销费用的年度预算中，用在参加展览方面的费用约占其总预算的 50%；而美国企业用在这方面的费用只占其年度市场营销费用预算的 16.5%。

6.1.3　展览会的分类

1. 按展览性质来分

展览会分为贸易和消费两种性质。

贸易性质的展览会是为产业即制造业、商业等行业举办的展览。展览的主要目的是交流信息、洽谈贸易。消费性质的展览是为公众举办的展览，消费性质的展览基本上都展出消费品，目的是直接销售。

展览的性质由展览组织者决定，可以通过参观者的成分反映出来：对工商界开放的展览是贸易性质的展览，对公众开放的展览是消费性质的展览。

2. 按展览内容来分

展览分为综合展览和专业展览两类。

综合展览指包括全行业或数个行业的展览会，也被称为横向型展览会，如工业展、轻工业展。

专业展览指展示某一行业甚至某一项产品的展览会，如钟表展。专业展览会的突出特征之一是常常同时举办讨论会、报告会，用以介绍新产品、新技术。

3. 按展览规模来分

展览会分为国际、国家、地区、地方展，以及单个公司的独家展。
规模是指展出者和参观者的所代表的区域规模而不是展览场地规模。
不同规模的展览有不同的特色和优势，应根据企业自身条件和需要来选择。

4. 按展览时间来分

从展览时间上划分，可分为定期展览和不定期展览。定期的有一年四次、一年两次、一年一次、两年一次等，不定期展则视需要而分为长期和短期。长期可以是 3 个月、半年，甚至常年，短期展一般不超过一个月。在发达国家，专业展览会一般是 3 天。在英国，一年一次的展览会占展览会总数的 3/4。展览日期受财务预算、订货以及节假日的影响，有旺季、淡季之分。根据英国展览业协会的调查，3～6 月及 9～10 月是举办展览会的旺季，12～1 月以及 7～8 月为举办展览会的淡季。

5. 按展览场地来分

大部分展览会是在专用展览场举办的。展览场馆最简单的是室内场馆和室外场馆。室内场馆多用于展示常规展品的展览会，比如纺织展、电子展等；室外场馆多用于展示超大超重展品，比如航空展、矿山设备展。在几个地方轮流举办的展览会被称作巡回展。比较特殊的是流动展，即利用飞机、轮船、火车、汽车作为展场的展览会。

6. 国际展览联盟的分类

国际展览联盟(原为法文 Union des Foires Internationales，后改为英文 Union of International Fairs，UFI)于 1925 年在意大利米兰成立，并将总部设在法国巴黎。进入 21 世纪以后，国际展览联盟进一步将名称做了修改，从原来的"国际展览联盟"更名为"国际展览业协会"(使用英文名称 The Global Association of the Exhibition Industry)，但其简称仍沿用了 UFI。在最初成立的时候，参加国际展览联盟的只是欧洲的 20 个展览公司，而且也不是这些公司的所有展览项目都能自然而然地成为国际展览联盟成员。所以，参加 UFI 实际是两种"概念"，一是成员单位(展览公司)，二是成员项目(即由国际展览联盟所认证的展览会)。对国际性展会进行权威认证是国际展览联盟的核心任务。

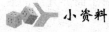
小资料

经 UFI 认可的展会是高品质贸易展览会的标志。
A：综合性展览
A1：技术与消费品展览会
A2：技术展览会
A3：消费品博览会

6 展览活动

B：专业性展会
B1：农业、林业、葡萄业及设备
B2：食品、餐馆和旅馆生意、烹调及设备
B3：纺织品、服装、鞋、皮制品、首饰及设备
B4：公共工程、建筑、装饰、扩建及设备
B5：装饰品、家庭用品、装修及设备
B6：健康、卫生、环境安全及设备
B7：交通、运输及设备
B8：信息、通信、办公管理及设备
B9：运动、娱乐、休闲及设备
B10：工业、贸易、服务、技术及设备
C：消费展览会
C1：艺术品及古董
C2：综合地方展览会

6.1.4　展览策划阶段

展览的举办要经过一个复杂而系统的工作过程，它的主要运作过程可分为策划阶段、实施阶段和展后阶段。展览项目的策划是举办展览活动的必经过程，通过策划使展览项目具有清晰的定位、鲜明的主题、切实可行的营销方法、首末细致的全程服务，为展览的成功举办打下良好的基础。

1. 展览项目的选定

展览项目策划的程序一般从确定展会项目主题开始。其基本步骤是收集市场信息、分析整合办展资源、确定最优方案。

1) 收集市场信息

对于展览的策划者来说，最先需要考虑的问题就是：什么产业需要什么时间在什么地方举办什么规模的展览？为回答这个问题，首先要进行信息收集。

(1) 需要收集的信息包括以下几类。

① 产业信息。产业发展状况和产业的性质是影响一个展览会能否成功举办的重要因素之一。产业不同，举办展览会的策略和方法也不一样。收集相关产业的有关信息主要是为了从产业的角度分析产业对举办展览会可能产生的影响，以及产业给展览会提供的可能发展空间等，为制定切实可行的展会举办策略奠定坚实的基础。产业信息主要涉及产业发展状况、产业性质、产业规模、产业分布状况、相关企业数量、产品销售的习惯方式、产品的技术含量及发展前景等方面。

② 市场信息。展览项目涉及产业的市场规模、市场竞争态势、经销商数量和分布情况、行业协会状况、市场发展趋势及相关产业状况等。

③ 相关法律法规。不管是产业还是市场，它们都不同程度地受到国家有关法律法规的影响和约束，对举办展览会存在重大的影响。我们应了解的主要有：产业政策、产业发展

规划、海关有关规定、市场准入规定、知识产权保护、其他规定等。

④ 相关展览活动信息。展览会过多,很难进行全面收集,但至少应该收集到相关展览会的下述信息:同类展览会的数量和分布情况、同类展览会之间的竞争优势、重点展会的基本情况等。

(2) 展览收集信息的方法有以下几种。

① 普遍寻找法。这种方法也称逐户寻找法或者地毯式寻找法。其方法的要点是,在业务员特定的市场区域范围内,针对特定的群体,用上门、邮件或者电话、电子邮件等方式对该范围内的组织、家庭或者个人无遗漏地进行寻找与确认。比如,将某市某个居民新村的所有家庭作为普遍寻找对象,将上海地区所有的宾馆、饭店作为地毯式寻找对象等。

普遍寻找法的优势主要有:地毯式的铺开不会遗漏任何有价值的客户;寻找过程中接触面广、信息量大,各种意见和需求、客户反应都可能收集到。这是分析市场的一种方法,让更多的人了解到自己的企业。

当然其缺点也是很明显的:成本高、费时费力;容易导致客户的抵触情绪。

② 广告寻找法。先向目标顾客群发送广告,之后上门展开业务活动或者接受反馈。例如,通过媒体发送展会的广告,介绍其时间、地点、展览内容、主办单位等,然后在目标区域展开活动。

广告寻找法的优点是:传播信息速度快、覆盖面广、重复性好;相对普遍寻找法更加省时省力。

其缺点是:需要支付广告费用,针对性和及时反馈性不强。

③ 介绍寻找法。这种方法是通过他人的直接介绍或者提供的信息进行顾客寻找,可以通过业务员的熟人、朋友等社会关系,也可以通过企业的合作伙伴、客户等由他们进行介绍,主要方式有电话介绍、口头介绍、信函介绍、名片介绍、口碑效应等。

利用这种方法的关键是业务员必须注意培养和积累各种关系,为现有客户提供满意的服务和可能的帮助,并且要虚心地请求他人的帮助。介绍寻找法由于有他人的介绍或者成功案例和依据,成功的可能性非常大,同时也可以降低销售费用,减小成交障碍,因此业务员要重视和珍惜。

④ 资料查阅寻找法。经常利用的资料有:有关政府部门提供的资料、有关行业和协会的资料、国家和地区的统计资料、企业黄页、工商企业目录和产品目录、电视、报纸、杂志、互联网等大众媒体、客户发布的消息、产品介绍、企业内刊等。

⑤ 委托专门的市场调研机构。这种方法在国外用得比较多,一般是业务员在自己的业务地区或者客户群中,通过有偿方式委托特定的人为自己收集信息,了解有关客户和市场、地区的情报资料等。

⑥ 客户资料整理法。这种方法本质上属于"资料查阅寻找法",但是也有其特殊性,现有的客户、与企业联系过的单位、企业举办活动(如公关、市场调查)的参与者等,他们的信息资料都应该得到良好的处理和保存,这些资料积累到一定程度就是一笔财富。

⑦ 交易会寻找法。国际国内每年都有不少交易会,如广交会、高交会、中小企业博览会等,这是一个绝好的商机,要充分利用。交易会不仅能实现交易,更重要的是寻找客户、联络感情、沟通了解。

另外，一些组织，特别是行业组织、技术服务组织、咨询单位等，他们手中往往集中了大量的客户资料和资源以及相关行业和市场信息，通过与这些组织联系来收集资料是一个有效的途径，有时还能够获得这些组织的服务、帮助和支持，主要是在客户联系、介绍、市场进入方案建议等方面。

2) 展览题材的选定

展览题材就是举办一个展览会所计划要展出的展品的范围，先确定在哪个行业举办展会。我们需要将市场细分出来，如何分：细分市场的规模和发展潜力、细分市场的盈利能力、细分市场的结构吸引力及办展机构自身的办展目标和资源。接下来就需要考虑选择这个展览会的具体题材，主要有新立题材、分列题材、拓展题材和合并题材。

(1) 新立题材：指以办展机构从来没有涉及的产业作为举办新展览会的展览题材。一般来说，办展机构为确定新立题材进行市场调查的产业不止一个，也就是说，同时对几个题材展开调查，以便经过分析后确定一个或几个可以进入办展的题材。办展机构可以从收集到的信息中新立题材，亦可从国外已经举办的展览会的有关题材中选择新立题材。

(2) 分列题材：就是说办展机构将已有展览会的展览题材再做进一步的细分，从原有的大题材中分列更小的题材，并将这些小题材办成独立的展览会。当然，这并不是说想怎样分就怎样分，一般要满足以下几个条件才可以分裂：原有的展览会已经发展到一定的规模，某一细分题材达到一定的展览面积；由于场地限制等原因，这个细分题材的展览面积受限；细分出来的这个题材不会对原有的展会造成太大影响；这个细分的题材和原有展览会其他题材之间有相对的独立性；收集的信息表明可以细分的题材可以单独举办。

(3) 拓展题材：就是将现有展览会所没有包含的，与现有展览会的展览题材有密切关联的题材，或者是将现有展览会展览题材中暂时还未包含的某一分题材列入现有展览会展览题材中的一种方法。拓展展览题材是扩大展览会规模的一种常用的有效办法，可扩大招展展品范围；可扩大参展企业数量和观众来源。当然还需具备以下条件：计划拓展的题材与现有展览会的展览题材要有一定的关联性；计划拓展的题材的加入与现有展览会不会造成操作上的任何不便；现有展览会的专业性不会因计划拓展题材的加入而受到影响。

(4) 合并题材：就是将两个或两个以上彼此相同或有一定关联的展览题材的现有展览会合并为一个展览会，或者是将两个或两个以上的展览会中彼此相同或有一定关联的展览题材剔除出来，放在另一个展览会里统一展出。

3) 展览策划要素

在确定了展览题材、基本收集到上述各种信息并对信息进行初步分析后，就可以进行展览项目立项策划了。项目立项策划就是根据掌握的各种信息，对即将举办的展览会的有关事宜进行初步规划，设计出展览会的基本框架。那么展会项目立项策划应注重什么呢？应侧重于从定性的角度来规划即将举办的展览会，而不是详细地对即将举办的展览会进行定量的分析。项目的可行性分析将在后面的章节中介绍。展会项目立项策划具体包括了以下内容。

(1) 展会名称：展览会的名称一般包括 3 个方面的内容，即基本部分、限定部分和行业标识。如第 96 届中国出口商品交易会，交易会是基本部分，中国和第 96 届就是限定部分了，而出口商品就是行业标识。展览会的名称也就确定了展会基本内容和基本取向。

(2) 展会举办的地点：展览会在哪个国家、哪个地方、哪个展馆举办？是在不同的地方轮流办？还是在一个地方举办？

(3) 办展机构：指负责展会的组织、策划、招展和招商等有关事宜的单位。可以是企业、行业协会、政府部门和新闻媒体等。一般有主办单位、承办单位、协办单位、支持单位等。主办单位是指拥有展会并对展会承担主要法律责任的办展单位，现实情况是这些主办单位既不参与展会的实际策划、组织、操作与管理，也不对展会承担法律责任；承办单位就是直接负责展会的策划、组织、操作与管理，并对展会主要财务负责的办展单位；协办单位一般不承担财务责任，也不承担展会的主要招展和招商工作，只对主办或承办单位的工作起协助作用；支持单位有时候也承担一些展会的招商和宣传推广工作，但基本不参与展会的招展工作，也不对展会承担任何财务责任。

(4) 办展时间：一是指举办展会的具体开展日期，二是指展会的筹/布展和撤展日期。例如某个展会的办展时间是，开展时间：2010年8月19日上午9:30，展览时间：8月19日～22日上午9:00～16:30。其中观众开放时间也可分为：专业观众开放日(8月19日～20日)，一般观众开放日(8月21～22日)；筹展时间8月16～18日，每天上午9:00～17:00；撤展时间：8月22日下午13:00～17:00或23日。

(5) 展品范围：上述内容提到了如何选择和确定展览题材的方法，这对选择和确定展品范围也同样适用。根据展会定位，展品范围一般包括一个或几个产业，或者是一个产业中的一个或几个产品大类。

(6) 办展频率：指展会一年举办几次还是几年举办一次，或者是不定期举行。办展频率的确定受展览题材所在产业特征的制约。它包括产业的生命周期，产品生命周期的影响。

(7) 展会规模：一是展会的展览面积是多少，二是参展单位的数量是多少，三是参观展会的观众有多少。在策划展会时，我们都要做出预测和规划。

(8) 展会定位：通俗点说，就是清晰地告诉大家这个展会是什么和有什么，具体地说，展会定位就是办展机构根据自身的资源条件和市场竞争状况，通过建立和发展展会的差异化竞争，使自己举办的展会在参展企业和观众心目中形成一个鲜明而独特印象的过程。展会定位要明确展会的目标参展商和观众、办展目标、展会的主题等。

(9) 展会价格和展会初步预算：展会展位的价格往往包括室内展场的价格和室外展场的价格，室内展场的价格又分为空地价格和标准展位的价格。在制定展会的价格时，一般遵循"优地优价"的原则，即那些便于展示和观众流量大的展位的价格往往要高一些。

(10) 人员分工、招展招商和宣传推广计划：人员分工计划、招展计划、招商和宣传推广计划是展会的具体实施计划，这4个计划在具体实施时会互相影响。人员分工计划是对展会工作人员的工作进行统筹安排，招展计划主要是为招揽企业参展而制定的各种策略、措施和办法，宣传推广计划则是为建立展会品牌和树立展会形象，并同时为展会的招展和招商服务的。以上各计划涉及的内容较多，也较复杂，将在后面的章节中专门进行介绍。

(11) 展会进度和相关活动计划：展会进度计划是在时间上对展会的招展、招商、宣传推广和展位划分等工作进行的统筹安排。它明确了展会的筹办过程中，到什么阶段应该完成哪些工作，直到展会成功举办。展会进度计划安排得好，展会筹备的各项准备工作就有条不紊地进行。这些内容在之后会再行介绍。

4) 确定最优方案

完成上述工作后，就可以提出《展会立项策划书》了。该策划书是对上述各项工作的归纳和总结，也是举办这个展览会的办展规划、策略和方法。通过市场调研、创意命题及可行性分析，最后确定最优项目策划方案。

2. 寻求支持单位

1) 寻求的目的

这是展览会成功的关键环节，指寻求对口的主管部门和单位，作为展览会的主办或支持单位。其目的一，可以提高展览会的档次、规格和权威性；其目的二，扩大展览会的影响力，吸引媒体的广泛关注，便于展开新闻宣传和炒作；其目的三，提高行业号召力，利于组织目标客户参展和目标买家参观；其目的四，能代表行业的发展状况和趋势；其目的五，能有效地形成项目的品牌效应，最终实现可持续发展战略。

2) 寻求的目标

目标为行业的政府主管部门、行业的权威协会、具有广泛影响力的行业媒体等。

3. 寻求合作单位，建立营销网络

1) 寻求的目的

这是展览会招展组团成功的重要环节，寻求对口的合作单位，作为展览会的招展组团代理，其目的一，能提高展览会的影响力，加快信息的有效快速传递；其目的二，善用资源，优势互补，加快资源整合；其目的三，最大限度地挖掘新客户，壮大参展队伍；其目的四，最大限度地降低招展成本。

2) 寻求的目标

它主要包括行业的政府主管部门、具有广泛影响力的媒体单位和合作招展单位等。

其中合作招展单位可以寻求当地行业协会、主办单位的分支机构、行业权威机构、办展机构(公司)、海外的代理机构(国际展)等。

3) 合作单位条件的要求

(1) 能切实有效地开展组团工作。

(2) 在该行业有较高的信誉和威望。

(3) 有一定的组团招展经济实力。

(4) 能指派专职人员负责该项工作。

(5) 有丰富的招展组团工作经验。

6.2 展前工作

6.2.1 广告攻势

宣传是一种单向的信息传递，即展览会组织者单方向地向潜在目标客户传达展览信息，而广告的优势是令信息可以传播得很广泛。宣传的主要方式包括：媒体广告和户外广告。

媒体广告(包括专业媒体，如：报纸、杂志、网站等；大众媒体，如：电视、电台、主导性报纸等)——主办者应围绕展览不同的卖点和亮点来进行宣传，按区域、分行业设计制作不同的软广告和硬广告；除此之外，还可以通过新闻发布会、行业研讨会等形式制造新闻题材，或对牵头参展的行业代表(企业)进行新闻专访，从侧面传播展览会信息，进行新闻炒作。

户外广告——则是利用人流量较大的公共场所，如：机场、车站、码头、商业街道和广场等地点，以海报、灯箱、广告牌、宣传布幅、彩旗等形式，进行广泛宣传。其目的是营造展览会的声势，形成广告宣传攻势。现代会展操作越来越重视宣传广告的投入力度和宣传质量。广告宣传的效果，是展览会成功与否的最关键因素，打造品牌的最有效方法。

广告宣传就像一场战争中的战略武器——飞机、导弹、核弹、航母等，有"打击面广、威慑力大、杀伤力强"等特点，是赢得现代战争的最主要武器。

6.2.2 招展和组团工作

招展是指办展机构招揽企业参加展会的展出活动的行为。如果说宣传广告是展览会的战略性武器，那么招展和组团工作就起到陆战队的作用——攻城略地。招展和组团的方式主要是依靠联络手段，即一种双向的信息交流方式，是主办单位与潜在客户和目标客户之间双向地交流信息。它的优势是信息可以渗透得很深入，能清楚地了解情况，掌握第一手资料。招展和组团工作必须要坚持一个中心、两个基本点的原则。一个中心是：以优秀的专业服务得到应有的济济效益；两个基本点中一是着眼于买家(参观商)，二是着眼于卖家(参展商)。所有的工作都要围绕以上原则来开展。

招展的具体工作流程如下。

1. 寻求支持及协助单位——建立展览营销网络

2. 组织实施的具体工作项目

(1) 认真做好项目预算。

(2) 收集可能参展的企业名录，或展商目标名录，建立信息库。

(3) 宣传资料的 CI 设计、制作，及发送调查表、征询表。

(4) 主办单位打印下发文件。

(5) 利用新闻发布会、酒会，介绍及配合市场的宣传文章(软广告)。

(6) 利用各种媒体做宣传广告(硬广告)。

(7) 电话联系或发送传真件，并通过因特网发布信息。

(8) 印刷宣传资料一般有：招展邀请函、征询函、调查表等；展商须知(或参展手册)；招商邀请函；门票；会刊；纸袋；展览会进展报告、挖掘潜在的参展企业、大的参展商。

(9) 对展商目标名录的分析研究、筛选和甄别，发送招展邀请函、征询函、调查表等。

(10) 上门拜访一些主要的牵头参展企业。

(11) 联合可能合作的同行，采取让利的办法，合作招展。

(12) 展位的销售安排及布置。
(13) 收集尽可能范围的参观商名录，或叫买家目标名录，有计划地发送登记表和门票。
(14) 与展览会有关的各项广告征集工作。
(15) 展览工程业务和展具租赁的预定工作。
(16) 展览现场的气氛营造(现场的布置、开幕式安排、开幕广告等)。
(17) 展览现场的优质服务(工程、广告、会务、清洁、保安、交通等协调工作)。
(18) 主办、协办单位及开幕嘉宾人员的会务及礼品安排。
(19) 展览会有关数据、信息的统计和收集。
(20) 着眼于第二届的预告宣传工作。

3. 组织实施过程的阶段

1) 从展商的角度划分

(1) 初步认识展览会阶段。企业如果打算参展,首要的问题是如何在众多的展览会中做出选择。选展是成功的第一步。各地博览会形式多样，五彩缤纷，有些是综合型大型博览会，但更多的是专业性展会，地区间也有所侧重。因此，事前尽可能地了解展览会的资料，是做出正确抉择的可靠保证。例如展会的举办时间、地点、展览会主办者的背景、主办能力和水平、信誉如何等。

(2) 进一步了解展览会阶段。了解了展会举办时间、地点等基本情况后，企业需要进一步研究参加该展会是否与企业的发展计划相吻合，能否促进企业达到预期的目标。这些情况可以从展览会的主办者那里了解到，在绝大多数情况下,他们备有参观者情况的详细资料。当然，企业还必须对这些资料的可靠程度做出判断。

(3) 被展览会吸引阶段。会展的组织是一个庞大的系统工程，从会展推广、专业观众的邀请、行业活动的组织安排到客户服务等一系列工作需组织者在切实了解参展商需求的情况下做出策略性统筹才能成功举办。企业可以从其对外的招展函、广告以及各项组织计划等方面来评估组织者的策划能力和宣传推广能力，从而确定此项活动是否能为企业带来预期的效果，进而增强参展的愿望。

(4) 拍板决定参展阶段。成熟的参展商考察了各项可能因素的利弊后如果在精神上和价值观上与所选择的展览会取得一致，就会拍板决定参展，进而与组展方取得联系，发送参展申请及预订展位等。

(5) 展览实施阶段。参展企业根据实际情况制定参展方案并实施计划。

2) 从主办单位工作划分

(1) 信息发布阶段：发送调查表；发送征询表；发送邀请函。
(2) 营造气氛阶段：媒体广告、文章宣传；新闻发布会、酒会及研讨会；主办单位下发文到对口企业；电话、传真、网络广泛宣传；向合作单位发邀请函。
(3) 与展商直接联系阶段：可采用电话、传真、电子邮件等方式；拜访重点客户；合作单位同时开始招展工作。
(4) 与展商洽谈阶段：这一阶段通过电话、约见、拜访、传真、发送筹备进度报告、发送门票等形式完成主要任务。

(5) 展览服务阶段：这一阶段需要完成广告征集，工程预定展具工作，招商广告安排，发放招商邀请函、招商门票，现场营造气氛，发送各种类型的调查表，着眼于第二届的宣传、现场的专业服务等多项任务。

6.3 展中管理

6.3.1 展览会布展期的工作安排

展览会期间，参展客户在布展或撤展的过程中，往往需要展览会组织机构予以帮助。客户需要帮助的事项，主要发生在客户与展览会组织机构、展览场馆、展品物流机构之间。

在参展客户、展览会组织机构、展览场馆和展品物流机构四者交错的关系之间，展览会组织机构应从自身的角色定位出发，积极发挥协调者的作用。在协调客户与展览场馆或展品物流机构的矛盾时，应努力维护客户利益，尽量满足客户要求。

1. 设立场地前台接待

(1) 负责参展企业报到登记。
(2) 根据参展报名情况落实参展证的派发和展品进入场地的确认。
(3) 派发参展企业在参会期间的参会指南。
(4) 执行一些相关企业的咨询活动，介绍展场的大体安排情况。

2. 酒店接待处

(1) 设立前台接待处。
(2) 进行参展展商住宿登记。

3. 场馆现场协调工作

1) 办展机构与参展客户之间的协调

对于参展客户与客户之间发生的矛盾，应及时了解情况，并以矛盾双方基本可以接受的方式予以调解。对于参展客户提出的要求，一般按以下几种情况分别处理。

(1) 凡展览会组织机构在展览会前制发的《参展服务指南》有明确规定的，应耐心向客户说明或解释，说服其按照《参展服务指南》的规定办理。
(2) 凡《参展服务指南》有规定但相关服务未履行规定的，或服务质量未达到客户满意的，应及时向参展客户致歉，并予以改进。其中，涉及展览场馆或展品物流机构的，应帮助客户与之沟通，争取达到客户满意。
(3) 凡《参展服务指南》未做明确规定的，应及时了解参展客户提出的问题并酌情处理。如客户要求合理且不难办到的，应按其要求及时办理。其中，涉及展览场馆或展品物流机构的，应帮助参展客户与之沟通，争取得到办理。
(4) 凡参展客户要求不尽合理，且难以办到的，应耐心说明，望其理解。

2) 办展机构与场馆、服务机构的协调

对于展览场馆或展品物流机构提出的要求，一般按以下两种情况分别处理。

(1) 凡涉及双方关系或责任的事项，如双方合同有约定的，或《参展服务指南》有明确规定的，应要求其按照约定或规定办理；如双方合同未约定的，或《参展服务指南》未有明确规定的，如要求合理且不难办到的，应酌情按其要求办理；如要求不合理，应表明态度不予同意；如事关重大，双方应另行协商处理。

(2) 凡涉及参展客户的事项，应及时了解情况，其处理方式可以比照参展客户涉及的展览场馆或展品物流机构的事项。

与场馆方的协调工作分为综合协调和专项协调两种方式。综合协调采取会议形式，即召开由展览会组织机构和展览场馆的负责人及业务部门人员参加的会议，就上述工作加以协调。专项协调即双方相关业务人员的对口协调。

综合协调层次高，有利于把握全局情况，便于解决双方跨部门工作的矛盾。专项协调重在落实工作细节。综合协调和专项协调应互为补充，结合进行。

在进行综合协调之前，展览会组织机构应拟订展前工作形象进度表，在双方联合召开的协调会议上散发，并按进度表所列事项逐项确认或协商达成共识。

6.3.2　展览会的开幕式组织工作

在开幕式前要求所有的室内、室外布展工作完成，准备迎接参观者的参观，而如何做好开幕式也是项目经理的协调体现。

(1) 确定邀请参加展览会开幕式贵宾的名单。

(2) 确定邀请参展企业的记者名录。

(3) 开幕式的场地搭建要求。

① 挑选突出的位置，一般为展厅大门正前方。

② 要求布展庄重大方。

③ 要求放音设备到位。

④ 相关的礼仪及场地氛围设计要求。

(4) 开幕式主持人讲话内容的审定，及参加嘉宾讲话内容的审定。

要求简单明了，突出主题，在最短的时间内表达中心。

(5) 开幕式时间建议为10～15分钟。

(6) 开幕式结束后，带领嘉宾参观及讲解的人员到位，以及会后的安排工作。

6.3.3　展览会召开期间的组织工作

展览会召开期间的所有工作进入最后结束的倒计时，前期大量的组织工作如何体现在展览会效果上，参展商满意，参观者满意，才能说明展会成功。

  特别提示

(1) 做好大会的参观人数的统计、分类。

(2) 发放大会的展览会刊(每天定时发放，要根据参观对象的身份发放)。

(3) 协调展会期限研讨会会议组织安排工作，做好研讨会与展览会的有机结合。
(4) 做好最后的中间人形象，积极为企业牵线搭桥，为企业服务。
① 为企业提供洽谈间(休息室)。
② 企业提供签订合同场所。
③ 及时将参观者的信息反馈给企业。
④ 积极与企业沟通，了解企业的想法及要求。
(5) 统计大会的成交额并做好记录。
(6) 积极听取参会代表对大会的意见和建议。
(7) 根据参会信息，再次邀请参会企业参加第二年的展会。

6.3.4 撤展

　　撤展工作主要包括展品处理、展架拆除、道具退还、回程运输安排等。撤展工作必须在展览会闭幕后开始，但是撤展准备工作需要在展览会期间甚至展览会开幕前就考虑和着手。撤展工作需要考虑并安排的内容包括：展品处理、展架拆除、展具拆除、花草装饰拆除、展品和道具的回运手续、回运公司、展品装箱运到展台时间、集装箱运到展场时间表、场地清扫安排、场地交还手续等。这些工作通常由展台经理或指定人员办理。撤展首先要注意的问题是按时，既不要提前也不要推迟撤展。

　　撤展的主要工作之一是展品处理。展品处理的方式一般为：出售、赠送、销毁、回运。出售是指把展品出售给观众。在零售性质的展览会上，展品往往也是卖品，可直接销售给参观者，参观者付款后可以立即取走；在贸易性的展览会上，展品售出后，买主往往不能立即取走展品，一般需要等展览会闭幕后再取。赠送一般是指展出者将展品赠送给客户或重要人物。销毁的物品通常是一些价值不太大，展出者不想出售也不想回运的展品，销毁通常需要人证在场。回运是指展出者将展品运回展出者所在地。如果在同一行政区域或同一税区，展品处理涉及的费用比较简单，甚至可能不产生费用。但在非同一征税区域展出时，展品处理方式不同会使展出者缴纳不同的税额，因此，展出者要明确展品的处理方式。

　　展品从展架、展台上取下后，就可以开始拆除展台、撤走展具。如果展出者使用的是租用标准展台或委托施工的展台，就可以不考虑展台拆除问题，而由展览会或施工公司考虑。如果是展出者使用自己的材料自己动手搭建展台的，就要考虑再动手拆除展台，并事先安排计划好拆除人员和工作。如果是国际展览，就有结关问题，一方面要与海关建立良好的关系；另一方面要按规定办理手续。有时展出者在结关工作结束前就会离开展出地，将有关工作留给运输报关代理办理。这就需要将有关单证办理得准确无误。

　　撤展期间，展台经理或指定负责人要确认所租借物品包括办公用品、道具、花草、电气设备等全部归还原主，避免产生额外费用，并及时索回押金。

　　如果由展出者自己拆除展架，不要留下垃圾，这会给人留下不好印象，有损展出者名声，给展览会组织者留下额外工作，并可能产生额外清扫费用。将场地清扫干净交还展览会，这也有助于展出者和组织者建立良好的关系，为将来合作打下基础。场地交还展览会，展出者在展览会场的工作就算完成。

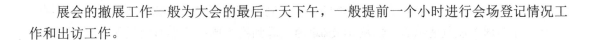

展会的撤展工作一般为大会的最后一天下午，一般提前一个小时进行会场登记情况工作和出访工作。

6.4 展后评估与总结

展后工作一般分 3 个阶段进行：展后跟踪阶段、总结阶段和评估阶段。

6.4.1 展后跟踪

在展览业，展后服务概念模糊不清。绝大多数展览会开过之后，都是"树倒猢狲散""落下个白茫茫大地真干净"。目前国内"打一枪换一个地方"的展会为数不少，什么形象，什么品牌效应，全都不顾及。一个专题展会在某地区取得成功之后，跟随和仿效者遍地开花，根本不是从市场需求的角度出发，也不顾参展商和参观者利益，只考虑一己之私。展出效果不好，大不了一撤，溜之大吉。隔几天，换个地盘，又是一条招展"好汉"。

但对于一个成熟的参展商来说，企业选择目标展会其实还要制定特殊的销售策略，来满足不同目标市场顾客的需求。这样，才可以有针对性地了解各细分市场需求的变化，迅速而准确地反馈市场的信息，使企业有比较灵活的应变能力。但没有了后续服务，实际上就等于抱着产品到展会练了一次摊儿，这对参展商来说是远远不够的。展后服务是展览会最重要的组成部分，但它又是许多展览最容易忽视的；展后服务主要指向参展商和相关人士提供展会信息，使他们保持良好的商业关系。展后跟踪则是指组展单位对展会期间及展会调查表中反映的问题意见进行追踪跟进，取得解决方案后反馈给客户的过程。这一过程对于参展商来讲，是将自己的想法讲给组展单位，体现了参展商是展会主人翁作用。同时使企业今后参展时，对布展、策划等工作做好提前规划。

1. 展后跟踪的目的

展后的跟踪服务主要是针对参展商和重要的参观商而进行的，其目的有如下 3 个。

(1) 加深目标客户的印象。

(2) 树立展览会品牌形象。

(3) 为下一届展览会做预告宣传。

参加完展览会后，参展商应根据参展获得的相关资料，及时与客户沟通联系，这样才能保证订单到手，一般包括已签合同的客户、有意向要下单的客户、某个条款或价格谈不来的客户、要求发资料的客户、随便看看及随便问问的客户。

展览结束不久，参展商和参观商对展览的印象仍在记忆中，如果此时抓住机会，深入与客户发展关系就容易多了。记忆是印象的延续，印象是在展览会上留下的，记忆是在跟踪服务工作中加强的。跟踪服务做得越早，效果就越明显，如果在展览会闭幕后不迅速联系，目标客户就会失去在展览会上产生的热情，这也就意味着将失去这些客户。在美国就有机构专门研究参展商和参观商记忆率的变化，它们有以下发现：参展商和参观商在展览会闭幕后 5 周对展览情况的记忆从 100%迅速下降到约 60%，之后有所反弹。研究人员则认为反弹的原因可能是主办单位的跟踪服务开始起作用。那么，我们的跟踪服务应该做哪些工作呢？

2. 展后跟踪的主要工作

1) 建立信息库

一届展会结束，办展机构的客户数据库可能会发生很大的变化：有新客户的加入，有老客户的流失，也有客户的资料变更等。办展机构要根据本届展会的客户实际情况，及时准确地更新自己的客户数据库，并根据客户信息的变化，调整客户工作的方式和方向。成功的展会往往是那些客户工作做得出色的展会。更新展会客户数据库既包括参展商信息的更新，也包括观众数据的更新。

2) 向客户邮寄展会总结并致谢

展会闭幕后要及时为展会的所有参展商、观众、媒体、支持单位、合作单位等邮寄展会总结，并对他们参加本展会表示真诚的感谢。展会总结不仅要邮寄给展会现有的参展商和观众，还包括那些未能参展的目标参展商和目标观众，这样可以帮助展会下一届的招展和招商。对于重要的客户，可以登门致谢，甚至通过宴请方式表示谢意。人类毕竟是感情的动物，我们举办展览会的目的就是要给他们提供一个情感交流的场所，让他们从心里喜欢这个地方、这个活动和这种服务，都愿意来这里见面谈生意。如果是邮寄函件，可附上客户意见和建议搜集的问卷，以达到发展和巩固客户关系的目的。

3) 媒体跟踪报道

展会结束后可就展会总的情况进行一次总结宣传，媒体是最好的媒介，主要是通过媒体对展览会进行一个回顾性的报道，将有关情况、有关统计资料数据提供给新闻界炒作，进一步扩大展览会的影响，让受众感到活动"有始有终"。其实总结性宣传不仅是将本届展会的举办成果对社会和客户做一个"交代"，更是为下一届展会做舆论准备。展览会的各类统计数据包括：①展览环境，如参观人数、专业含量、平均参观时间等；②展览效果，如展位布局、成交额、展商和观众的反馈意见等。

4) 处理可能的遗留问题

展览期间由于时间有限，业务较多，可能会遗留一些问题，如有些客户的款项没有付清，有些客户的展品没有处理完毕，有些客户需要展后考察等。展会闭幕后办展机构要组织力量及时处理可能的展后遗留问题。

5) 准备下一届展会

本届展会结束后，办展机构要开始着手准备下一届展会的各项筹备工作。例如，准备下一届展会的策划方案，制定下一届展会的招展办法，宣传推广方案等。

6.4.2 展后总结

展后总结工作不是独立的业务工作，而是管理工作的组成部分，总结的功能是统计整理资料，研究分析已做过的工作，为未来工作提供数据资料、经验和建议。因此，总结对经营和管理有着重要意义和作用。

展后总结工作应该坚持全面性与科学性的原则，这有利于实事求是地总结成就，找出不足，为未来工作提供数据资料、经验和建议，同时有利于下一步的展览评估，展览举办的全过程都应注意数据信息的收集与统计。

一般展后总结分 3 部分：从筹备到开展中的各项工作总结；效益分析和成本核算；项目市场调查，本展览会在市场同类项目中所占的市场份额、优劣势比较、竞争情况等。

6.4.3 展后评估

展后评估工作的目的在于通过科学有效的数据分析，依据一定的标准，分析判断办展工作的效率和效果，并为下一届展会提供经验和科学依据。国外的学者按评估的过程，一般将展览评估分为形成式评估和总结式评估两种形式。形成式评估是一个展览的组成部分，是在整个展览由策划到实施完成的过程中进行的；而总结式评估是衡量一个展览计划执行的结果，是在展览全部制作完成之后进行的。一般而言，这两种评估形式不同时进行，而是择其一而为之。

目前在国外，特别是德国、意大利、法国等一些展览业发达的国家，该行业早已实行专业化和产业化经营，业内的分工十分细化，也十分专业，而且还派生出许多专业的展览服务公司，如：策划、预测、统计和评估等专业的展览服务。事实上目前在国内，我们所看到许多展览会的主办单位，在展后都几乎没有做任何评估工作，致使办展水平一直原地踏步或日渐衰落。评估工作包括展览广告公司、布展公司、策划公司、顾问公司、评估公司等，专门为展览主办单位提供决策该工作应该是在展览会开展前一个月进行。主办单位要成立专门的评估小组，并指定专人负责操作，收集展览会的各种资料，然后做出预测和统计。收集和统计的项目要有一致性，并坚持使用一种标准方式，而不要经常变换方式和标准，这样将有助于提高评估工作的准确性、实用性和连续性。

展览是一项投入比较大的经营活动，主办者投入了相当多的人力、物力和财力进行筹备工作，每次展览都会有很多宝贵的经验和教训，系统地评估如：对成本效益的评估、宣传质量效果的评估、招展代理完成目标任务的评估、主办单位是否具有预计的号召力的评估等，将有利于我们发现问题、改进工作和提高效率。

展览评估的效果分为社会的和经济的两个方面：社会效益主要指展览在整个社会范围内所产生的影响，它包括展览为受众提供信息量的多少、整个社会对展览的关注程度、展览的影响力等；经济效益主要指展览为行业发展所带来的经济利益，在商品经济发达的社会，展览经济收入的指标也是衡量一个展览成败的重要指数。

1. 展后评估程序

展会评估是一个有计划、有步骤的动态过程，必须循序渐进。通常，一项展会评估包含以下程序。

1) 确立展会评估目标

展会评估的主要目标是了解展出的效率和效益。由于会展效果的评估涉及会展工作项目与工作成果之间的复杂关系，导致展会评估目标的复杂化。所以在进行展会评估时应该根据展出目标确立评估的具体目标和主要内容，并依据评估目标的主次，排列优先评估或重点评估的次序。

2) 选择规范的评估标准

会展效果的评估标准系统包括整体成效、宣传效果、接待成果、成交结果等。评估时应该根据展出目标确定展会评估标准的主次。比如展出目标是推销，就应该把成交结果作为主要评估标准。划定评估标准的主次以后，还应该使其规范化。评估标准的规范化是指评估标准必须明确、客观、具体、协调和统一。也就是说，明确评估标准的主次、重心；客观地制定切合实际的评估标准；量化评估标准，使之具体化、可操作性强；评估标准之间必须协调并能长期统一，从而使评估结果更为准确。

我国最早开展系统性展会评估工作的单位是温州市会展业协会。该协会采用百分记分法对其会员单位举办的所有展会进行评估，每年上半年和下半年各公布一次评估结果。

3) 制定评估方案

根据会展效果的评估目标及标准，确定各阶段的具体的评估内容和评估方案，包括各段时间安排与抽样分布、评估的对象和方法、人员安排和经费预算等。制定评估方案应包括以下内容。

(1) 根据评估项目、对象和方法制订评估方案，明确人员分工，安排各项必要措施。

(2) 设计制作各种测评问卷及情况统计表，如参展商问卷调查表、观众问卷表和展览会举办情况统计表等。

(3) 小范围预测，并修改测评问卷。

(4) 对测评人员进行培训，考虑测评困难及问题防范措施。

4) 实施评估方案

(1) 通过收集现成资料、安排记录、召集会议、组织座谈、利用调查问卷向参观者收集情况等方式收集各种信息。

(2) 整理收集的信息，处理分析数据。

5) 撰写评估报告

根据不同阶段的效果测评，汇总分析，对整个展览活动过程的效果进行总体评价，写出评估报告。报告内容一般包括评估项目、评估目的、评估过程与方法、评估结果统计分析、评估结论与可行性建议及附录等。

2. 展会评估内容

展示评估内容包括以下几部分。

1) 展台效果优异评估　如果展台接待了 70%以上的潜在客户，而客户接触平均成本低于其他展台的平均值，其展台效果就是优异。

2) 成本效益比评估

这里的成本效益比内涵广,可以是此次展览的成本与效益相比,也可以是此次的成本与效益与前次或类似项目相比,还可以是展出的成本效益与其他营销方式相比等。例如展出开支为 20 万,展出效益(展览成交额)为 8000 万,那么成本效益比就为 1∶400。

3) 成交评估

这里的成交是指消费成交和贸易成交两种。对贸易性展览会而言,成交评估是展会评估的最重要内容之一。

  特别提示

成交评估的内容一般有:有无达到销售目标、成交额、成交笔数、意向成交额、实际成交额、与新客户成交额、与老客户成交额、展览期间成交额、预计后续成交额,等等。

4) 接待客户评估

这是贸易展览会最重要的评估内容之一,包括以下几部分。

(1) 参观展台的观众数量,可以细分为接待参观者数、现有客户数和潜在客户数。其中潜在客户数是重点。

(2) 参观展台的观众质量。按照评估内容和标准分类统计观众的订货决定权、建议权、影响力、行业、区域等,然后根据统计情况将参观观众分为"极具价值""很有价值""一般价值"和"无价值"等情况。

(3) 接待客户的成本效益。计算方法是用展览总支出额除以所接待的客户数或者所建立的新客户关系数。

5) 调研评估

即通过展出对市场和产品有无新的了解和认识,有无更明确的发展和努力方向等来进行评估。

6) 竞争评估

即对在展览工作方面和展览效果方面与竞争对手相比较的表现的评估。

7) 宣传、公关评估

它具体包括宣传公关有无效果、效率、效益多大,是否需要增加投入提高展出者形象,以及形象对实际成交有多大关系等。展会评估是一个很复杂的体系,其中有些内容还具有一定的争议性,所以评估时应该根据实际情况审慎选择,谨慎操作。

3. 展会评估报告

展会评估报告是一定类型的载体,反映市场状况的有关信息并包括某些调研结论和建议的形式。展会评估报告是展会评估活动过程的直接结果。

 特别提示

展会评估报告必须具备以下要求。

(1) 语言简洁,有说服力。

(2) 报告必须以严谨的结构、简洁的体裁将调研过程中各个阶段收集的全部有关资料组织在一起，不能遗漏重要的资料，但也不能将一些无关资料统统写进去。

(3) 注意仔细核对全部数据和统计资料，务必使资料准确无误。

(4) 报告应该对展会评估活动所要解决的问题提出明确的结论或建议。

展会评估报告可能因评估的具体内容而有所分别，但一般来说都应该包含以下几个部分。

1) 评估的背景和目的

在评估背景中，调研人员要对评估的由来或受委托进行该项评估的具体原因加以说明。说明时，最好引用有关的背景资料为依据，分析展览活动等方面存在的问题。

2) 评估方法

评估方法主要包括以下几种。

(1) 评估对象。说明从什么样的对象中抽取样本进行评估。

(2) 样本容量。指抽取多少观众作为样本，或选取多少实验单位。

(3) 样本的结构。指根据什么样的抽样方法抽取样本，抽取样本后的结构如何，是否具有代表性。

(4) 资料采集方法。

(5) 实施过程及问题处理。

(6) 资料处理方法及工具。指出用什么工具、什么方法对资料进行简化和统计处理。

(7) 访问完成情况。说明访问完成率及部分未完成或访问无效的原因。

3) 评估结果

评估结果是将评估所得资料整理出来。除了用若干统计表和统计图来呈现以外，报告中还必须对图表中的数据资料隐含的趋势、关系和规律加以客观描述，也就是说要对评估结果加以说明、讨论和推论。评估结果所包含的内容应该反映评估目的，并根据评估标准的主次来突出所要反映的重点内容。一般来说，评估结果中应包含以下内容：展台效果、成本效益比成交笔数、成交额、接待客户数量、观众质量等。

4) 结论和建议

要用简洁明晰的语言做出结论。如阐述评估结果说明了什么问题，有什么实际意义。必要时可引用相关背景资料加以解释、论证。建议是针对评估结论提出可以采取哪些措施以获得更好的效果，或者是如何处理已存在的问题，最好能提供有针对性的行动方案。

复习思考题

一、名词解释

1. 展览会　　　2. 招展　　　3. 展后跟踪

6 展览活动

二、简答题

1. 简述展览策划的程序。
2. 简述展前准备工作的内容。
3. 简述展览评估的程序。

三、实践题

设计一个校内小型展览活动。

7 节事活动

知识目标

- 了解节事的概念及类型
- 了解节事活动的特点及发展趋势
- 掌握节事的策划与操作流程

技能目标

- 能根据不同类型的节事进行策划和操作
- 掌握节事策划的原则和内容
- 掌握节事策划的步骤

7 节事活动

导入案例

爱丁堡文化节

爱丁堡文化节对于当地居民及每年来爱丁堡旅游的游客而言，是非常重要的城市生活的一部分。爱丁堡每年举办15届不同的国家、世界性的文化节以及许多大大小小的社团性文化节。这些文化节既有国际著名的新春文化节、爱丁堡国际文化节，也有普通的但也同等重要的节日。这些节日是爱丁堡生活的重要组成部分，在文化、社会、经济及市民荣誉等领域有着极其重大的意义。

与在英国其他城市及其他国家举办的节日相比，爱丁堡举办的节日为该城市带来了相当大的价值。爱丁堡举办的节日每年为爱丁堡带来的补贴比英国全年平均水平多30万英镑。然而，就欧洲整体而言，42%左右的节日预算来自于公众支持。小型节日的预算大约为35%，其他文化节为11%。澳大利亚，甚至是美国举办节日的预算更多的来自于公众支持。例如，澳大利亚最古老、最大的也是唯一的国家级的多种艺术庆祝活动——有着"南半球的爱丁堡"之称的珀斯国际艺术节(如图7.1所示)，接受了日本商人100万英镑的资助。这项资助也是澳大利亚节事活动所获得的最大一笔个人慈善赞助。

图 7.1 珀斯国际艺术节

珀斯国际艺术节产生的经济效益通过估算达到2240万英镑。通过澳大利亚数据委员会的评估，每投入1美元到艺术产业，将直接或间接产生2.80美元的经济收入。

——资料来源：《节事活动的组织管理与营销》，辽宁科学技术出版社，2005年版

7.1 节事活动的功能与发展

节事活动是会展的一个组成部分，其所创造出的经济价值和社会价值非常可观，目前已被许多城市列为发展自身经济和提高城市形象的突破口。

7.1.1 基本概念

节事是一个外来的组合概念,是节日和特殊事件的统称。在这里,特殊事件有时也称为"特殊活动"。

节日可以简单地定义为有主题的、传承性较强的公众庆典活动。然而这个词语有着丰富的传统和内涵,在许多人类学和社会学的研究文献中都记载了节日、宗教及社会群体之间的联系。真正的节日是完完全全为公众而产生的,而绝不是一种个人消费,它是为社会群体中有价值的事情所举行的庆祝活动。许多节日的对象就是群体本身,这些活动就是为提供某些东西供人们分享、使大家团结一致、培养一种群体的自豪感而创立的。

在现代英语文献中,"节"的内涵包括5个方面:①一段用来庆祝的时间,以遵守特殊的规定为标志;②对一个著名人物或历史事件,或者重要作物收获的年度庆典;③由一系列文化表演构成的一种文化活动,通常为一个艺术家或者单个作品;④博览会;⑤娱乐、狂欢和庆祝等活动。

特殊活动可以从两个角度加以定义:一是从活动组织者角度定义,特殊活动是在赞助人或组织人的正常计划或活动以外的一种一次性或经常发生的活动;二是从参与者的角度定义,对参与者来说,特殊活动是在正常的选择范围之外,或日常经历之外的一个娱乐、社会或文化体验的机会。

还有许多研究者从不同角度对特殊活动给出很多定义,总的来说,特殊活动是指那些精心计划和举办的特定的仪式或庆典、比赛等。在类型上包括国庆节和庆典、重大市民活动、独特的文化演出、重要的体育赛事、社团活动、贸易促销和产品推广等。

7.1.2 节事的作用

节事活动对于城市或者地区的发展有很多作用。唐纳·盖茨是这样描述节事活动的作用的:"节事活动是吸引游客的源泉,是城市形象的塑造者,是城市进一步发展的催化剂。"世界各国和各个旅游目的地对节庆及节庆旅游的浓厚兴趣和高度重视来源于节庆广泛而深入的影响。正如唐纳·盖茨指出的那样:"节庆的强大号召力可以在短时期内使得节庆发生地的口碑获得'暴发性'的提升。"迪南彻通过对1984年新奥尔良世界博览会的案例研究,证明了节庆对举办地旅游业发展有着广泛而深入的影响。

总的来看,节事活动的作用主要体现在以下几个方面。

1. 节事活动的举办可以弥补城市旅游业"淡季"供给与需求的不足

旅游资源、旅游活动具有季节性是一个不争的事实。在城市的旅游业发展中,存在着"淡季""旺季"之分。旺季时,游人如织,淡季则是游客寥寥,资源闲置。通过对本地旅游资源、民俗风情、特殊事件等因素的优化融合,举办别出心裁的、丰富多彩的节事活动,一方面可以吸引游客,为游客提供新的旅游选择;另一方面,可以调整旅游资源结构,为城市旅游业的发展提供新的机会,并能较好地解决旅游淡季市场需求不足的问题。如哈尔滨国际冰雪节(如图7.2所示),既充分利用了当地的旅游资源,又缓解了旅游市场的淡旺季的矛盾。在国际冰雪节期间,有逾百万游客来哈尔滨旅游,市内各大宾馆酒店的入住率比平时普遍提高了30%～50%。

图7.2　哈尔滨冰雪大世界

2. 节事活动可以促进城市基础设施的完善,优化城市环境

举办节事活动可以极大地促进城市的交通、通信、城建、绿化等基础设施建设的步伐,优化城市环境,尤其是对交通条件的改善具有很大的推动作用。在实际工作中,各城市在举办节事活动之前,都十分重视交通等城市基础设施的完善工作。如作为历年冰雪节的一项重要内容,哈尔滨灯饰亮化工程,使松花江南岸沿江一带环境得到了极大的改善,形成了两岸霓虹遥相辉映的壮观美景。

3. 节事活动促进了城市相关产业的发展

任何一次城市节事活动都具有一定的主题,配合这一主题的生产厂家或者整个产业都可以在节事活动中获得经济收益。如每一届的大连国际服装节都迎来了大量的海内外服装厂家、商家、设计师和模特,各类表演活动、发布会、展览会、洽谈会,为本地服装业及其相关产业、生产厂商提供了巨大的商机。由于服装节的举办,大连的服装交易和投资与日俱增,带来了巨大的直接和间接的经济效益。再如自1984年以来,潍坊已经成功地举办了31届国际风筝节,形成了庞大的潍坊风筝产业,并促进了与风筝相关的产业发展,国际风筝节成为拉动经济的新的增长点,世界风筝联合会总部也在潍坊落脚。

4. 节事活动对主办城市具有很强的形象塑造作用,并能提升城市的知名度

唐纳·盖茨认为,节事活动在地方品牌化过程中具有4个方面的作用。
(1) 节庆作为促进旅游业和地方发展的动力,强化旅游和地方意识。
(2) 节庆作为旅游形象和地方形象的塑造者,提升城市和地方声誉。
(3) 节庆作为旅游吸引物,构成旅游产品体系的有机组成部分。
(4) 节庆作为提升旅游吸引物和旅游目的地地位的催化剂,拉动地方基础设施建设。

城市形象是一个综合的形象塑造系统，需要花费大量精力和进行长时间的宣传，才能塑造成功，此外，城市整体形象是通过对各种形象要素的整合实现的，其宣传工作难度很大。而城市节事活动的开展，往往能够对城市主题形象起到很重要的宣传功效。参加者可以通过节事活动的各项内容，全面了解城市的自然景观、历史背景、人文景观、建设成就等内容，从而对城市形象有感性认识。另外，节事活动本身就是目的地形象的塑造者，举办节事活动就是目的地形象的塑造过程。成功的节事活动能够成为城市形象的代名词，如一提到风筝节，就会想到山东潍坊；一提到啤酒节，就会想到青岛。这些成功案例都说明，节事活动与举办城市之间已经形成了很强的对应关系，能够迅速提升城市的知名度。

5. 城市节事活动能够极大地弘扬传统文化，推进精神文明建设

城市节事活动对于弘扬中华传统文化，彰显传统文化的丰富内涵和个性；对于进一步密切国内外文化交流与合作，促进文化的传承、发展和经济社会全面进步，具有积极而深远的影响。

山东曲阜利用几千年的文化积淀，创办了国际孔子文化节，将当地已沉睡了几千年的历史遗迹活生生地再现出来，使传统文化焕发了活力。

南宁国际民歌节不仅把潜藏在民间的艺术活力借助现代传媒展现在人们面前，而且从民歌的优美旋律中，使人们感受到团结、祥和、繁荣、发展的时代脉搏和健康向上的美好气息。同时，通过充分挖掘民歌文化中的审美精神，从中提升出有益于现代社会和现代人的文化理想和生活理念，营造现代生活的艺术氛围，进而推动了城市精神文明建设。

6. 节事活动具有很强的后续效应

节事活动给城市带来的效应，不仅仅局限于当时所创造的。对于主办城市的人们来说，通过节事活动掌握了大量的信息，挖掘了大量的商机，可以说参加了一次免费的交流会；对于主办城市来说，通过举办节事活动，改善了当地的基础设施，优化了社会环境，创造了良好的投资环境，给参加节事活动的人们留下了好印象，创造了一批潜在的投资家。这些效果不一定在当时就能够看出来，也许会经过很长时间才能显现。因此，举办节事活动创造的效应具有持续性、后续性。

7.1.3 节事活动的发展趋势

1. 节事活动的历史

1) 国际节事活动的发展历史

在人类漫长的生活岁月里，不同地区的人们形成了丰富多彩、形式各异的节日风俗。这些节日风俗都是伴随着历史的发展而形成的，反映了各个民族生息、发展、进步的过程。节事活动最初起源于人类的这些节日风俗。节日风俗的形成过程，大致是根据生活的需要，经历了由不自觉到自觉，由不定型到定型，逐渐发展和补充的过程，其内容涵盖了生产、祭祀、表彰、庆祝等多个方面。

19 世纪 40 年代以后，旅游作为一种广泛的社会现象在世界上兴起，并逐渐成为人们

7 节事活动

日常生活不可缺少的一部分。第二次世界大战后，特别是进入 20 世纪 60 年代以后，世界旅游业进入高速发展时期，并迅速成为许多国家的重要产物和支柱产业。节事活动越来越受到人们的青睐，每个国家都有自己的多种节事活动。这些节事活动也成了一些地区吸引游客的一个亮点。

现在，世界各国政府都非常重视节事活动的发展，很多国家的大城市都纷纷争夺大型活动，如奥运会、世界博览会等的举办权。就目前来看，国际节事活动的发展呈现出一些特点：一是政府重视，推动节庆，发展旅游；二是节事活动管理走专业化道路；三是赞助商、志愿者在节事活动中的作用越来越突出。

2) 我国节事活动的发展历史

节事活动在我国的历史可谓源远流长，从远古时期的祭天地、祭神灵、祭祖宗的仪式活动到 20 世纪 70 年代末的各民族节事活动，经历了一个从萌芽到成型的漫长历史过程。改革开放后，我国在各方面进入了一个全新的历史发展时期。从 1979 年到 1990 年，旅游事业的发展充满了生机活力，但是这一时期我们还没有深刻认识节事活动的重要作用，对节事活动这一重要旅游资源和专项旅游产品重视不够。1991 年以后，我国在旅游资源开发和保护工作上进入一个突飞猛进的阶段。国家旅游局借鉴国际上举办大型主题年活动的成功经验，举办系列旅游年活动，在全国各地推出的旅游专线中配合举办了丰富多彩的文化节事活动，很好地展示了我国作为世界著名文明古国的风姿，逐渐形成了一批在国际上有一定影响的节事活动，如云南西双版纳的泼水节、路南石林的火把节、大理的三月街、贵州的蜡染艺术节、哈尔滨的冰雪节、潍坊的国际风筝节、青岛的啤酒节、内蒙古的那达慕大会、大连的国际服装节、洛阳的牡丹花会、广州的春节花市及各种少数民族的服饰、礼仪、民俗和民间竞技活动等。这些节事活动对吸引旅游者、推动当地的经济和旅游发展起到了有目共睹的作用，人们对节事活动重要性的认识在实践中不断得到提高和深化。正因为如此，我国开始从民间自发组织节事活动到政府有意识地推广原有节事活动，又进入到一个有计划、有组织地主动开发节事活动的新阶段。我国在成功举办昆明世界园艺博览会后，又主动承办 2008 年奥运会、2010 年世博会，以及许多世界大型体育、文化、经济、科技、旅游等节事活动，并取得了成功。我国节事活动无论在数量、规模、内容和质量上，都取得了令世人瞩目的发展。

2. 国际节事活动的发展趋势

1) 国际节事活动日益得到重视

就全球范围而言，各国对节事活动和节庆旅游的重视程度在迅速提高。许多瑞士大旅游批发商认为，传统的团体多地观光游览在这里已经失宠，越来越多地被散客旅游、家庭小团体和专项旅游所取代。目前的消费倾向正在明显地向专项旅游发展。一些重大的专项节事活动产品，如音乐、文化等活动，受到大小旅游批发商们的普遍重视。有些大旅游批发商为节事活动开设了专职部门，如 ITV 旅行社开设了文化旅游部。

2) 国际节事活动将更具综合性，更为多样化

发展节事活动很重要的一点就是挖掘当地的民族文化，因为体验异国他乡的民情风俗

是促使旅游者出游的主要动机。民俗风情作为一个民族或一个地区的生活方式，在节日喜庆中能充分体现原汁原味的真实感和人情味，而使旅游者得到直接和充分的体验。在节事活动中把服饰表演、饮食品尝、游艺竞技、民间工艺等活动有机地结合起来，一方面可以丰富节事活动的内容，另一方面还可以促进当地旅游资源的综合开发，既激活某些公共设施、商店、市场等静态吸引物，又吸引投资、经济开发及基础设施改造，做到充分利用现有一切资源，取得最大的经济效益、社会效益和环境效益。

3) 国际节事活动将更为品牌化和专业化

节事活动品牌在会展业和旅游业中扮演了十分重要的角色，它本身就是一种会展和旅游的吸引物，能提高会展和旅游目的地的知名度，丰富会展和旅游产品，延长旅游季节，扩大客源地理分布。如今，节事活动的主办者越来越重视节事活动品牌的塑造和经营。美国的玫瑰花节、意大利的狂欢节的品牌都对本国会展业和旅游业的发展起到了不可替代的作用。

随着节事活动的发展，专业化管理将日益显示其重要性，节事活动的专职管理部门已成为旅游业和会展业发展最快的一个机构。它们在客源地设立办事处进行全年的运营，为当地提供了很多新的就业机会。节事活动管理不仅已形成了一个专业领域，而且其专业化程度亦日益增强。

4) 国际节事活动宣传力度将更为加强

节事活动的国际竞争加剧，将引起各国宣传促销力度的不断加强。世界著名的西班牙奔牛节(如图 7.3 所示)在举办之前，政府会印制大量的日程表和节目单，便于国内和国际游客挑选自己喜爱的活动项目；日本交通公社等大型旅行社会提前 5 年将国内的节庆计划公布于众。做超前的宣传促销是著名节事活动获得成功的基础。从节事活动宣传的发展趋势来看，更多的国家将会像一些发达国家一样采取全方位出击的策略，花大力气建立覆盖面比较广的驻外旅游机构，为宣传提供组织保证，如美国有遍及 80 多个国家和地区的 180 多个驻外旅游机构，德国有 39 家驻外旅游机构。许多国家除了印制精美的各类宣传品外，还派促销团到各客源国进行宣传。

图 7.3　西班牙奔牛节

3. 我国节事活动的发展趋势

随着我国改革开放的深入和节庆旅游的发展，在未来一段时期我国节事活动将呈现出以下八大趋势。

7 节事活动

1) 国际化趋势

国际化是节事活动的必然趋势。节事活动的大众性、广泛性、开放性，使它蕴含了走出家门、走向国际的内在要求。节事活动正在向着国际化的趋势发展。在节事活动的运作方式上，我国很多地方注重研究国际先进的办节理念，努力运用市场手段，使节事活动进一步开放化、国际化、娱乐化、效益化和规范化。例如，青岛啤酒节在办节实践中，很注意学习借鉴国内外的经验，除派人到国外学习观摩外，还邀请外国人士和国外的企业参与节事活动，并提出了"青岛与世界干杯"的主题口号，大大加快了啤酒节走向世界的步伐，使青岛啤酒节的知名度越来越高，经济效益和社会效益越来越显著。

2) 市场化趋势

传统的办节方式——大量的财政投入和硬性摊派，使财政、企业和社会不堪重负。为适应市场经济的要求，节事活动也呈现出市场化趋势，开始尝试市场化运作模式。节事活动进入市场化运作必须遵循市场规律，注入"成本与利润""投入与产出"的理念。源源不断的资金来源是节事活动长盛不衰的阳光和土壤，也是节庆营销得以传承的基础，但资金来源不能依赖政府财政投入，应建立"投资-回报"机制，同时吸引大企业、大财团以及媒体参与，形成"以节养节"的良性循环发展模式。1998年，山东潍坊风筝节决定改变传统办节方式，大胆尝试市场运作。1999年组委会便与有关公司联合策划招商。2000年风筝节与鲁台会、寿光蔬菜会同时举办，成功尝试了市场化运作，财政不再拨专款，是历届风筝节中市场运作力度最大、成效最为显著的一届。通过企业冠名、赞助、承办，实现了以节养节，以节强节的目的。

3) 个性化趋势

当今城市举办节事活动已成为时尚。但有的城市的节事活动缺乏个性，主题雷同。城市节事活动靠的就是独特的主题，个性化是节事活动保持长久生命力的制胜法宝。例如，在各大中城市都推出了禁燃烟花爆竹的措施后，大连经过精心策划，推出了一年一度的烟花爆竹迎春会，一时间大连成了春节期间外出旅游者的首选城市。节事活动要保持个性化必须坚持常办常新。一是策划有"亮点"的主题活动，提高大众关注度。大众关注度是节事活动的生命线。二是策划有"热点"的主题活动，形成社会热点。节事活动有热点，自然会形成商业的焦点。三是策划有"卖点"的主题活动，增强商务运作能力。

4) 产业化趋势

随着节事活动经济性功能的加强，节事活动将呈现出产业化趋势。节事活动的产业化趋势要求围绕节事活动，从项目策划、集资、广告、会务、展览、场地布置、彩车制作、观礼台搭建、纪念品制作，都以招标投标、合同契约的有序竞争方式进行，并逐步形成新兴的"节庆产业"，节庆产业化更能促进营销的深入和发展。节事活动的产业化需分两步走——近期任务和远期目标。近期实行市场化运作形式，可继续保持政府调控、市场运作的节事活动形式，但应减少行政干预，努力扩大社会参与的规模和程度，逐渐过渡到节事活动不再是政府工作目标任务。远期应将产业化列入全市经济和社会发展规划，可根据政策法规体系，组建节庆文化产业集团或产业公司，确认法人地位，明晰产权关系，由产业主体通过市场运作完成节事活动。

5) 多元化趋势

一是节事活动举办目的的多元化，通过节事活动达到繁荣经济、弘扬文化、活跃生活、促进发展等多重目的。二是节事活动举办模式的多元化，出现了上下联动办节、小型分散办节、各方结合办节、走出去办节、结合科技办节等多种办节模式。如四川自贡灯会采用"走出去"办节方式，不仅在当地办得很好，还先后到北京、上海、广州、武汉、香港、澳门、台湾等许多大中城市和地区展出达68次，到新加坡、泰国、马来西亚、日本等10多个国家展出，将灯文化的奇光异彩传播到全国，传播到世界各地，不仅大大提高了自贡市的知名度，也取得了良好的经济效益。三是节庆主题活动的多元化，主要表现在文艺晚会、经贸洽谈会、研讨会和论坛等方面。

6) 大众化趋势

节事活动的魅力不在于安排多少项活动，而在于有多少大众亲临其境感受其人文气氛，节事活动要的就是成千上万人扶老携幼、结伴前往的这种万民同乐的节日气氛。节事活动的大众化是节事活动永葆品牌生命力的灵魂。如上海旅游节的办节宗旨就是"人民大众的节日"，在旅游节的筹备及举办过程中，组委会广泛听取市民和旅游者的建议和意见，极大地丰富了旅游节的活动内容，进一步充实了旅游节的活动策划。

7) 集约化趋势

节事活动在举办过程中逐步呈现出集约化趋势。许多城市的节事活动较为分散，规模还不够大，可以通过"捆绑"来扩大规模，实行集约化经营。如哈尔滨冰灯节在国内颇有影响，其主要成功经验是延伸产业链，将冰灯展、文体活动、经贸活动等捆绑在一起，产生了较强的集聚效应和宣传效应。

8) 规范化趋势

节事活动必须在动态中寻求规范性，并以此招徕四方游客，这是著名节事活动获得巨大效益的成功秘诀。如西班牙斗牛节国内共有156项活动，每年7月8～14日，这些活动分布在潘普罗那市固定的时间和空间，从早8时至深夜24时，年复一年，百年不变。市政府为此印制大量的日程表和节目单，将节庆的活动安排见诸各类媒体，公布于众，即所谓的"有组织的无政府状态"。节事活动的规范化，一是策划和组织规范；二是举办时间和地点规范；三是举办程序和实施过程规范。

7.2 节事活动策划的基本工作流程

7.2.1 节事策划的原则

1. 大众化原则

广泛的民众参与是节事活动赖以成功的魅力所在。节事活动的魅力不在于安排活动，而在于有多少大众身临其境感受其间的人文气氛。大众性是节事营销的前提，要努力改变现场观众作为一种"与君同乐"的陪衬状态，要体现群众的参与性，如泼水节就能够真正显示"东方狂欢节"的魅力。

2. 市场化原则

节事活动进入市场运作必须遵循市场规律，树立"成本与利润"、"投入与产出"的理念。源源不断的资金是节事活动历年不衰的阳光和土壤，也是节事得以传承的基础，但资金来源不能依赖政府财政投入，应建立"投资—回报"机制，吸引大企业以及媒体的参与，形成"以节事养节事"的良性循环发展模式。例如，山东潍坊的风筝节名扬天下，由于最初几届都是政府包办，使企业和社会不堪重负，成了政府害怕、人民反感的活动。自1998年以后，实施市场化运作，潍坊的风筝节才又重振雄风，而且充满了活力。

3. 产业化原则

节事活动说到底是一种文化性很强的经济活动，它有一整套独立的产业链体系，包括项目策划、集资、广告、场地布置、彩车制作、演出台搭建、纪念品制作等方面。节事活动带动的产品不是一个具体的产品，而是一个产业群。只有节事活动真正产业化，才能获得健康的理性发展，并逐步形成"节庆经济"、"节庆产业"。

4. 品牌化原则

品牌化对于竞争越来越激烈的"节事经济"十分重要。任何节事活动都必须创造出自己的品牌，因为品牌化的节事才能扩大社会影响，带来更大的经济效益，创造无限的商机，同时品牌化的节事活动还可以塑造良好的城市形象。

7.2.2 节事策划的步骤

1. 确定节事主题

一个节事活动的主题是节庆策划的源头，我们把主题活动策划看作是节庆策划的第一步。开篇好不好，直接关系到节事能否顺利展开，影响到节事的成败。同时，每一个节事活动都是由若干个各具特色的小主题活动构成的，也就是说，单个的主题活动构成了节事整体。因此，主题活动的策划，是整个节事活动中至关重要的第一步，是节事的源头。例如，首届湖南金鹰电视艺术节的主题就定为"颁奖+晚会"，艺术节的所有策划活动都是围绕这一主题展开的。

要搞好主题活动策划，除了一般意义上的有新意、有特色之外，还应注意以下两点。

第一，节事主题的策划要有"热点"。一个"嗅觉"敏锐的节事策划者必须能够及时抓住社会的热点问题，并且把它转换成商业的焦点放入到节事活动中来。

第二，节事主题的策划要有"卖点"。节事作为一种文化产业，归根到底，是以追求利润最大化为核心，在提高节事竞争力的过程中，要不断提高节事生产和经营的效益。因此，我们在进行主题活动策划时，应着眼于社会效益和经济效益，从中发掘出具有"卖点"的内容，提高节事竞争力和经营能力，增强节事活动发展的后劲。

纵观国内外一些成功的节事策划,在主题的选择上都独具匠心,颇具鲜明的民族特色,切合当地实际和风俗习惯,有较强的娱乐观赏性。像法国波尔多的"葡萄节"(如图7.4所示),那里的葡萄酒闻名世界,节事期间,各葡萄庄园免费向世界各国游人开放,游客可自由采摘、品尝新鲜的葡萄,并自愿为庄园主采收葡萄,还被允许用葡萄互相投掷嬉戏取乐或到盛满葡萄的大木桶中跳上几跳,踩碎桶中的葡萄,帮着一起酿造葡萄酒,更可以品尝到最鲜美的葡萄酒,这些都给游客带来了无穷的乐趣。再如,美国南部一年一度的南瓜节,节庆期间当地民众会露出最拿手的绝活儿,制作出一道道令人叫绝的南瓜大餐和精美糕点供游人免费享用。此外,他们还用南瓜雕刻出美轮美奂的南瓜灯和各种艺术造型,举办以南瓜为主题的化装舞会和游行活动,载歌载舞,乐趣无穷。

图7.4 法国波尔多葡萄节

2. 节事的定位

这里所说的定位,就是在多种节事活动的图表上为即将举办的节事活动寻找一个合适的坐标,做一个总体的科学的框架设想,这个设想的主要内容有目标市场定位、宗旨定位等。节事的目标市场定位是寻找市场机会、提出效益目标的定位,这也是节事成功举办的基础。

目标市场定位,也可称为根本目的定位,它是节事活动的第一位定位,或称作统帅性定位,对其他定位具有指导意义,节事活动所做的一切,不能有悖于这个宗旨。

首先,节事的消费对象不同于普通的游客。根据美国的一项调查,节事旅游者几乎很少是退休的人,节事旅行者更年轻、更愿意接受新事物,逗留的时间更长,收入更高,在旅行上愿意有更多支出。节事活动的对象有一半是度假的夫妻,超过1/3的是带着孩子,其他的同伴包括:朋友、其他家庭成员、父母。所以节事活动的项目设计要符合目标群体的需求。

其次,不同的节事活动有不同的消费对象。如艺术节与美食节、宗教节日的消费对象就不一样，节事策划要采用相应的营销策略。在市场定位前，必须做认真的市场调查，进行可行性分析和 SWOT 分析，洞悉举办城市的优势、弱势、挑战和机遇，以便有的放矢地进行筹备和促销，确保预期目标的实现。

3. 制定节事营销的预算

预算就是实现节事目标所需要的资金计划。在制定节事预算的时候通常需要考虑到几个主要的类别：广告、印刷品、邮费、公共关系、促销、营销费用、应付意外突发事故的储备资金、间接成本、其他等。

营销活动的费用在预算的整个开支中所占的比例最大，因此需要仔细研究每一项的价格，以确保不会对整个节事的开支底线造成负面影响。我们通常用节事营销利润率(ROEM)来衡量节事营销战略的财务上的可行性，公式如下：

$$ROEM = 预计的净利润 / 营销总预算$$

举个例子，如果某次节事预算的净利润为 80 000 美元，营销总预算为 560 000 美元，那么 ROEM 为 14%(80 000/560 000=0.14)。从营销的角度来看，ROEM 对于不同的节事并没有一个特定的理想值，需要对每一次的节事进行分析来确认营销支出和节事获利之间的比例，再确定节事的营销预算是否合理。ROEM 的百分比越高，获利前景也就越好，根据经验，对于大多数的节事活动来说 ROEM 的平衡点大约是 15%。

4. 节事组织

节事活动的组织工作千头万绪，只有提纲挈领，才能收到事半功倍的效果。一般说来，应重点抓好以下 4 个方面的工作。

1) 联办单位和参与单位的分工和协作

大型节事活动的组织工作是系统工程，做好联办单位和参与单位的组织工作非常重要。例如，1998 年上海举办了国际旅游节，这次旅游节由上海市旅委牵头，20 个区县政府以及旅游、文化、体育、园林、餐饮、经贸、铁路、航空、新闻等 29 个部门共同参与，由于分工明确，配合默契，组织了 100 多项气势宏大、丰富多彩的旅游活动，形成了市区联手、条块合作、广泛参与的大格局，覆盖面涉及各行各业、街道和乡镇。这届旅游节获得成功的主要原因之一，就是组织工作做得较好，使联办单位和参与单位充分发挥了自己的主观能动性。

2) 艺术演出和体育表演的组织

艺术演出和体育表演是节庆活动必不可少的内容，也是提高亲和力和吸引力的主要手段。在澳大利亚，露天游乐场、水上滑冰和烟火节无一不是以令人难忘的演出和参与性项目吸引游客的；在我国，明星汇聚的各种演出也是吸引人们眼球的一个重要手段。因此，组织国内外一流水准或高水准的艺术团体和体育队伍献艺，邀请拥有各种特技绝活的民间艺人表演，动员当地广大公众参与，才能为节事活动增光添彩。

3) 后勤保障体系的组织

节事活动是融经济活动、文化活动、交流活动和旅游活动等于一身的大型活动，后勤保障系统涉及交通运输部门、商业部门、文化部门、环境卫生部门、金融部门、公安部门以及其他服务部门，较为复杂。节事活动的对象除了当地的居住者以外，很重要的一个组成部分是旅游者。旅游者十分重视经历和体验，这就要求各类从业人员树立"以人为本"和"服务至上"的观念，提供高质量的服务。对后勤保障体系的组织，不仅仅是落实人员、物质，还要落实思想教育和到位的服务。对后勤保障体系的工作，绝不能掉以轻心。

4) 新闻媒体的组织

新闻媒体在节事活动前的宣传炒作，在节事过程中的现场采访，在节事活动后的跟踪报道，对于扩大节事活动的社会影响和经济效益极为重要。节事组织者不仅是请来媒体了事，还要为他们提供工作方便，如尽早向他们通报情况、提供信息、推荐典型、提出要求，以便及时发布信息，引导游客参与和消费。因此，大型节事活动组委会中应有专人负责与媒体的联系，并配合媒体做好工作。

5. 宣传与促销

要想保证节事活动顺利举行并且取得良好的经济效益，宣传活动必不可少。要利用电视、报纸、广播、网络等各种宣传手段扩大影响力，还要合理地组织新闻媒体。除此之外，广告语、会徽、吉祥物、纪念品的制定和宣传也十分重要。

由于"节事"是一种特殊的产品，所以对它的促销要求就比较高。除了利用一般的促销方法外还可以借鉴一些会展发达城市的节事促销经验。比如有些城市通过自己的网站和网页，利用互联网发布信息进行促销；或者是组合产品，联合促销。有不少城市就是两节或多节联办，形成一条节庆链和几个旅游系列，不仅吸引游客，而且有利于促销和提升经济效益。联合促销的产品，必须是名品和精品。只有名品和精品，才能开拓市场，创造非凡的效益。例如，西班牙著名歌唱家多明戈首次来上海大剧院演出，最高票价 3000 元人民币一张的票首先售完，其他 2500 元、2000 元、1500 元价位的票也在 10 天内全部售完。正票卖完后，加座票也被抢购一空。大型景观歌剧《阿依达》的戏票共 4.5 万张，在演出前一个星期也宣告售罄。这就是名品价值和精品效应的体现。

在节事活动的宣传与促销活动中必须考虑地方民众及观光客两大基本市场。以当地民众市场来说，通常已经习惯借一般的宣传方法来达到成果。但是在如今人们拥有多种娱乐选择的状况下，这样的活动已经无法吸引当地的民众前往。所以在宣传过程中可以向迪士尼和麦当劳这些在市场促销方面十分成功的公司学习，不断推出广告宣传资料和用品来吸引本地民众的眼球。至于观光客人可以借助旅游公司来宣传。

 特别提示

赞助也是节事宣传与促销的一种重要手段。通常有以下几种赞助类型。

(1) 冠名、展示。即赞助商承担节事的大部分支出。

(2) 接待、支持。即赞助商承担节事的某一部分支出，如食物或饮料。

(3) 以货代款。这种类型经常容易被忽略掉，即赞助商无偿向节事提供自己的产品和服务。

把地方庆典活动与当地实业家的赞助关系结合得比较成功的一个例子就是维多利亚 B.C. 的划船庆典活动。它的成功之处在于双方皆从中得利。当地赞助的实业家经营一家小型的摩托艇公司,在庆典活动期间以五艘摩托艇组成水上芭蕾队,并以"蓝色多瑙河"音乐为旋律,作为每日划船庆典的开场活动。这不但为庆典活动带来了大批群众,十分具有趣味性,同时也给这家赞助公司提供了一个很好的宣传平台,从而达到了"双赢"。观光的盛季时,他们每个礼拜都会提供这项服务。

7.2.3 节事的承办

承办是落实策划和构思的过程,也是出成果、出效果的阶段。节事承办的关键工作有3个方面:一是建立节事筹委会或筹备小组,以便统筹全局、统一事权;二是制定一个总体方案,确定节事活动的时间、地点、活动内容、组织方法、经费预算、应急方案等;三是安排出行动计划和倒计时工作进度表,使承办工作有条不紊地进行。例如,2013年,由国家文化产业规划研究院创意发起,中国文化传媒集团和包头市人民政府主办,国家文化产业规划研究院和达茂联合旗委、政府承办的首届中国游牧文化旅游节取得圆满成功,在国内获得巨大反响。首届中国游牧文化旅游节的成功举办,为新型文化旅游产业的综合发展做出了有益探索和可贵示范。作为草原文明的核心文化体系,游牧文化承载的不仅是历史文化和民族文化的多元信息,更承载着人与自然、人与人和人与社会和谐共生、共同发展的文化使命。打造游牧文化品牌,是国家文化战略的需要,是打造高端新型文化旅游产业的需要,更是重塑和提升游牧文化价值、实现其使命的需要。举办首届中国游牧文化旅游节,是践行国家文化战略的具体举措,也是促进文化旅游产业融合发展的勇敢尝试。2014年,举办第二届中国游牧文化旅游节,进一步提升品牌、提升高度、提升实力、提升效益、提升国际影响力,组委会策划旅游节时,为了明确策划组织这项节事活动的宗旨、定位、各部门分工等内容,特别制作了详细的活动方案。

案 例

中国游牧文化旅游节

一、操作规程

活动名称:第二届中国游牧文化旅游节

活动时间:2014年7月12日—10月9日

活动地点:内蒙古包头市达茂联合旗

主办单位:中国文化传媒集团 内蒙古自治区 包头市人民政府

承办单位:国家文化产业规划研究院

中共达茂联合旗委员会 达茂联合旗人民政府

协办单位:中国民间文艺家协会、中央民族大学、高占祥文化艺术基金会、国家体育总局汽车摩托车运动管理中心、内蒙古自治区社科院、包头市文化广播电影电视局(新闻出版局)、包头市旅游局、包头市体育局

支持单位:中央电视台、人民网、新华网、中国文化报、中国旅游报、澳门莲花卫视、内蒙古电视台、内蒙古电台、内蒙古日报、包头广播电视台、包头日报、包头晚报、家庭周报等

二、主题定位及内容活动主题:深度挖掘游牧文化核心价值,认真践行草原生态文化理念,全面展示蒙元文化历史魅力,着力优化经济文化发展环境,全力推进达茂文化旅游发展。活动定位:借势国家资源,

整合地方资源，挖掘文化资源，利用媒体资源，拉动社会资源，注重规格、注重品质、注重效益、注重互动、注重大众参与，打造更具发展活力和时代精神的文化旅游盛会，使"游牧文化"品牌成为草原文化的主流品牌，使"游牧文化旅游节"真正成为文化旅游产业融合发展的典范、文化强国战略践行的标兵、实现美丽中国梦的地方名片。活动内容：包括文化、体育、旅游、商贸四大类活动，文化活动构筑特色，体育活动提升规格，旅游活动凝聚人气，商贸活动促成合作交流，实现富民增收。统筹考虑活动设置、景区景点建设、旅游线路设计、综合管理治理，推动文化、体育、旅游、商贸活动互动互助互促，在融合中提升，在提升中收效，真正实现办节目的。

三、总体战略思路第二届中国游牧文化旅游节将在首届的基础上进行完善和提升，重点提升规格、夯实内容、完善布局、强化合作。保留群众喜爱的、具有市场潜力和文化价值的活动项目，提高活动的规格和质量，并深度包装推向市场；延伸活动内涵外延，不断引进高规格高水平的高端活动，探索商业化运作，推进游牧文化与现代文化交流融合。

（一）理论和品牌支撑体系。1. 草原国际论坛；2. 申请"中国游牧文化之乡"命名；3. 中国游牧文化保护区建设；4. 中国游牧文化博物馆建设。

（二）高端活动支撑体系。1. "达茂风"中国摄影大赛；2. 国际顶级摩托车极限挑战赛；3. 全国摩托车越野锦标赛；4. 全国顶级书画家采风达茂；5. 中国首届二人台大赛；6. 全国大学生草原三项(徒步、长跑、自行车)越野；7. 中国汽车俱乐部环达茂草原友谊赛；8. 中国首届蒙古马拉力赛；9. 中国环达茂山地自行车挑战赛。

（三）丰富的民间活动支撑体系。1. 蒙古族民间文艺表演活动；2. 蒙古族民族手工技艺活动；3. 蒙古族民俗游艺竞技活动；4. 蒙古族民间竞技贸易活动；5. 蒙古族民间祭祀礼仪活动；6. 区域经济文化交流活动。

四、活动安排。

(一)准备阶段(2014年1—6月)

1. 2014年1月，举行第一次新闻发布会，发布第二届中国游牧文化旅游节活动主题、定位、内容、板块布局以及活动相关公告等，同步启动"神秘草原·休闲达茂"网络拍客活动。

2. 2014年2月，面向社会征集创意和活动项目，进行活动的申报筛选、活动方案收集等具体工作，集中进行招商活动。

3. 2014年4月，制定各工作组工作方案、具体活动实施方案，制作活动宣传册、工作手册等，开展前期准备工作。

4. 2014年5月，举行第二次新闻发布会，进行重点活动推荐，各主流媒体开始大规模宣传营销，招商活动全面开展。

5. 2014年6月，各类活动基本准备就绪，重大活动项目进入前期运行阶段，宣传营销进入高频攻坚期。

6. 2014年6月下旬，举行第三次新闻发布会。

(二) 实施阶段(2014年7—10月)。

1. 2014年7月12日—8月15日，英雄草原活动板块。

2. 2014年8月16日—9月30日，激情草原活动板块。

3. 2014年10月1日—10月9日，欢庆草原活动板块。

(三) 总结阶段(2014年10—11月)。

对第二届中国游牧文化旅游节进行集中总结，适时开展其他活动。五、活动板块布局本届游牧文化旅游节，根据活动类型和时间安排，初步设计为三个主题板块。

1. 英雄草原。围绕"游牧文化"，以"文化、文明、情怀、胸怀"为主题，重点推出开幕式、第25届草原那达慕大会、申请"中国游牧文化之乡"命名、"马背争雄"赛马月、"绿茵争霸"搏克周、"沙漠之舟"骆驼赛、"游牧草原"勒勒车搬家比赛、哈撒儿文化艺术节、草原国际论坛、满都拉口岸风情游、

7 节事活动

环达茂自驾游、七夕浪漫草原情人之旅、经贸投资洽谈会、有机农畜产品交易会等活动。

2. 激情草原。围绕"现代文化"，以"速度、高度、美丽、魅力"为主题，重点推出"寻梦花海"赏花月、国际顶级摩托车极限挑战赛、全国摩托车越野锦标赛、全国顶级书画家采风达茂、全国大学生草原三项(徒步、长跑、自行车)越野赛、中国首届二人台大赛、"爱在达茂"草原合唱节、中国汽车俱乐部环达茂草原友谊赛、陈刚独步中国穿越达茂草原骆驼赛、"最美星空"中秋赏月、中国首届蒙古马拉松赛、中国环达茂山地自行车挑战赛、牛羊肉伴侣节、寻花问月乡村体验游、"畅想生活"物资交流会、蒙古族手工艺品展销会等活动。

3. 欢庆草原。围绕"民俗文化"，以"喜庆、同庆、欢乐、欢腾"为主题，重点推出内蒙古自治区赛马友谊邀请赛、"幸福达茂"重阳节老年才艺大舞台、内蒙古自治区跤王争霸赛、蒙餐烹饪暨牛羊肉伴侣大赛、内蒙古自治区自行车俱乐部友谊赛、环达茂自驾游、达茂品牌商品交易会、少数民族商品贸易会等活动。

六、运作模式

本届游牧文化旅游节将进一步开放格局、拓宽视野，发动更多社会力量参与到活动全过程，着力转变政府主导的运作模式，变主导为指导，探索市场化运作。

1. 在组织运作上，坚持政府指导、市场运作、社会参与的原则，政府整体筹谋，社会力量和市场资源参与策划，积极广泛进行项目招商，形成以旅游活动为主线，以文化、体育活动为主体，以商贸活动为核心落脚点的运作模式。

2. 在营销运作上，探索以节养节、广泛合作、良性竞争的机制，鼓励社会力量参与策划、演展、票务、服务、研讨、娱乐活动等方面的组织营销工作，有偿出让项目经营权和冠名权，充分发挥社会实体、中介机构、文化产业集团、新闻传媒等社会力量的作用，实现经营主体的多元化。

3. 在服务工作上，坚持"对口服务、分类管理、多元合作"的原则，组委会及达茂联合旗委、政府制定有关优惠政策，鼓励社会力量参与服务工作。文化旅游节期间，宾馆、餐饮、旅游、中介、娱乐等社会服务性机构，将统一使用文化旅游节品牌、标志，形成规范有序的服务市场。

七、保障措施

1. 强化组织保障。成立文化旅游节组委会，设立活动领导小组。活动领导小组下设综合办公室和宣传营销、安全保卫、后勤保障、市容市貌整治、文化活动、体育活动、旅游活动、商贸活动八个工作组。综合办公室和宣传营销、安全保卫、后勤保障、市容市貌整治等四个工作组构成外环服务保障工作系统；文化活动组、体育活动组、旅游活动组构成中环主体活动系统；商贸活动组为内环核心系统，形成三环组织和谐互动局面，为文化旅游节提供组织保障。

2. 强化资源保障。深度挖掘并整合现有的历史文化资源，强化旅游景区景点打造，大力推出阴山岩画、汉魏长城、金堑壕、敖伦苏木古城遗址、广福寺、普会寺、哈撒儿祭奠堂等人文历史景点；健全完善希拉穆仁草原、红格尔敖包、吉穆斯泰等自然景区建设；打造以百灵那达慕文化产业园区、满都拉口岸、草原风电等为特色的现代景观。通过对文化旅游资源的整合打造，为文化旅游节提供资源支持。

3. 强化基础保障。建成游牧文化特色鲜明的百灵那达慕文化产业园区，并不断健全完善园区基础设施和配套建设；加大市容市貌、公路沿线、景区周边等地的环境综合整治，打造独具北疆草原风情魅力的达茂大景区。加大市政道路及管网建设，大力提升供水、供电、交通、通讯、污水处理等公共服务水平；打造游牧文化标识系统，建设突出蒙元游牧文化特色的城市美化、亮化、绿化工程和公共设施，建设体现蒙元文化内涵的城市景观，营造游牧文化人文气息。全面启动12个苏木乡镇游客服务中心，加大旅游从业人员和服务人员培训力度，开设医疗、消防等公共服务绿色通道，提升服务质量，逐步完善具有人文关怀的旅游服务体系。

4. 强化市场运营保障。邀请专业传媒公司创意策划，发挥基层民众首创精神，积极向社会征集创意活动，为文化旅游节的市场运营奠定良好的基础。积极打造独具达茂地域特色的北疆草原风情旅游线路，推进"达茂品牌"建设,加快天然绿色有机农畜产品有机认证、品牌打造,加强食品安全监管和市场督查,构建良性市场竞争秩序。充分发挥招商引资服务中心作用,积极进行文化旅游产业招商引资。推动那达慕游牧文化有限责任公司规范有序运行,尝试探索文化旅游节市场化运。

此外,筹办国际性节事性活动,与筹办地方性节事活动也有一些不同之处,特别需要注意的问题有以下几个。

(1) 在选择主题时,要有较为宽泛的文化背景作基础。在确定节事名称时,应有鲜明性和包容性,使中外宾客一目了然,并使他们感到自己身处主题范围之内,更好地与节事活动融为一体。

(2) 市场定位时,要考虑有开发前景和盈利前景的商业市场,要能够为组织者和参与者在文化或经贸合作方面提供双赢或多赢的机会,重视提升或增强节事活动的后续效应。

(3) 除重视安排翻译力量、组织志愿者活动、合作方两地联播电视节目外,在策划和组织文艺演出和体育表演时,要控制和减少语言不易沟通的节目,安排更多音乐、舞蹈等以艺术语言和形体语言为主的、一看就懂的节目,以便形成共鸣,增强效果。因为众所周知,"艺术是全世界共通的语言"。

(4) 在接待外国宾客和提供服务时,要洞悉外国的国情和时事,避免谈及他们国家的敏感话题。要了解他们的政治主张和宗教信仰,尊重他们的风俗习惯和合理要求,不要因无知得罪人,防止好心办坏事,引起不必要的麻烦和纠纷,给宾客留下不良印象。

(5) 在筹备工作中,要对节事活动所在地的公众进行教育,要组织好公众的互动,增加公众的参与程度,使他们成为节事活动的主人和主角,这样的节事活动才会受到各国宾客的欢迎和赞扬。

(6) 要结合本地实际,学习和借鉴发达地区和发达国家的经验,精心策划、精心筹备、精心组织、精心落实。

目前,我国节事互动主要由当地政府部门牵头主办,上指下派,按行政方式运作,较少考虑由企业直接承办。在今后的承办过程当中应该让办节方式"重心下移",以与市场对接相结合的方式进行,充分调动各县(市)区旅游部门和企业承办节庆活动的积极性,提高节庆活动的拉动性和影响力。

7.3 节事活动的现场管理

7.3.1 专业知识

1. 舞台

这里所说的节事活动的"舞台"不仅仅是指狭义上为节目演出专门修建的舞台,还指节事活动的发生区域。节事活动舞台管理,简单来说,就是把演出者与后台制作人员连接起来,协助剧场不同制作部门的人员一起合作完成演出活动。舞台管理在国内属于比较新兴的学科，作为一门专业学科，必然涉及专业知识和技术，本节介绍关于节事活动舞台管理的一般内容。

一般节事活动的舞台管理，需要指定专门的舞台监督、技术监督、执行监督和助理监督人员，主要负责舞台的设计、舞台的布景、节目的流程安排等工作。此外，节事活动的司仪，即通常所说的节目主持人，需要和节事活动管理者、舞台监督密切合作，确保活动按照计划顺利进行。

节事活动的舞台管理特别要注意安全问题，比如舞台的构造、舞台入口处的畅通、舞台所需电源等。另外，舞台的后台布置也需要合理、安全。

2. 灯光

一般节事活动的灯光主要有两个作用，首先是照明作用，其次是艺术效果。目前来看，灯光的设计和使用往往更注重其艺术性及氛围营造的独特性。按照节事活动需要，分为室内、室外实用性灯光和艺术性灯光，前者如入口的指示灯、场地照明灯。

节事活动的灯光设计要从实用性和艺术性两方面考虑，而且要与整个活动主题吻合，起到烘托现场气氛、强化活动体验的作用。通过灯光布置、灯光种类、灯光指向以及灯光颜色等技术性手段，突出活动的主题。为了保证灯光效果和使用安全性，一般要请专门的灯光师对节事所需灯光进行规划、管理。

3. 音乐和音响

一位音乐家曾经说过，音乐是用于制造恰当的情绪、维系适宜的氛围，而最为重要的是"激活"整个大厅生命力的工具。节事活动也不例外，根据活动主题选择适当的音乐，可以营造一种良好的氛围，为参与者提供舒适的活动环境。

节事活动中使用音响设备主要是为了传达活动的声音，使得参与者可以清楚地听到讲话和音乐，并同时感受不同的听觉效果。良好的音响效果需要通过专业的技术人员设计每个音箱的位置，选择不同的音响设备得以实现。对于实际活动产生的现场声音、广播声音以及录制声音，需要专业人士协调，以防出现诸如麦克风无法出声的失误。

在活动现场，特别是对于室外活动来说，考虑音乐和音响的音量大小对周围环境造成的影响是十分必要的。尽量减少对外界的干扰是活动举办方应该奉行的宗旨，以免因此引起当地居民的不满或者其他投诉，从而影响整个活动的美誉度。

4. 视听设备及特效

节事活动除了对声音的处理，另一个重要的互动工具就是视觉效果了，比如播放电视、录像和幻灯片的投影仪、大屏幕等先进的视频图像设备。这些可以影响视觉的设备仪器在现代节事活动中扮演着越来越重要的角色，成为节事活动不可或缺的组成部分。

节事的特技效果可以为活动现场带来与众不同的感觉，比如高科技的声、光、电技术以及传统的气球、焰火、干冰等，这些不仅可以创造节事活动的主题，还可以为活动设定特殊的基调，带动参与者的情绪，成为活动的一大亮点。但节事活动不能滥用这些特效技术，如果不能烘托或者支持节事活动的主题，这些特效设计就是很大的浪费。

由于这些视听设备和特效技术比较庞大复杂。因此，需要专业的技术处理并预先设计、编程，通过计算机控制，减少人为的操作失误。

5. 布景和装饰

一般的节事活动在舞台设计、布景运用和整体装饰方面比较类似。如何巧妙使用这些要素烘托节事活动的主题，营造节事所需的氛围，需要设计者充分了解活动的主题，并考虑要面向的观众。这些要素需要与节事活动有机协调起来，通过必要的设计元素如气球、鲜花、彩布、灯光等来表现、传达节事活动的主旨。

在布景和装饰的运用方面，切忌"贪大求全"，从而给人以粗糙、庸俗的感觉。这需要节事活动举办方和设计者进行必要的沟通，只有切合节事活动主题的设计才可能是成功的设计。

6. 节目和主持人

除了专门的演唱会或者类似的娱乐性节事活动，一般的节事活动只是穿插一定量的娱乐性节目。因此，对主持人的要求比较高，必须确保主持人有足够的现场操控能力和与观众的互动能力。

并不是所有的节事活动都需要娱乐性节目做支持。根据节事活动的主题选择合适的娱乐性节目，可以烘托整个活动的气氛；反之，则会使参与者"倒胃口"。

7. 供电设施

任何节事活动的现场都需要充足、安全的电力供应。要确保节事活动的顺利进行，对现场的电力设备进行全面的检查和维护是非常重要的。一般要考虑供电的电源类型，现场需要的电量、电源插座的位置和数量、外接电线的布置、各种设备所需的电源要求等，所有这些考虑都是为了保证现场用电安全，确保活动顺利进行。

7.3.2 工作实施

1. 准备工作

由于节事活动的很多前期工作是可以同时进行的，因此，本节所讲的准备工作需要良好的项目策划人安排合理的项目进程，保证在一定时间内完成最多的任务，节省活动的准备时间和成本。

因此，必须制定详实、完备的工作计划，如舞台的设计，声、光、电设备的租用，专业技术人员的聘请，节目和主持人的选择等，都需要指定不同的人员实施、操作。

活动现场管理的最大特点就是灵活性、即时性和专业性。所谓灵活性，指的是现场突发的小事件相对比较多。因此，处理的方式方法必须灵活，既不能影响活动的正常进行，也不能过多干扰参与者的兴致和情绪。即时性，就是问题发生和解决的瞬时性，对于现场的情况不仅要及时处理，而且要即兴解决的比较好。专用性，顾名思义"专业问题专业解决"，比如对音响效果、视频效果等的处理。

7 节事活动

随着节事活动的不断发展，节事活动逐渐成为一种新兴的"产业"，因此，专门化的服务机构逐渐形成，如节事活动策划公司。对于影响比较大的重大节事活动来说，它的组织、策划、完成往往需要很多不同的公司运作，如广告公司、运输公司、餐饮公司等，可谓包罗社会的各个行业。

总的来说，一个节事活动的策划需要专业背景不同的团队完成，其间的准备工作更是繁杂庞大。

2. 实施步骤

鉴于节事活动的规划、性质不同，节事活动的现场管理也不尽相同。从前面介绍的专业知识来看，每一个环节都需要周密的前期准备和系统的专业操控。这里只能简单介绍节事活动现场的一些管理细节。

(1) 节事活动开始之前，确定所有音响、视频设备以及供电设施的正常运作。经过专业调试之后，任何人未经允许不可以随意乱动任何一种设备，而且要保证一旦出现事故，负责维护设备的人必须第一时间到达现场并解决问题。

(2) 确保主持人对现场正确信息的可获得性，如哪一位重要嘉宾临时无法出席，哪一个节目无法上台等突发性事件。

(3) 确保可以解决活动现场的干扰声音，如麦克风的杂音、小孩子的哭闹、现场的喧哗或者起哄等。这些细小的问题都可能导致参与者的情绪大打折扣，因此，必须有专人负责类似事件的解决。

3. 突发事件及应对措施

1) 活动因故无法正常开始

遇到这种情况，主持人可以进行必要的解释，举办方可以通过分发小礼物或者进行即兴表演进行安抚，要确保活动现场的秩序，避免拖延活动顺利开始的时间，甚至引发大规模的骚乱造成经济损失。

2) 现场过于喧哗

如果现场参与者情绪过于激动或者吵闹声过大，需要主持人灵活应变，必要时通过保安人员对部分参与者进行制止。

3) 现场供电不足

除了启用备用的电源之外，通过供电局或者其他部门借用周围的电力，确保短时间内节事活动现场的用电。

4) 有人受伤或者突发急病

节事活动举办方需要准备紧急医疗措施，比如成立现场紧急救护小组，准备必要的救助用品；也可以与当地最近的医院合作成立紧急医疗系统，确保在第一时间把紧急病人送往医院急救。

5) 发生火灾

节事活动现场必须配备必要的防火器材，如果现场发生火灾，要保证与会者都要了解火灾逃生的通道和技巧，尤其是室内活动场所，更要防止人群的骚动和混乱。

6) 其他

天气的变化往往会影响室外活动的进行。一旦室外节事活动遭遇天气变化，其影响是不可估量的。因此，要求节事活动举办方在时间选择方面多注意天气预报。

4. 注意事项

(1) 对于节事活动的现场来说，最重要的就是活动的"硬件和软件"正常运作，即活动的设备运行正常、活动的节目顺利进行。因此，要求节事活动举办方前期周密地做好准备工作和制定现场应急措施。

(2) 节事活动的现场气氛非常重要，如何调动参与者的情绪，充分表现节事主题，其关键在于节事活动的内容安排。

(3) 最重要的还是现场的安全问题，人的安全、设备的安全等是任何一个节事活动的首要问题。安全警惕意识必须引起节事活动每一个工作人员的高度认识，再好的活动如果在安全问题上出现纰漏，都会被"一票否决"，其负面影响是无法估量的。

7.4 节事活动评估

节事活动评估指的是严格监察、衡量和监控节事活动的执行，以便精确评定其成果的过程。节事活动评估对于活动管理过程非常重要。由于目前国内的节事活动发展水平参差不齐，节事活动管理是一个比较新兴的行业。为了使更多人认识到节事活动管理的成果，对其进行严格的评估，使大家了解它的成果和不足，可以有效帮助节事活动管理得到公众认可。正如西方管理者常说的那样："不能衡量就不能有效地管理。"当然，节事活动评估的目的不是鼓吹节事的成果，而更多的是吸取教训，总结经验，使节事活动不断健康发展。此外，节事活动评估过程使得每一个参与节事活动的人都有机会提供反馈意见，同时提供一种项目分析和改善的工具，在整个节事活动管理过程中发挥着重要作用。一般的节事活动通常采用定量和定性两种评估方法，分别在活动事前、事中和事后进行评估。

7.4.1 参与者评估

参与者评估指的是对活动参与者行为和心理进行评估的过程。一般的节事活动有营利性和非营利性的区别，衡量一个节事活动成功与否的标准不能只有经济价值指标，尤其是对于非营利性的节事活动来说，参与者满意度也是非常重要的一个衡量指标。不管是一次性的还是长期性、周期性、反复举办的节事活动，对于活动举办方来说，对参与者进行评估都具有现实意义，其核心内容在于对参与者的心理满足进行对比而进行评估。

1. 实施步骤

(1) 对参与者进行评估的方式、方法很多，例如现场进行问卷调查、现场访问、邮寄问卷、短信调查、电话访问、网络调查等。现场问卷调查的方法比较方便直接。问卷发放的时间需要考虑问卷的内容，如果问题很多涉及参与者对于节事活动的反映，则需选择恰当的时间。选择的时间太早，则参与者反馈的信息不真实；选择的时间太晚，则会影响问卷的数量。一般可选择在节事活动的休息时间或者活动进行中的某一时段进行现场调查。

(2) 除了直接的问卷调查以外，节事活动现场可以指定专门的工作人员对参与者的行为进行观察和记录，例如观察参与者表情、鼓掌情况、现场气氛、互动情况、现场参与者离席情况等。通过这些细节可以反映节事活动的一些问题。

(3) 问卷回收和现场记录统计。发放的问卷可以让参与者自己放到指定回收的地点，也可以由专人负责回收问卷。现场记录的观测和统计结果需交给评估人员，评估分析时需要对这些信息进行对比，得出更全面、合理的分析结果。

2. 注意事项

(1) 从一开始就要制定评估计划依据的标准和确定评估人士工作是非常重要的。

(2) 选择合适的参与者评估方式，一方面要考虑收集信息的真实性和全面性；另一方面要考虑调查的成本。如要进行现场发放问卷，则需考虑发放的时间和回收方式。在参与者没有离开节事活动现场的时候立即进行评估可能会受到现场气氛的影响，这与节事活动结束后一段时间进行评估的效果可能差距很大。

(3) 在选择发放问卷的工作人员时，需考虑其现场应变能力、亲和力和沟通能力，具体的细节问题和形象问题需要制定相关标准。

(4) 参与者评估一般在节事活动中或者节事活动结束后进行，但是节事活动之前对参与者相关信息的收集整理也是非常必要的，它可以帮助节事活动举办方根据已知信息、存在问题和新机遇修订节事活动的计划。

7.4.2 管理者评估

1. 实施步骤

(1) 节事活动管理者评估表格示例如表 7-1 所示。根据节事活动举办方的评估目标制定管理者和员工的自我评估以及集体评估的项目，并向被评估者强调评估内容真实性的重要性，以确保评估分析结果的有用性。

表 7-1 节事活动管理者评估表格示例

目标设定、职责、期望	实现情况	比重	评分	备注

(2) 回收、统计评估信息。自我评估和集体评估的反馈信息必须在规定时间内送到相关负责人手上，表格和其他信息的有效回收是确保评估分析的重要环节。

(3) 分析评估信息，总结节事活动中管理者和员工的表现。评估信息的分析是一项非常重要而且繁杂的工作，绝不是简单的信息统计和报告文本。节事活动举办方或者相关负责人必须了解节事所有数据。

2. 注意事项

(1) 评估过程中，要鼓励工作人员进行方式、内容的创新，而且关键指标要通过量化标准衡量。但经济指标往往只代表投资者的利益，却表现不出利益相关者的满意程度，只有各方利益得到有效协调才能保证节事活动组织的存在和长期发展。

(2) 评估的目的在于考察、提高员工素质和活动质量，特别是高层管理者是企业运营的关键人物，对他们的评估是否公正合理，影响到对其激励是否有效，最终将影响节事活动组织的正常运行和长期发展。因此制定评估的指标时，要切合节事活动的主题和实际，建立系统的评估体系，构建科学的评估结构，撰写实用的评估报告。

(3) 评估的内容必须具体、细节性问题必须真实，不能为了评估而评估。评估者和被评估者之间要进行必要的沟通，确保评估成果的科学性。

7.4.3 媒体公众评估

媒体公众评估包括两方面的含义，一方面是对媒介报道工作以及效果的评估；另一方面是对公众接触信息的评估。在激烈的市场竞争中，新的媒体不断涌现，媒体报道的运行方式以及其生态环境日趋复杂化，广播、电视、平面媒介、网络、通信等手段都成为大众传媒的报道方式。媒体报道是节事活动的一个重要方面，报道效果依赖节事活动的结果、对社会的影响以及节事活动举办方与媒体建立的关系。媒体评估主要是对节事活动的社会成本和社会收益的对比进行评估。

1. 实施步骤

(1) 邀请媒体。根据节事活动需要，可以通过电话、电子邮件、发送邀请函或者中介机构邀请媒体对节事活动进行报道。

(2) 统计媒体报道信息，收集受众反馈信息。从第一个关于节事活动的媒体信息开始进行统计，包括节事活动开始之前、进行中和结束后的各种媒体报道，然后根据媒体类型对其进行分类、整理。同时，指定专门人员收集来自受众的反馈信息，如果要进一步了解受众反应，可以通过问卷、电话、网络对其进行系统的调查。

(3) 评估媒体报道。把统计出来的媒体信息汇总，由专门的评估人员或者机构对其系统归纳、整理，同时撰写媒体信息评估报告。

2. 注意事项

(1) 媒体的负面报道。如果出现负面的节事活动媒体报道，节事活动举办方应查明事故原因并及时向媒体通报事实真相。通报时首先应该在组织内部统一认识、统一口径。一旦负面报道作为媒体信息被公众认知，将对公众产生负面影响，因此节事活动举办方应该实事求是，谨慎行事，既不能掩盖事实真相，也不能随意猜测、夸大事故。

(2) 邀请的媒体没有出席。节事活动开始之前，负责联系媒体的关键执行者要确定到场媒体，如果邀请的重要媒体没有出席，需要选择可以替代的媒体，对节事活动需要报道的主要信息或者其他事宜与之沟通；如果没有可以替代的媒体，需要与上级管理者沟通，并妥善解决。如果到场媒体比邀请的要多,需要对其进行妥善安排,以免引起不必要的负面影响。

7.4.4 第三方综合评估

对于节事活动而言,第三方综合评估指的是从节事供需双方之外的第三者的角度对节事的影响、效益进行评估。委托第三方机构对节事活动进行检测来获得评估数据是为了节事活动评估效果的公正性,减少作弊的可能,使统计数据的可信度增强。目前,第三方评估的益处已被众多组织认可。由于非营利组织的第三方评估在欧美国家早已形成制度,有成功的经验可以借鉴。因此,业内人士认为,国内将逐渐实行独立第三方评估和公示制度。邀请非营利性社会调查机构对自己实施的公益项目进行第三方评估是与国际接轨的做法。需要说明的是,节事活动举办方之外的组织机构也可以委托第三方评估机构对节事活动进行评估,但需要事先与节事活动举办方沟通。第三方评估主要是对节事活动的社会影响和环境影响以及其他影响进行的评估。

1. 实施步骤

(1) 委托第三方评估机构。根据节事活动评估计划,节事活动举办方需要在预定时间邀请第三方评估机构开始工作,并根据计划与第三方评估机构进行沟通,确保评估机构能有良好的工作环境,加强评估工作的透明度。

(2) 分析、总结第三方机构评估结果。第三方评估结果出来后,节事活动举办方需召集活动管理者以及关键执行者分析其评估结果,并与自身的评估结果进行对比。因为第三方评估机构具有一定的权威性和客观性,节事活动举办方应慎重分析并正确对待其评估结论。

2. 注意事项

(1) 受众不认同第三方评估结果。如果第三方评估结果受到大众的质疑,节事活动举办方有权力要求第三方评估机构对外做出解释。

(2) 第三方评估出现节事活动的负面影响。只要出现负面报道,节事活动举办方需要在第一时间进行问题调查并及时做出回应,以免造成更大的负面影响。当然,关于节事活动正面、积极的评估,节事活动举办方应合理利用,加大对外宣传,增强活动的知名度和美誉度。

复习思考题

一、名词解释

1. 节事活动   2. 节事活动评估   3. 参与者评估

二、简答题

1. 简述节事活动策划的原则。
2. 简述节事活动策划的工作流程。
3. 简述现场管理中的突发事件应对措施。

三、案例分析

案例1：悉尼庆典节的效益

悉尼庆典节结束后，节庆总负责人称，活动项目票房收入稳超200万美元的目标，余额将超出50万美元。尤其是参加庆典的人数超乎想象。其中，艺术交响乐这一备受欢迎的节目前周吸引了120000名观众，庆典初期的爵士音乐会也吸引了105000名观众。而几年前，这位负责人最初接手这个项目时，活动项目的财政赤字高达50万美元，现在已扭亏为盈，盈利数字恰巧也是50万美元。该年度在票房上的收入大幅提高，尤其是销售范围增长巨大。这些成就均归功于活动项目和评估吗？

案例2：狂欢回顾公司的两个活动项目

狂欢回顾公司有机会为两个重要聚会寻求报价。请在以下方案中选择可行的方案，并以此准备报价谈判，最后确定最佳的报价。

第一个聚会是为一位名人举办水边宅第活动。活动将在户外举办，其承办宗旨是通过应用出色主题，赋予花园全新的内涵。聚会将有350名来客，并有一场丰盛的晚宴。

另一个聚会规模较大，约有500~600人参加。目的是庆祝拖拉机和农业设备投产50周年。聚会会场设在乡间一个大型机场的飞机库。食品一般，酒精饮料供应充足。不讲究装饰，但强调娱乐性。

对上述两个活动项目的财务管理和其潜在的利润进行评估，并确定其中一个方案。

8 奖励旅游

知识目标

- 了解奖励旅游的定义
- 掌握奖励旅游的功能
- 熟悉奖励旅游的策划流程
- 理解奖励旅游的发展趋势

技能目标

- 理解奖励旅游的实质
- 学会运用奖励旅游的策划流程策划活动
- 学会分析某一地区奖励旅游的发展现状,并提出相应的发展措施

导入案例

"奖励旅游"悄然风行

南方李锦记营养保健品有限公司来自全国各地的4000名员工相聚广州，25日，这支旅游大军将浩浩荡荡共赴江门，深入百年民族企业南方李锦记有限公司的核心地——新会，进行养生文化体验活动。

记者从江门广之旅新会分社获悉，这个超大型团队旅游开创了省内游单一时间、单一目的地、单一单位、单一省内系列团人数的最高纪录。活动共有30 000人参加，分8批进行，每批4000人，明天来到的是第一批游客。

新会农业基地、金田酒店、牡丹花酒楼的工作人员高兴地告诉记者，李锦记这次送出来的旅游团，他们也分得一杯羹，许多餐位被一扫而空。可见，这些是由企业出经费，旅行社精心策划线路的阵容庞大的奖励旅游。

——资料来源：南方日报

会展业也是当今世界都市旅游业的重要组成部分。因此，各国旅游部门非常重视会展旅游业的发展。有些国家或地区旅游管理部门还专门成立了会展旅游管理部门。如：香港为促进会展旅游业的发展，专门组建了会议局。20世纪90年代以来，我国会展旅游业发展迅速，年增长速度达到20%以上，大大高于我国其他领域经济总量的增长。最近一两年，由于我国传统旅游业受到边际递减规律的作用，其增长速度开始放慢，而会展旅游业增长速度非常快，因此，会展旅游业逐步受到旅游业界的重视。北京、上海等地的旅游主管部门开始专门研究会展旅游对旅游业的作用，各大旅游企业也纷纷拓展会展旅游业务，一些地方还组建了会展旅游协会。

各地经营会展的公司和一些旅游行政管理部门纷纷加入相关的国际会展组织。截止到2013年，我国有包括北京国际会议中心、北京市旅游局、中国国际航空公司、中国民间国际旅游公司、中国会议及奖励旅游组织、浙江中国世贸中心、中国世贸中心、中旅国际会展公司、华亭宾馆、春秋旅行社、山东国际旅行社、上海国际会展中心、锦江会展公司、上海旅游委等38家单位加入ICCA组织。

此外，中青旅参加了国际航协(IATA)、美国旅行代理人协会(ASTA)、亚太旅游协会(PATA)，国际展览中心参加了国际博览会联盟(UFI)、国际展览会管理(BIF)等。

8.1 奖励旅游的功能与发展

奖励旅游的英文是Incentive Travel，根据国际奖励旅游协会的定义，奖励旅游的目的是协助企业达到特定的目标，并对达到该目标的参与人士给予一个尽情享受、难以忘怀的旅游假期作为奖励。其种类包括：商务会议旅游、海外教育训练。对于中国企业来说，奖励旅游还是一个新概念，但是在国外，奖励旅游已经发展成为企业薪酬福利分类下一个重

8 奖励旅游

要的组成部分。需要指出的是,奖励旅游并非一般的员工旅游,而是企业提供一定的经费,委托专业旅游业者精心设计的"非比寻常"的旅游活动。用旅游这一形式作为对员工的奖励,会进一步调动员工的积极性,增强企业的凝聚力。

不同机构、不同研究人员根据对奖励旅游的不同认识与理解,从不同角度对奖励旅游现象给出了不同的解释,在业界有一定代表性的有以下几种。

(1) 国际奖励旅游协会:奖励旅游是现代企业的管理法宝,目的在于协助企业达到特定的企业目标,并对该目标的参与人员一个非比寻常的假期,以作为鼓励。同时也是大公司安排的以旅游为一种诱因,以开发市场为最终目的的客户邀请团。

(2) 旅游服务基础术语(CB/16766—1997):奖励旅游是相对观光旅游(Sightseeing Tour)、度假旅游(Vacation Tour)、专项旅游(Specific Tour)、会议旅游(Convention Tour)、特种旅游(Special Interest Tour)等旅游服务产品而提出的,具体是指企业或社会团体提供费用,以奖励为目的的一种旅游活动。

(3) 中国旅游百科全书:一些组织单位为调动职员的积极性、增强凝聚力,举办的免费旅游。

小资料

国际大会与会议协会(International Congress and Convention Association,ICCA),成立于1963年,总部位于荷兰阿姆斯特丹,是一个集聚会议行业供应商、买家、专业会议组织者、会议旅游局、目的地管理公司等和会议、旅游相关的企业、政府机构的专业国际协会组织。目前,ICCA在全世界85个国家和地区拥有900余名会员,其中中国内地有32家会员单位。ICCA是全球知名的专业协会,每年在全世界各地举办年会,在国际会议业界具有重要影响力和知名度。为进一步推进中国会议市场发展,吸引招徕更多的国际大会和协会会议来华举办,上海市旅游局联手北京市发展委员会以及国内其他ICCA会员单位,以北京奥运会和上海世博会成功举办为契机,于2010年9月21日成立ICCA中国委员会,并设规划工作组,负责委员会工作目标的具体执行。

8.1.1 奖励旅游的功能

奖励旅游作为一种现代管理手段,不仅在当代社会被愈来愈多的现代企业采用,而且其在企业管理中的作用也越来越突出,被人们誉为现代管理的"法宝"。

一般奖励旅游包含了会议、旅游、颁奖典礼、主题晚宴或晚会等部分,企业的首脑人物会出面作陪,和受奖者共商公司发展大计,这对于参加者来说无疑是一种殊荣。其活动安排也由有关旅游企业特别安排,融入企业文化的主题晚会具有增强员工荣誉感,加强企业团队建设的作用。更重要的是,常年连续进行的奖励旅游会使员工产生强烈的期待感,对于刺激业绩成长能够形成良性循环。

奖励旅游能增加员工和雇主之间的感情,提高对公司的忠诚度,产生持续和积极的"奖品价值",是增加动机价值的重要组成部分。旅游作为激励手段开始被应用,而且比现金和购物更有吸引力。为员工提供奖励旅游的根本目的是实现公司自身的商业目标。许多公司通过与获得奖励旅游的员工进行非正式交流,得到了他们对旅游的整体印象。

奖励旅游的奖励，表面是企业对受奖个人的奖励，实则不然。奖励的本质一方面是对个人的奖励，更重要的是对企业本身的奖励。首先，奖励旅游的激励作用可以提高企业业绩，增强员工的荣誉感和向心力，加强团队建设，塑造企业文化，是达到企业管理目标，增强企业实力，促进其良性健康发展的重要手段；其次，大规模的奖励旅游应视为企业一项重要的市场宣传活动。对于较大规模的奖励旅游，会有包机、包车、包场等现象，相应都会打出醒目的企业标识。此方式的采用对企业产生着积极作用，可树立企业良好形象、扩大企业知名度，倘若有媒体相关报道，则效果更佳；最后，奖励旅游的资金来源并不是企业自掏腰包，而是在实现了其特定目标后，用创造出来超额利润的一部分进行的，企业不赔反赚。现在的研究一般认为，奖励旅游费用约为企业超额利润的30%左右。

8.1.2 奖励旅游的发展

随着人民物质文化生活水平的不断提高，世界旅游业的快速发展，旅游已经成为一种广受欢迎的休闲方式，在企业管理当中作为一种有效的激励手段得到了广泛的运用，并形成了商务旅游的一个重要分支——专业的奖励旅游市场。国际上称会展业为 MICE 产业，MICE 中的 I，指 Incentive Tour，即奖励旅游。也就是说，奖励旅游是会展业中不可缺少的组成部分。抓好奖励旅游的发展，是一个城市或地区全面发展会展业不可忽视的一环。今天，企业经营者面对市场激烈的竞争，必须不断构思新的激励方案，以提升公司的生产力。已在欧美盛行多年以奖励会议旅游作为奖励达到营业目标对公司有功人员的激励方式，近年来在中国也日渐受到企业的重视。

奖励旅游的历史可以追溯到 20 世纪二三十年代的美国，1906 年，美国的全国现金出纳机公司(NATIONAL CASH REGISTER COMPANY)为了鼓励全体员工提高工作效率而举行的一次免费到公司俄亥俄州代顿总部的旅游开创了奖励旅游的先河。后来不少公司发现，由公司支付费用选派员工到有异国情调的目的地旅游，能成为非常有用的激励手段。随着航空业的发展，乘机旅游变得更加方便，费用也不高，企业也能承担，因而越来越多的公司开始给那些已经完成公司销售目标的员工提供免费旅游，并将此作为一种奖励；销售人员只要超额完成销售定额，就有资格参加奖励旅游。

奖励旅游最初是某些公司企业为了表彰工作成绩突出的销售人员而组织他们外出旅游。后来，一些研究管理问题的心理学家在经过大量的调查和分析后发现，把旅游作为奖品来奖励员工时，所产生的机理作用比用金钱和物质奖品产生的激励作用大得多。他们认为，从时效上说，一次非同一般的旅游经历可以使人终生难忘，起到的激励作用比金钱、物质持久得多；从激励对象方面来讲，金钱和物质奖品只能使获奖者本人受到激励，对其他人不会有多大触动；而把旅游作为奖品则会起到奖励几个人、激励一大片的效果。这是因为，在人们比较富裕的情况下，金钱和物质已不再那么吸引人，而奖励旅游一般都由公司企业的首脑人物出面作陪，这对于参加者来说无异是一种殊荣；奖励旅游的目的地又都经过特别挑选，一般是必须耗费大量旅资才有可能前往的地方；奖励旅游的活动内容亦由有关旅游企业特别安排，并且在旅游期间公司首脑还组织受奖者共商公司发展大计，因而这种经历是非受奖者难以获得的。所以，对于未受到奖励的人来说，他们会对受奖者投以羡慕的目光。因此，奖励旅游作为一种激励手段将愈加为各种组织仿效。

8 奖励旅游

现在，奖励旅游已经成为高级旅游市场的一部分，并且仍在迅速增大，世界各地都有一批旅游企业专门经营这一市场。美国公司成功地将奖励旅游作为激励员工的有效手段，这种理念输出到欧洲之后，英国、德国、意大利和法国，很快就成为欧洲推行奖励旅游最主要的国家。如今已有50%的美国公司采用该方法来奖励员工。在英国商业组织给员工的资金中，有2/5是以奖励旅游的方式支付给员工的。在法国和德国，一半以上资金是通过奖励旅游支付给员工。随着经济的发展，欧洲奖励旅游市场每年以3%~4%的速度增长，基本上与世界旅游市场同步发展。仅英国每年就有1169个奖励旅游团体到海外旅行，平均每个团体人数为80~100人，每年花费108亿英镑，而80%的团体由近60家专门经营奖励旅游的公司负责操作。

在亚洲，奖励旅游远没有美国、欧洲发展得那么早、那么快。最近几年，亚洲的奖励旅游业务随着亚洲经济的崛起和旅游业的发展，也出现了一些变化，亚洲的奖励旅游商和奖励旅游团越来越多，大家的注意力已经不再只集中于北美和欧洲的这些传统市场，一些奖励旅游策划者选择亚洲为目的地。日本、韩国、新加坡等国家和我国的香港、台湾地区，一些大企业自己组织的洲内奖励旅游，更推动了亚洲和全世界奖励旅游的发展。

新加坡是国际顶级的会展之都，拥有良好的软、硬件设施以承办各种类型的会议、展览及奖励旅游。过去10年来，新加坡的奖励旅游市场每年都有较大的增长。自1994年起，平均每年约有3100个奖励旅游团体、超过12万名奖励旅游旅客前往新加坡。中国奖励旅行团目前是新加坡第三大旅客来源。

日本东京(如图8.1所示)一直以来都是许多亚洲企业选择的奖励旅游城市，2008年面对更多大城市的激烈竞争，东京以"Tokyois Changing"为主题进一步开发奖励旅游市场。为了发展更多的奖励旅游市场，东京将进行三处重要建设计划，包括Poppongo Hillarea(六本木商业区)、Shinbashi-Shiodomearea(新桥汐商业区)及Shinagawaarea(品川商业区(如图8.2所示))等。

图8.1　东京夜景　　　　　　　　　　图8.2　品川商业区

另外，印度、马来西亚等亚洲国家近年来也加大了奖励旅游市场的开发力度，印度政府还在旅游部专门成立了由航空公司、饭店、会议中心、专业的会议组织和旅行业者等组成的会奖旅游管理机构。

奖励旅游在我国的市场发育时间尚短，还未出现专门从事本业务规划设计的顾问公司和旅行社，只是由一些实力较强的旅行社兼营，正处在认知与探索阶段。许多旅游专业人士对其也是一知半解，研究有待深入。大多数企业对其有效的奖励和管理方式更是知之寥寥。

在我国计划经济时代，每年安排先进工作者去度假疗养可以看成是中国特色的传统"奖励旅游"。但奖励旅游一直没有光明正大地登上舞台，大多缺乏专业性的操作与组织，达不到真正的"激励"效应。即使是现在，组织员工或经销商去旅游依然被视为是"公款旅游"，有"贿赂"经销商之嫌疑。所以，不仅企业对这种活动保持低调，就是专业性的旅行社也刻意为企业保守"商业机密"，对此业务讳莫如深。而政府层面似乎也并不鼓励，对"奖励旅游"的对象加增个人所得税就是例证。

近几年，随着外资企业的纷纷进驻，国内奖励旅游也随之兴起。据了解，以奖励旅游的方式对员工进行嘉奖，以往多为外资企业采用。现在，许多国企和规模较大的民营企业也对其有所青睐。在经济比较发达的华东、华南、北京、西安等地，奖励旅游逐渐为企业所接受，市场正逐步扩大。以广州为例，时下奖励旅游走俏羊城，企业纷纷采用旅游作为对员工和客户的奖励。为做好此细分市场，国内许多旅行社都在悄悄改变其行政架构，以适应对奖励旅游的开发。中国旅行社总社国际会议奖励旅游部是中国第一家从事奖励旅游的专门机构；中青旅于2001年9月1日成立了一个会议与奖励旅游部；广东的旅行社已得到诸多实惠，如"广之旅"奖励旅游的接待人数现占到旅行社业务总量的5%以上；"新之旅"则称，目前奖励旅游收入已经占到该社总收入的一半。从网络上看，能够搜索到的相关信息，主要是新闻类，比较专业的知识少之又少。国、中、青和广之旅等旅行社几年前就成立了专门开发和推广奖励旅游产品的会奖旅游部(处)，并举办过一定范围的奖励旅游产品推介会。和平国旅还加入了国际奖励旅游协会(SITE)，成为中国内地的唯一会员，并在美国注册了"中国奖励旅游网"。不少旅游商务网站和旅行社企业的网站上都有专门的奖励旅游产品和奖励旅游线路介绍。

经过精心培育和不断推广，奖励旅游作为一个新兴的旅游项目，越来越受到国内一些企业和员工的青睐。现在参加的企业由外企逐步发展到民企、国企；地域也从北京、上海、广州等发达城市拓展到了西安、成都等西部城市；目的地也由省内、国内走向了国外；人数和费用也都不断提高。

 小资料

国际奖励旅游协会(SITE)

SITE 是目前国际上奖励旅游行业最知名的一个国际性的非营利性的专业协会，主要向会员提供奖励旅游方面的信息服务和教育性研讨会。迄今为止，SITE 中国分会是 SITE 在中国内地设立的第一个分会。目前 SITE 有 2100 多个会员，分属 80 个国家，总部在美国。会员的专业涉及航空、游轮、目的地管理公司(DMC)、咨询、酒店和度假地、奖励旅游公司、旅游局、会议中心、旅游批发商、研究机构、景点、餐馆、供应商等。目前"SITE 中国分会"有来自北京、上海、西安、桂林、苏州等地的70名会员。

8 奖励旅游

8.2 奖励旅游的类型与特点

奖励旅游的对象，通常是各企业团体中千挑万选出来的有功人士。企业为鼓励及特别感谢这些优秀人才，才会精心策划所谓的奖励会议旅游。一般来说，包括本公司员工(业绩突出者)、经销商和消费者。奖励旅游在国际上分为国内团体旅游、国内散客旅游、国际豪华游船等多项类别，其受欢迎的程度有所不同。99%的奖励旅游是以团队形式出行的，而且团队规模较大。但在国际上，由于双薪家庭十分普遍，因而通常很难设计一种夫妇双方可以共享的奖励旅游方案。奖励旅游者参加的团队旅行，他或她的配偶常会因为时间的冲突、工作的缘故乃至家庭事务缠身而无法参加。在这种情况下，奖励旅游中的个体旅游奖励正在逐渐增多。使用这种个体旅游奖励方案，可使获奖的员工自己决定在何时出行，也可让公司根据工作情况分别安排，因而不会造成受奖员工同时出游影响工作的局面。

8.2.1 奖励旅游的类型

1. 传统型

这一类型有一整套程式化和有组织的活动项目，主要包括以下几种。
(1) 会议、旅游、颁奖典礼、主题晚宴或晚会及赠送赋予有含义的礼物。
别出心裁的主体宴会是行程中的重头戏，从场地的选择及布置到晚会节目的设计、气氛的营造以及餐饮的安排，每一个细节都要令员工难忘，融入企业文化的安排具有增强员工荣誉感、加强企业团队建设的作用。
(2) 公司的首脑人物出面作陪，和受奖者共商大计，这对于参加者来说无疑是一种殊荣。
(3) 请名人参加奖励旅游团的某项活动。
(4) 通过豪华、高挡和大规模来体现奖励旅游者的身价。
(5) 通过制造惊喜，使参加者产生终生难忘的美好回忆。

2. 参与型

越来越多的受奖者要求在他们的旅游日程中加入一些参与性活动，甚至是一些冒险性的活动，而不再仅仅满足于一个"有特色的 Party"，一般常见的形式有：徒步、登山、划艇、漂流、生态旅游。

8.2.2 奖励旅游的特点

1. 高消费、高档次、高要求

一些有实力的企业为更好地激励其参与对象，开展奖励旅游常常是"不惜血本"。据有

关统计,一个豪华奖励旅游团的消费通常是一个普通旅游团的5倍,他们不但在交通工具、住宿、餐饮等方面体现出了高档次的特征,如豪华饭店、大型晚宴、特殊的旅游线路等,而且在旅游活动内容、组织安排以及接待服务上要求尽善尽美。同时,奖励旅游原本就不同于一般意义上的观光和商务旅游,它通常需要提供奖励旅游服务的专业公司来为企业"量身定做",使奖励旅游活动中的计划与内容尽可能地与企业的经营理念和管理目标相融合,并随着奖励旅游的开展,逐渐体现出来。因此这无论是对奖励旅游产品的本身,还是对设计这些旅游产品的专业公司都提出了较高的要求。

2. 激励与宣传效用显著

奖励旅游所产生的积极作用远比金钱和物质奖品的刺激作用要强、效果也要好得多。

首先,奖励旅游是刺激员工积极性行之有效的方式,通过奖励旅游中的一系列活动,如:颁奖典礼、主题晚宴、企业会议、赠送贴心小礼物等,将企业文化、理念有机地融于奖励旅游活动中,还有如企业的高层人物若出面作陪,与受奖者共商企业发展大计等,这对参加者既是一种殊荣,而且又达到了"寓教于游"的与众不同的效果,同时还可有效地调整企业上下层、企业与客户间的关系,使受奖者有一种新的荣誉感,增强对企业的认同感,激励其更好地为企业服务。

其次,奖励旅游为企业与员工、企业与客户、员工与员工、客户与客户之间创造了一个比较特别的接触机会,大家可以在旅游这种比较放松的情境中做一种朋友式的交流,这样,员工与客户不但能借此了解到企业与企业管理者富有人情味的一面,而且员工之间、客户之间也能借此机会加强彼此间的沟通与了解,为今后开展工作和业务交流提供便利。

还有,一次较大规模的奖励旅游完全也可视为是企业的一次市场宣传活动,如:在一架奖励旅游的包机上印上醒目的企业标志,或包场某一有名的旅游景点,到时,人们首先瞩目的将会是举办奖励旅游的这家企业,而非那些被奖励的个人,所以无形之中,这又是企业展现自身实力、宣传企业形象的一大好时机。

3. 利润高,季节性不强

由于奖励旅游团的消费较高,因此相对而言,它的利润也较其他普通的旅游团高,现已越来越受到一些旅游公司、旅行社的关注,同时一些奖励旅游团在季节上一般都错开了旅游的旺季月份,而这无疑又填补了这些旅游公司、旅行社的淡季业务空白。

4. 会奖结合扩大交流

美国奖励旅游执行者协会现任主席保罗·弗拉基认为,奖励旅游与会议旅游已由过去的泾渭分明,转向了相互间的交融结合,且半数以上的奖励旅游中包括有各种会议。他总结了造成这种结合的原因:对价格的敏感、会议带来的税收减免以及越来越多的在家上班人员需要有机会与其同事见面等。所以会奖结合的新特征将为奖励旅游的开展带来新的形式。

8 奖励旅游

8.2.3 奖励旅游区别常规旅游的特点

1. 产品设计要有创造性

常规的观光与购物已无法满足奖励旅游组织者的需求，他们往往要求通过不同经历的体验和心灵的触动，使团员每天的生活过得更充实、更完美，其中每个细节都应是令参与者一生难忘、值得回味的经历。如生态游可使团员体验群落生存的滋味，文化游可使团员领略某种不同文化的深邃内涵，探险游则有助于塑造公司专业、进取、不惧艰险的企业形象。

不同于大众营销的旅游产品，成功的奖励旅游产品应该是建立在"一对一"营销的理论基础之上的。为了体现其作为"管理工具"的本质，设计奖励旅游产品时，所有活动集中指向的目标是产品购买者(企业)的企业文化和企业管理理念，以此来提高奖励旅游与企业的关联程度。因为每一个企业就像一个国家或个人，有其独特的文化和性格，而每一个产品消费者(企业员工，经销商，企业品牌忠实消费者和相关客户)对奖励旅游也有着不同的期望，即便是同一个企业、同一批旅游者，在不同时期的要求也是不完全一致的。因此，好的奖励旅游产品往往是一次性的创意品，而不是多次回收利用的成品。这个"创造性"表现了体验经济"唯一性"的特点。

2. 较一般旅游档次高

这首先体现在对旅游目的地的挑选上，奖励旅游往往倾向于世界旅游胜地，比如浪漫而昂贵的夏威夷就一直高居世界奖励旅游最佳目的地的首位。其次体现在住宿和餐饮上，基本都是最豪华的酒店。另外，在旅途中的交通工具、旅途中的接待服务、安全保障方面也都享受最高规格。

3. 更富参与性

随着涉险旅游闯进旅游业的大门，参与性奖励旅游已开始崛起。常规观光与购物旅游已无法满足旅游者的需求，他们要求在日程安排中加进更多的活动项目，使他们的奖励旅游活动变得更加丰富多彩。在"欧洲会议与奖励旅游博览会"上发出一则短消息，参与性奖励旅游在其"奖励旅游经理协会"会议上提出并被讨论。随着旅游者要求的增多，旅行社也在探索将奖励旅游搞得更加多姿多彩，且富有一定的特色，而参与性奖励旅游的提出使之拓宽了一定的选择空间。目前，参与性奖励旅游已经在欧洲旅游市场上推行，并引起强烈反响；在亚洲，一些少数发达国家和地区也已在尝试之中。虽对其看法不尽相同，但参与性奖励旅游的发展是值得业界人士关注的一种新倾向。

奖励旅游是为了让企业员工获得享受。其中每个细节都应是令参与者一生难忘、值得回味的经历。奖励旅游行程中会加入许多参与性很强的活动。一方面是类似典礼、主题晚宴这样的企业行为，另一方面则是类似潜水、越野车、野外拓展等旅游项目。这样使活动与受奖者的情感和自我实现的需求产生共鸣，从而加深他们的体验记忆。

不同的主题活动，尤其是参与性的活动项目，不仅可使旅游活动变得更加丰富多彩，而且可加强团队的凝聚力。奖励旅游这种形式首先可以通过"一张一弛"的有效调节，不断激发企业员工的工作热情，从而达到事半功倍的效果；同时它还可给员工和管理者创造一个比较特别的接触机会，使上下级之间在旅游这种比较放松的情景中进行一种朋友式的交流，从而增强管理者的亲和力；奖励旅游这种形式对增进同事间的感情也很有帮助，易于他们增进联络，萌发协作精神，另外也能激发起企业员工之间相互竞争的心态；对于平时有矛盾的同事，则只要把他们置于参与性活动项目中，便很容易使他们忘却前嫌，打破僵局。

4. 在奖励旅游中贯穿企业文化

为了更好地为企业创造价值，奖励旅游与一般旅游产品的另一个不同之处就在于，更加强调将企业融入整体的规划和设计中。因为企业关注的是奖励旅游产品能否帮助自己达到弘扬企业文化的作用，活动主体的设计和安排是否与自己企业精神相关联，因此企业往往愿意主动参与奖励旅游的方案设计和评估，总体预算的审核，并配合对行政工作的安排以保证奖励旅游的顺利实施。这使得奖励旅游从大到行程设计，小到宣传标语的悬挂都需要贯穿整个企业的企业文化，因为这个旅程从某种意义上来讲也是这个企业的一次整体宣传。比如春秋国旅一直承接的日本大金空调公司每年的奖励旅游项目，他们要求从接待地的布景到导游的水平，再到每一次典礼、晚宴的主题、每一个细节都体现出这是一次特殊的"大金之旅"。

5. 团队操作的特制性强

奖励旅游是一种非常专业的旅游形态，因此事先必须针对委办的企业进行了解，了解企业举办会奖旅游的目的与期待达成的目标，再依经费预算、企业营运性质，配合企业的需要整体规划，满足企业的期待。

传统观光团队由于数量大、排团集中，多数情况是由一个操作人员操作多个团队，而奖励旅游多数情况是由一个操作组来运作一个项目，相对来说操作过程的时间要长一些，服务细致一些。这必然导致旅行社旅游接待的特殊性，如特殊的时间安排、特殊的策划流程、特殊的预算要求、特殊的食宿交通、特殊的人员安排、特殊的售前售后服务等，客观上要求旅行社在从事奖励旅游时与传统旅游严格区别对待。

8.3 奖励旅游的策划

8.3.1 奖励旅游的经营机构

奖励旅游的迅速发展，导致了相应经营机构的建立。在美国，这些机构被称为"动力所"(Motivational House)。这些机构不仅策划奖励旅游活动，而且还为购买奖励旅游产品的公司组织安排好活动的全过程，既当导游，又当特色活动的导演。许多组织奖励旅游的企业，都加入了它们自己的协会——国际奖励旅游协会(SITE)。

8 奖励旅游

奖励旅游机构在旅游方面的业务职能，主要不是安排旅游的行、住、食、游、娱、购诸多要素的细节，而是将这些要素有机整合起来，打包销售给奖励旅游的购买者。奖励旅游机构作为一个旅游批发商，其实是代表奖励旅游的购买者办事，即同航空公司、游船公司、旅游饭店、汽车出租公司这样的供应商谈判，取得每次旅行活动的总成本，通常再加15%～20%，这里包括它们的费用和利润，最好给奖励旅游的购买者一个综合报价。所以，奖励旅游的费用取决于奖励旅游机构同饭店、航空公司这样的供应商谈判所获得的价格。

在国际上，专业的奖励旅游公司可分为三大类。

1. 全面服务型奖励旅游公司

即提供全方位服务的奖励旅游公司(Full Service Incentive Tour Company)，这类专业公司服务于奖励旅游活动的各个阶段，再到导游导演旅行中一些特色活动等。这些工作需要耗费数百个工时，再加上访问不同厂商和销售办事处所花的营销费用，这类全方位服务公司的工作报酬包括专业服务费支出以及销售交通和旅馆这样的旅游服务的佣金。

2. "完成型"奖励旅游公司

单纯安排旅游的奖励旅游公司，或称为"完成型奖励旅游公司"(Fulfillment Type of Incentive Tour Company)这类公司通常规模要小些，他们的业务专门集中于奖励活动的旅游部分，而不提供奖励活动中需要付费的策划帮助。因此，他们的收益就来自旅游佣金。如果一个公司曾经开展过奖励旅游活动，积累了相当的经验，拥有了合格的人才，也可自行策划安排特色活动。它可以将旅游部分委托给这类单纯安排旅游的奖励旅游公司。因此，这类公司的市场还是不小的。

3. 设有奖励旅游部的旅行社和航空公司

奖励旅游部是设在一些旅行社里从事奖励旅游的专门业务部门。他们可以提供某些专业性服务，如奖励旅游活动的策划等。如果他们能提供，也常常按照全方位服务公司的收费标准来收费。这类机构的优势在于能直接利用旅行社累积的旅游资源。

航空公司会展奖励旅游部(以下简称会奖部)严格来说不能算是奖励旅游经营机构，但如果客户自己找上门，航空公司都会给予热情的服务和周到的安排。由于越来越多的公司将旅游作为一种激励工具，因而许多航空公司也把奖励旅游作为一项重要业务来扎。尤其在今天的亚洲，很难发现哪家航空公司没有设立会展部或相关部门组织。

航空公司会奖部经营范围的大小，取决于公司总部对于其作用的规定，在这方面各航空公司之间是不一样的。多数航空公司都有奖励旅游策划人员，他们会列出他们所提供的服务项目。有时候航空公司还要做一些旅行代理人或旅行批发商不能提供的工作，如进行促销宣传、申办会议、为组织者提供折扣的或免费的机票等。

航空公司会奖部必须了解奖励旅游最终使用者的基本详情，需知道团队人员数、出发日期以及有无特殊要求等。团队越大，所需的准备时间就越长，通常的准备时间要6～18个月。大的团队经常要运送几天才能完成，希望订包机的公司必须给航空公司时间，以便调配额外的班机。在旅游目的地机场已达饱和的市场上，谈判包机至少需要提前1年。

8.3.2 奖励旅游的市场分析

有效的奖励旅游需要特殊的安排与设计。要策划好每一次奖励旅游，首先必须对奖励旅游市场进行一定的分析，以便本企业选择最能满足自己需求的奖励旅游产品，其次要恰当地选择奖励旅游目的地，再接下来要对整个活动进行策划。

奖励旅游是会展业的一个细分市场，分析这一市场的构成，能使经营商策划出更有针对性的、受市场欢迎的奖励旅游产品。奖励旅游经营商应该对本国、本地区的客源市场做好调查研究和分析。表 8-1 显示了奖励旅游在美国的前十位使用客户群，可供我们分析国外奖励旅游市场的构成。

表 8-1 美国奖励旅游前 10 位使用者

位次	行业	年支出额（单位：百万美元）
1	保险业	342.9
2	汽车零配件业	203.2
3	电器、电视机业	189.5
4	汽车和卡车业	149.8
5	取暖器和空调机业	123.3
6	农场设备业	108.6
7	办公设备业	101.6
8	器具器材业	78.0
9	建筑业	75.5
10	化妆用品业	66.7

资料来源：奖励旅游经理人协会

可见奖励旅游的最终使用者，经常是汽车经销商、电器分销商、保险公司推销员以及它的客户群体和公司雇员。

奖励旅游策划者和组织者要把奖励旅游的产品很快地销售给他的最终客户，关键就在于必须了解奖励旅游客户的要求，只有了解了最终客户的要求，才能策划出和组织好受市场欢迎的奖励旅游。

那么，最受客户欢迎的奖励旅游产品是怎样的？公司为那些杰出贡献者提供旅游机会，作为奖励，当然追求最佳效果，希望公司购买的奖励旅游能达到增加公司凝聚力的目的。奖励旅游的参与者，则因为他们的杰出贡献，想得到特别的待遇。奖励旅游的最终客户所追求的是贵宾(VIP)的待遇，欲得到的是备受重视的感觉。

奖励旅游者需要的是难忘的经历、温馨的服务和诸多的惊喜，最好是一路有惊喜，天天有高潮，如特别构思的欢迎晚会、巧妙策划的主题宴会、认真安排的研讨会以及精心组织的惜别晚宴等。今天的奖励旅游者要求有更多的参与、理想的度假环境和气氛、美丽怡人的自然景点、令人兴奋的活动，甚至最好有些与公司和行业相关联的活动，这都能给奖励旅游者留下难忘的印象和美好的回忆。

8 奖励旅游

8.3.3 奖励旅游目的地的选择

考虑到最终使用者的需求和奖励旅游的目的，奖励旅游策划者首要的任务是选对奖励旅游目的地。选择时所考虑的因素，与一般公司会议策划者相比有所不同，如表 8-2 所示。

表 8-2　美国奖励旅游策划者选择目的地的考虑因素

考虑因素	重要程度
是否有高尔夫、游泳池、网球场等高档娱乐设施	72%
气候	67%
观光游览文化和其他娱乐消费景点	62%
地理位置的魅力与社会形象	60%
是否有旅馆或其他适合举行会议的设施	49%
交通费用	47%
来往目的地交通难易程度	44%
到目的地的距离	22%

资料来源：美国《会议杂志》进行的会议市场研究

奖励旅游活动所选择的目的地必须令人兴奋，要有广泛的吸引力和某种自我促销性。所谓自我促销性，就是不需要什么促销，就能受到大众的欢迎，如中国香港、夏威夷、拉斯维加斯、伦敦和巴黎这样的目的地。

比较而言，美国奖励旅游不太关心成本，但重视地理方面的因素，如气候、娱乐设施、自然及文化景观。美国最受欢迎的境内奖励旅游目的地是夏威夷、拉斯维加斯、迈阿密、迪士尼世界、旧金山、圣达哥和新奥尔良。美国最受欢迎的海外奖励旅游目的地是墨西哥、加勒比海地区、百慕大和欧洲。其中，到欧洲的美国奖励旅行团非常重视选择著名的国际旅游目的地和首都城市，如伦敦、爱丁堡、巴黎、阿姆斯特丹、马德里、柏林等。他们很少选择那些在美国人中名气不大的目的地。在选择欧洲奖励旅游目的地时，气候起着非常关键的作用。法国、意大利、西班牙等，是奖励旅游团最中意的目的地。英国无法与欧洲内陆做"阳光和沙滩"竞争，但它有悠久的历史、众多的古迹、如花的景色、丰富的体育和文化活动等，所以，也有一些经常组织奖励旅游的公司认为伦敦是欧洲主要的奖励旅游目的地。

至于欧洲奖励旅游团的目的地，组织奖励旅行的 34% 的欧洲公司认为，预算和成本是影响选择奖励旅游目的地的主要因素，异国情调次之，接下来是体育及娱乐设施、气候和交通等。就地理区位而言，美国和欧洲仍是欧洲奖励旅游的主要目的地，远东、澳大利亚、东欧、加勒比海地区为潜在的市场。

此外，欧洲的奖励旅游团通常要安排半天到工地或办公室参观、访问，因此，与公司有业务联系或业务兴趣的地区，也在目的地选择考虑之列。

考虑组织奖励旅游时，公司要选择 3 个城市做参考。为了保持受奖励旅游的雇员和客户的兴趣，奖励旅游活动中的目的地还必须不时更换。

奖励旅游的策划者应该仔细分析潜在的客户的需求，决定什么样的目的地和活动能吸引更多的人参加。例如，美国夏威夷瓦库拉希尔顿饭店的旅馆大厅以居住着海豚的环礁湖为特色，客人们要坐船才能到他们的客房。这种"奇妙的度假地"在奖励旅游策划中特别受欢迎。

8.3.4 奖励旅游策划的一种重要途径

当企业决定购买奖励旅游产品时，往往要求提供者在短时间内拿出多个方案，不同目的地，组织计划完备而又经济可行，以供决策时考虑和选择。

要在规定的短时间内，按要求提出多项可供选择的计划，如果自身信息有限，就必须寻求帮助。通常人们都是向旅游公司咨询，而忽视了国际上常用的"目的地管理公司网络"这一联盟性的组织，或者许多人根本就不知道这种组织的存在，更不了解这种组织能带来什么样的帮助，也不了解它能带来多么巨大的利润。

目的地管理公司网络有大有小，有一些是国际性的，各大洲之间互相联网；有一些是专属于某一地区的，如地中海、欧洲或美国。这些网络的任务是给奖励旅游组织提供信息，包括某一目的地的专门信息，推荐目的地管理公司，以满足奖励旅游或者会议的各种需求。当我们不熟悉所选择的目的地时，尤其需要这样的帮助。要立即提出多个目的地的奖励旅游建议，就必须了解这些目的地，还必须知道这些目的地的价格是否在所限定的开支范围内，这些信息通过目的地管理公司网络便可迅速获得。

首次同目的地管理公司网络联系时，要讲清楚基本的要求，如旅游参加人员和公司背景，对时间、开支和住宿的要求，以及其他特殊要求。对方代表将会介绍目的地的各个方面，如基础设施、旅馆饭店、娱乐活动和专门的会议设施等，并与客户磋商。

目的地管理公司网络还以文字形式出版最新的关税手册和团体旅游报价手册。这些资料不仅可以立即派上用场，而且还可以作为参考资料供将来使用。一些地方的目的地管理公司，还提供目的地促销资料。我们可以通过网络联系到目的地公司，并浏览该公司的整个情况，组织方也包括该公司从事奖励旅游业务有多久，财务状况如何，信誉和创造力如何等。组织方也可以通过互联网搜寻或者查询网页，来了解目的地管理公司网络，还可以与奖励旅游管理人员协会联系，询问加入网络的目的地管理公司的名称。不要等到需要时，才临时抱佛脚，去查询目的地管理公司网络，而是现在就应同目的地管理公司网络建立联系，让他来为我们策划奖励旅游服务。

8.3.5 奖励旅游策划的主要内容

奖励旅游策划不只是安排组织旅游，而是围绕着激励目标做出全过程的、完整的策划，从设定激励目标开始，通过整个活动达到激励员工并产生经济效益的预期目的。国际上的专业奖励旅游公司非常重视这一点。不管由谁来策划和组织奖励旅游活动，策划的主要内容和步骤如下：

1. 了解市场需求

奖励旅游公司首先要把自己的奖励旅游产品和服务销售出去，促使客户委托其策划和

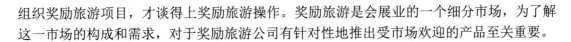

8 奖励旅游

组织奖励旅游项目，才谈得上奖励旅游操作。奖励旅游是会展业的一个细分市场，为了解这一市场的构成和需求，对于奖励旅游公司有针对性地推出受市场欢迎的产品至关重要。

2. 确定目标

在承接客户的奖励旅游项目后，奖励旅游公司就开始进行前期的策划与准备工作。奖励旅游活动完整策划的第一步就是从确定目标开始。确定目标，就是立一个标准，只有达标的雇员、经销商和客户，才有资格参加奖励旅游。这一目标是今后选择奖励旅游参加对象的基础。这个目标要简明、量化，如增加一定百分比的生产量或销售额，或降低一定百分比的成本等。还要有时间限制，如一个电器公司到某月某日位置，家用空调要增加1000万元的销售额。实现这个增加额所产生的额外利润，应足以支付奖励旅游活动的所有费用。这个目标应该恰如其分，既要富有挑战性，又要能让雇员、经销商和客户可以达到或者超过。设定目标，是奖励旅游产品购买者的分内之事，策划者的人物提供指导建议、辅助计算审核。

3. 制定绩效标准

绩效标准是用来确定奖励旅游对象是否具有参加奖励旅游活动资格的指标，是根据企业目标的预定完成情况和奖励旅游对象为实现这一目标应做的贡献来拟定的。设定目标，不要搞成"劳动竞赛"或"体育竞赛"那样，只有成绩优胜的最前几位有幸入选，受益面有限。贪图安逸、能力平庸者，明知不能胜过别人，就可能不予理会，激励作用也就大打折扣。还有一种做法，是建立生产或销售定额制度。凡是完成规定定额的人，都有资格获得奖励旅游，受益面更宽了，激励性就更强、更广。

4. 营造声势

"未见其人，先闻其声"。活动虽然还未开始，但宣传的声势必须及早营造。如果公司里无人意识到这个奖励旅游活动，或者无人为之兴奋激动，那么，提供这样的奖励旅游活动，就毫无价值。大力宣传奖励旅游计划至关重要。奖励旅游活动最有价值的阶段，并不在于旅游活动本身，而是全体成员努力达标时期，公司里热气腾腾，生龙活虎，一派喜人景象。如何形成这样的局面，得有一套经验和技法，奖励旅游活动的策划者，理应导演自己的拿手好戏。

5. 精心选择目的地

精心选择的旅游目的地，应该是与众不同的、吸引人的、迎合参与者兴趣的。在选址时，有必要在参与者中间先进行一次民意调查。附带指出，这种民意调查，也是奖励旅游活动的一种有效宣传手段。国外管理者在研究选择奖励旅游目的地时认为购买者大多从员工和他们的配偶两方面考虑。管理者可通过提供多类型、多层次的奖励选择，针对具体的细分人群来扩大受益面。如为有配偶和孩子的家庭设计去迪士尼乐园旅行的活动，组织单身员工去巴黎旅行。在旅游区域选择上，可进行国内旅游或者国际旅游。

6. 安排假期行程

奖励旅游活动的持续期间不是指从旅行的开始到结束，而是指从宣布奖励旅游活动开始，包括员工、经销商或客户为争取参加奖励旅游所需要的达标时间，直到旅行完毕善后工作结束。一般地讲，短期奖励旅游活动最为有效，这种活动如果持续时间过长，人们容易忘记，失去兴趣，或者变得心烦意乱。绝大多数奖励旅游活动一般为3~6个月，几乎没有什么奖励旅游活动会长达1年甚至更长时间。

安排旅游成行的时间，不应使公司的正常经营活动感到过分紧张，还要利用淡季价格，又要安排在参与者想旅游的时间。这些要求，有时候会相互冲突，所以要有灵活性并能做出妥协。

7. 设计精彩的活动内容

奖励旅游之所以是高级旅游市场的重要组成部分，它与一般旅游活动的最大区别，就在于它是针对企业"量身定做"的，针对受奖者提供"无限惊喜"。所以，需要设计产品时将特定企业的企业文化和经营理念融合进去。在设计之前，一方面要做好相关的事前准备，另一方面要研究产品购买者和消费者的需求心理。设计产品之时，除了设计出售给企业的狭义奖励旅游产品之外，还应该设计出相关的应急方案和客户关系维护方案。

8.3.6 奖励旅游应注意的问题

为了达到预期的目标，整个策划必须在细节上精益求精，否则一次粗糙的策划只会劳民伤财。在策划过程中，特别需要注意到以下几个问题。

1. 责任到人

如果奖励旅游产品购买公司不太熟悉奖励旅游的做法和意义，奖励旅游公司的策划人员就要详细介绍；如果购买意向明确而又坚决，就请他落实专人负责这项活动，奖励旅游公司也指定专门人员，与之一起工作。因为奖励旅游绝不是安排一次公费旅游，而是公司里的一项大型活动、系统工程。

2. 预算充足

奖励旅游活动的前期宣传工作和旅游活动本身花费不菲，如果心中无数，策划工作就漫无边际。所以，当奖励旅游产品的购买者上门表达意向时，就要当面问清打算花多少钱。

3. 产品主题的设计必须充分体现产品的个性

奖励旅游的主题首先必须个性鲜明、意寓深远，因为这是保证旅游体验产品持久魅力的关键所在。只有这样才能创造新鲜感，满足购买企业和参与者们的个性化的需求。如果说服务质量是某个客户接触点的瞬时感受，那么体验就是囊括活动前、活动中到活动结束后的一个整体印象的综合感受。因此安排的主题活动不但要别出心裁，还要尽善尽美。无论是活动的场地选择、活动文化内涵的新旧、中西交融，还是其创意化、多样化的艺术表现形式；无论是现场气氛的营造还是餐饮、住宿、交通服务的安排，每一个细小的环节都要精心打造，以便给所有参与者留下深刻难忘的总体印象。

"差异"是实现创意化、个性化的有效途径。比如，奖励旅游产品的环境、项目、活动与消费者自己的日常生活工作环境要有差异；要与竞争对手的产品存在差异。前者可以实现顾客"逃避"，放松和"学习"的体验目的。后者可以保证旅游项目的市场竞争力和不可替代性。又比如，纪念品和礼品这种小物件的设计是否个性化，是否有足够的吸引力，很大程度上也会影响记忆的延续和回想，这种摸得着、看得见的事物，也可以成为与他人交流，分享体验价值的"商品"道具。

4. 奖励旅游的最终目的是与顾客建立长期的合作关系

奖励旅游作为高端旅游产品，另一个特点是非常强调锁定客户的重要性。由于奖励旅游企业与奖励旅游购买者、消费者之间的合作是一个循序渐进的过程，因此，奖励旅游公司不可能在合作初期就能介入企业的管理层面，完全准确地把握企业的文化和历史。但是要提供一个令企业满意的，独一无二的奖励旅游体验产品，这又是必不可少的，所以和企业建立长期、稳定的战略伙伴关系是一个奖励旅游公司能否稳定发展，能否脱颖而出的成功关键。只有当奖励旅游公司在一次又一次完美活动策划中建立了自己的品牌和信誉的前提下，才能获得顾客充分的信任和授权，才能和客户企业建立真正的战略伙伴关系。

复习思考题

一、简答题

1. 简述奖励旅游的类型与特点。
2. 简述奖励旅游区别于一般旅游的特点。
3. 试简述举例说明"奖励旅游是现代管理的法宝"。
4. 试述奖励旅游在目的地选择上与会议和展览的不同之处。

二、实践题

1. 就某一城市或地区做调研，试给出你的奖励旅游发展建议。
2. 调查一个企业的奖励旅游活动并写出具体计划。

会展行业管理

知识目标

- 了解国际会展行业管理的主要组织
- 掌握我国会展行业管理的法律法规
- 掌握我国会展行业管理的问题与对策

技能目标

- 熟悉会展主要行业管理组织的重要作用
- 树立自觉遵守会展行业法律法规的意识
- 针对我国会展行业管理中存在的问题提出相应的对策

9 会展行业管理

导入案例

商务部落实八项规定规范展会管理

根据党中央国务院的部署，商务部结合商务重点工作，着力规范展会管理。

一、有效控制部办展会总量，加快形成重点突出、错位发展的合理布局。根据中央八项规定及《中共商务部党组关于贯彻落实中央改进工作作风、密切联系群众有关规定的实施意见》，严格办理多个省市区请求与商务部共同举办新展事宜。在同意与江苏省共同举办进口类展会的同时，退出了与江苏省合办的中国苏州电子信息产品博览会。同时，婉拒了多个省市区与商务部共同主办相关展会的邀请，有效控制了商务部主办展会的总量。

二、简化展会相关活动，提倡节俭办展，注重办展实效。对商务部主办的各类展会，要求承办单位简化开幕式等相关活动。目前，中国进出口商品交易会等已不再举办开幕式，中国(北京)国际服务贸易交易会等分别以简短的剪彩和开馆仪式代替开幕式。简化开幕式等相关活动后，展会的成交量和人气不仅未受到影响，而且成效明显得到提升。

三、推动对外经济技术展会的审批制度改革。按照国务院推进行政审批制度改革的要求，提出取消出国举办经济贸易展览会审批和下放部分境内举办对外经济技术展会办展项目审批权限的建议。同时，积极推进《在境内举办对外经济技术展览会管理办法》的修订出台，规范审批行为，简化审批程序和环节，推行网上审批，创新管理方式，加强事中事后监管。

下一步，商务部将抓紧出台《商务部举办展会工作管理办法》，进一步细化邀请商务部联合主办展会或担任展会支持单位的具体程度，明晰商务部与地方人民政府各自承担的办展职责，从严规范邀请党和国家领导人及部领导出席展会工作，引导提高展会的市场化和专业化水平，推动节俭办展，进一步提高部办展会的示范带动效应。

——资料来源：商务部官方网站(http://www.mofcom.gov.cn/)，2013-7-23

会展经济的不断发展需要健康有序的市场环境，而这一环境的创造不仅有赖于相关行业组织的协调，更与行业的法律法规是否完善，是否能够真正贯彻落实有着相当紧密的关系。

9.1 国际会展行业管理的组织

在国际会展行业管理中存在着诸多的会展组织。这些组织在制定会展业发展的目标和规划、完善会展业的规章制度和管理条例、建立规范的行业服务标准体系、加强行业自律与协调和约束会展企业行为等方面发挥着重要的作用。

常见的国际会展行业管理组织主要有两大类：一类是国际会议组织(如国际大会及会议协会、国际会议专业组织者协会)，另一类为国际展览组织(如国际展览联盟、国际展览局、国际展览管理协会)。

9.1.1 国际大会及会议协会

国际大会及会议协会(International Congress & Convention Association，缩写为ICCA)始创于1963年，总部设在荷兰阿姆斯特丹，是全球国际会议最主要的机构之一，是会务业最为全球化的组织。现拥有80个成员国和地区，现时为国际会议市场最知名的组织。

国际大会及会议协会成立的目标是致力于扩大会展市场及提升会议、展览及奖励旅游业的水平。其首要目标是通过对实际操作方法的评估以促使旅游业大量地融入日益增长的国际会议市场，同时为它们对相关市场的经营管理交流实际的信息。作为会议产业的领导组织，国际大会及会议协会为所有会员提供最优质的组织服务，为所有会员间的信息交流提供便利，为所有会员最大限度地发展提供商业机会，并根据客户的期望值提高和促进专业水准。

该协会将成员根据其不同的业务范围分为以下几类：会议旅游及目的地管理公司(旅行社)、航空公司、专业会议组织者、会议观光局、会议设施的技术支持、会议饭店、会展中心及名誉会员。

我国目前有19家单位加入该组织，分布于北京、上海、广州、深圳、济南、杭州、扬州。国际大会与会议协会(ICCA)第52届全球年会于2013年11月2—6日在上海国际会议中心、世博中心、上海展览中心举办。本次年会由ICCA主办，上海市旅游局承办。来自全球60多个国家和地区的近千名会议旅游行业的精英和从业者与会。本次ICCA全球年会是ICCA成立50周年以来首次在中国大陆举办，是ICCA历史上在欧洲地区之外，参会人数最多的一次年会。

9.1.2 国际会议专业组织者协会

国际会议专业组织者协会(International Association of Professional Congress Organizers，IAPCO)创建于1968年。该协会总部设在英国伦敦，它是一个由专业的国际国内会议、特殊活动组织者和管理者组成的非营利性组织，服务于全球的专业会议组织者。

9.1.3 国际展览局

国际展览局 (International Exhibitions Bureau，BIE)始创于1928年，由法国发起成立，总部设在巴黎，是一个政府间的"国际公约性组织"。国际展览局的常务办事机构为秘书处，秘书长为该处的最高领导。如图9.1所示为国际展览局徽标。

其作用包括组织考察申办国的申办工作；协调展览会的日期；保证展览会的质量等。它的存在对规范、管理和协调世博会的举办起到了很好的效果。国际展览局的收入，主要来自申办展览会的注册费和举办期间门票收入的一定比例。截至2013年4月BIE已有166个成员国和地区。

国际展览局每年由在职主席主持召开两次全体成员国代表大会。这些会议由成员国代表和国际组织的观察员参加出席。会议由代表们评审新项目(世博会)的申请，评估申办国申办世博会的报

图9.1 国际展览局徽标

告。大会也听取分管各方面工作的 4 个委员会的工作报告。

它专门监督和保障《国际展览公约》实施、协调和管理各国申办世博会，制定世博会的举办计划并加以认可，对世博会的运作进行指导和监督。

我国在 1993 年加入该组织成为其正式成员。中国国际贸易促进委员会一直代表中国政府参加国际展览局的各项工作。

9.1.4 国际展览管理协会

国际展览管理协会(International Association for Exhibition Management，IAEM)始创于 1928 年，总部设在美国达拉斯。该协会与国际展览业协会(UFI)在国际展览界均享有盛誉，被认为是目前国际展览业最重要的行业组织，两者现已结成全球战略伙伴，共同促进国际会展业的发展与繁荣。

该协会以促进国际展览业的发展与交流为己任，每年定期举办国际展览界的交流合作会议、短期提高课程及专题会议，出版相关刊物和买家指南，提高展览组织者的管理水平。

中国国际展览中心在 1995 年加入该协会，成为该协会的第一个中国机构会员。目前中国内地有近 10 家专业展览机构获准成为国际展览管理协会成员，但其中绝大部分是大型会展中心，专业展览公司只有寥寥几家。

9.1.5 国际展览业协会

国际展览业协会(Global Association of the Exhibition industry，UFI)，前身是国际展览会联盟，始创于 1925 年，总部位于巴黎，2003 年改名为国际展览业协会。它是展览会、博览会行业唯一的全球化组织，是国际展览业的权威机构。国际展览业协会旨在通过其成员进一步促进国际贸易，并通过研究有关问题发展其成员主办的展会，使博览会、展览会作为重要媒介在为全世界贸易服务中起到更有效的作用。

该协会成立前期只有举办展览会的展览公司才能成为其正式会员。从 1994 年起，展馆、展会以及会展相关机构(如贸易协会；展览服务、管理、统计、研究机构；专业报刊等)也可被接收为会员。会员并非终身制，国际展览协会将定期或者不定期对其会员进行评估考核，如果发现有不符合其条件的会员，马上取消其认证资格。

UFI 规定的注册标准为：作为国际性展会至少已连续举办 3 次以上，至少要有 2 万平方米的展出面积，20%的国外参展商，4%的海外观众。主办单位提出加入的申请，由国际展览业协会审查通过后，授予其 UFI 标志，这表明该展会具有了一定的规模、档次和服务质量。这一标志从而成为影响各参展商是否决定参展的关键性因素之一。

UFI 会员每年举办 4000 多个国际、国内及地区性展览会或贸易博览会，总展出面积超过 5000 万平方米，参加这些展会的参展商超过 100 万，观众人数超过 1.5 亿人。当前 UFI 成员所拥有展览中心可供出租的展览面积高达 1200 万平方米以上。

2006 年 11 月，UFI 第 73 届年会于北京举办，为首次在中国内地举办的年会。中国已成为 UFI 成员数量最多的国家，UFI 认证的展会数量也仅次于德国和俄罗斯，位居世界第 3 位。

从 1988 年开始，中国国际展览中心及其举办的印刷展览等首先得到该联盟的认可。之后几年,有北京国际机床展、国际仪器仪表展、上海国际模具展等 6 个展会先后得到该联盟的认可。

9.2 我国会展行业管理的法律法规

虽然我国会展行业在近几年发展迅速,但由于其起步较晚,会展立法工作还处在初期阶段。会展行业涉及众多行业,综合度高、关联性强。完善会展法制体系,增强展览活动的透明度,规范展览市场,为经营者创造一个法治的市场环境显得尤为重要。

9.2.1 会展业的发展离不开法律法规

法律法规对会展业发展的重要作用主要体现在以下几个方面。

1. 维护会展业的产业秩序

近几年来我国会展业发展迅猛,已经初步形成了一定的产业规模,对国民经济的发展起到了积极的促进作用。任何一个经济产业的发展壮大离不开产业秩序的建立与维护。我国会展业秩序的主要内容包括主体秩序、价格秩序、法律秩序和道德秩序。制度是被制定出来的规则、守法秩序、行为道德和伦理规范。法律法规是制度的重要组成部分。完备健全的法律法规体系有利于维护会展业的竞争秩序和产业秩序。但由于我国会展业起步较晚,相关的法律法规还很不健全。因此相关完善的法律法规是规范企业行为,维护会展业秩序的重要途径。

2. 巩固与相关企业之间的协作关系

生产社会化越发达,专业化分工就越细,企业之间的协作关系就越广泛。巩固和发展企业间的经济协作,是社会化大生产发展的客观要求。

会展业涉及多个行业,会展活动的顺利开展有赖于多个行业和部门的配合。只有协作才能保障各方的合法权益,调动各方的积极性,从而促进会展经济的迅速发展。

3. 保证会展业的健康稳定发展

目前我国会展产业比较薄弱,存在着许多问题有待解决,诸如权属不明确、市场不健全、重复投资、政府主导等问题,严重阻碍了会展业的发展。因此,搞好会展行业的立法工作,有助于解决会展产业发展中存在的问题,保障和支持其健康快速地发展。

9.2.2 我国会展业发展缺乏法律法规

近年来,全国各地相继出台了针对会展经济发展的专门法规、意见。应该说现今的会展经济正在受到各级相关政府管理部门的重视。

但由于缺少国家级别的统一法律,地方立法正逐步显露了它的局限性——地方政府"各

9 会展行业管理

自为营"。全国范围内的市场缺乏统一的标准规制，会展经济正面临"无法可依"和"有法不依"的双重困境。

1. 会展市场的运作无法可依

1) 地方立法环节遭遇瓶颈

随着会展业的不断发展，全国已有 16 个省份相继出台了各自的会展经济专门法规，30 个左右的大中城市颁布了有关法律法规，涉及会展经济发展目标、指导思想、展会品牌等多个方面。但实际情况是，地方政府在面对缺乏国务院会展行业指导性意见的情况下，不得不摸着石头过河，希望通过出台具有地方特色行政法规以规制井喷式的会展市场。省级人大在出台相关法律时，也只是提出一些原则性的法律法规，在实际的会展纠纷中无法发挥作用。导致的结果反而让政府成了会展行业违规操作的"帮凶"，不法商人利用政府办展的牌子扰乱会展市场秩序，从中牟利。地方政府的"急功近利"，让地方立法环节遭遇瓶颈。数据表明，在缺乏全国性会展法律的情形下，地方立法在 2005 年达到高峰之后，颁布数量明显减少，会展经济的未来发展受到严重制约。

2) 市场运行缺乏有效规制

会展经济和我国其他新兴产业类似，起步晚、发展快、市场需求不断扩大，市场在高速膨胀，有效的运行机制没有及时配套。会展经济迅速走向了一条"贩卖导向"的运行轨迹。其主要体现在：会展缺乏对办展主体资格、参展行业标准、展会场馆资质认证等方面的明确规定。在很多时候会展主体无法可循。市场违规缺乏救济手段，重复办展、即兴办展的现象不断发生。

可以说，现今的展会主办方不按市场规律办事，参展单位缺乏依法会展的意识，会展和会展经济好比赶集中的吆喝。

3) 市场主体法律权责不明

会展经济市场的主体大致可以分为：办展方、参展商、会展企业和由其组成的行业协会、展会服务商等。按国际惯例，展会主办方是负责制订和实施展览方案并承担相应民事责任的法人机构。展览会的主办机构承办的目的是要从展览活动中受益。会展经济市场各个主体之间应该是平等互利的关系，共同促进会展产业的发展。而国内的会展市场主体从会展经济产生的一开始就面临着权利义务上的不对等。由于计划经济的遗留，政府往往是大型展会的主办方，负责组织和策划展会，作为承办方的会展企业只能负责会场布置、安全卫生等级别较低的展会工作。信息上的不对称，权利义务上的不对等导致政府不顾展会效果而盲目办展，行业协会、参展商、展会服务商成为政府主导展会的附庸，得不到良好的收益。

2. 会展经济的管理有法不依

1) 市场监管"严进宽出"，展会内容良莠不齐

改革开放以来，我国会展业虽然发展很快，但多年来一直未被当成一个独立的产业来规划发展，往往只是把它当成发展贸易、科技和文化等"主业"的一种促进手段。因此国家对会展实行分类管理和分级管理的办法，相应的把对会展的宏观管理分散到外经贸、科

技、文化和贸促部门，以致政出多门、交叉扯皮现象严重。比如：科技类展会活动由科技部管理；文化类展览活动由文化部管理；出国出境管理主要由中国贸促会负责。如此多的部门分管着不同类型展会的审批权。这就造成因缺乏统一管理而出现重复办展、办展会过热等现象。在此情况下，指望控制会展经济"过热"，做好会展的宏观管理促进会展业的健康发展，是不现实的。

与此同时，展会的严格审批并没有带来健康安全的展会内容。违法宣传、虚假广告、知识产权侵权等一系列违反市场经济运行规律的行为大行其道。作为监管部门的各地政府却没有很好地履行监管职责，打击违法犯罪行为，会展反而成了侵权诉讼的证据库。涉外知识产权纠纷中的外国请求人提供的证据竟然大部分来自我国国内举办的展览会。可见中国会展经济存在问题的根源在于管理体制、运行机制的落后，中国会展经济多头管理、多头审批的现象仍然突出。

2) 知识产权保护"有法无律"，侵权行为屡见不鲜

在整个会展行业，法律效力最高的知识产权保护法规是商务部领衔四部委联合出台的《展会知识产权保护法》，但现状是：由于它是政府部门出台的行政法规，其权威性受到多重挑战，可操作性也受到质疑。以专利法为例，发明专利的经过专利部门的初步审查才能申报。而实用新型和外观设计则不然，并不进行实质审查。

所以，这直接导致了展会期间，侵权行为人对实用新型和外观设计专利权的侵犯，并引起诸多法律纠纷。而由于缺乏权威部门的实质审查，这两类专利在本身存在争议的情况下，原告往往受到被告专利权有效性和唯一性的挑战，从而导致现有的《展会知识产权保护法》所保护的有效知识产权权属的基础也产生了问题，正当权益的维护相当艰难。

3) 会展合同"一纸空文"，法律纠纷难以解决

会展合同是指会展组织者与参展商之间订立的约定会展活动中双方权利义务等事项的协议书，也可以称为会展协议书、参展协议书。我国会展市场目前还没有统一的格式合同，《中华人民共和国合同法》中也没有对会展合同的规定。我国目前的会展市场上会展组织者和参展商都不重视会展合同，即便是订立合同，也是极其简单的一纸空文。合同仅仅约定展品的种类、展览的起止日期、展位价格等基本要素。很多会展的组织者和参展商之间的约定就是一张"参展通知书"而已，这是远远不够的。会展合同应当是许多约定的综合体，甚至是许多合同的综合体。

国际上，一个运作成熟的展览会往往会发布一个章程，对本展览中所涉及的事项一一予以说明，参展商参加展会必须同意该章程的规定。这种章程类的规定是展览完善且成熟的标志，其制定水平的高低，直接决定着展览能否顺利成功地举行。

其实，国内展览会举行过程中，同样会碰到类似的问题，但是我们并没有重视会展合同的作用，会展合同订立的水平还不够高，考虑的问题还不够细致，很多问题没有事先做出约定，以至于会展纠纷难以解决。

9.2.3　会展法律法规的体系与内容

法律法规，指中华人民共和国现行有效的法律、行政法规、司法解释、地方法规、地方规章、部门规章及其他规范性文件以及对于该等法律法规的不时修改和补充。

9 会展行业管理

会展法律体系实际上是由我国许多部门法律法规和国际条约、国际惯例所构成的集合体。我国会展业的法律内容主要由两大类多层次法律法规组成。一类是通用型的法律法规，另一类是专门性的法律法规。

通用型的法律法规是指各领域通用的调整一些基础社会关系的法律法规。会展业涉及的通用型的法律法规主要有《中华人民共和国合同法》、《中华人民共和国公司法》、《中华人民共和国知识产权法》、《中华人民共和国海关法》、《中华人民共和国消费者权益法》等。尽管这些法律法规在立法意图上不是专门针对会展领域社会关系而制定的，但也可以适用于会展领域。

专门性的法律法规即专门针对会展业制定的法律法规。

1. 市场准入规定

市场准入规定主要包括两个方面：一是对举办展览会的企业或者机构的审定，二是国家对外资进入会展业的规定。前者对企业是否能办展览将产生直接的影响，后者不仅影响到海外企业的参展意愿和参展行为，也同样会影响到国内企业。所以国家在市场准入方面的规定对会展行业市场影响很大，它在一定程度上可以制约一国会展业的发展。

2. 海关有关规定

海关有关规定主要是针对某一产业的货物进出口政策、货物报关规定和关税等制定的一系列规定。这些规定对海外企业参展展览会将会产生重大的影响。货物进出口政策直接影响海外企业参展的意愿。例如，如果一国禁止或者限制某些商品的出口，那么海外企业无论是参展还是参观展览会的意愿都会非常低；如果报关手续复杂、审核手续多，那么展览会的筹备期就势必要提前；关税水平的高低及展品减免税政策的优惠对海外企业参展的影响也是比较大的，较高的关税会对企业参展起到一定的阻碍作用，影响会展业的对外交流与合作，较低的关税甚至减免税对吸引海外企业参展较为有利。

3. 知识产权保护

会展业的知识产权是近些年来的一个"热点"话题，由于我国知识产权工作起步较晚，基础较弱，不能满足国际经济一体化形势发展的需要。又由于利益驱动，监管不严等原因，知识产权侵权、假冒和盗用的现象时有发生，尤其在我国各类展览会中，涉及知识产权的问题突出。这种知识产权侵权、假冒和盗用行为，不仅给知识产权所有者和广大消费者造成损害，而且还扰乱了会展行业的正常秩序。

因此，规范会展知识产权行为，维护会展市场秩序，促进会展产业健康发展已成为中央主管部门和有关城市主管部门的关注。在各级政府的努力下，会展业的知识产权条例和办法相继出台，打击侵犯知识产权的行动也在各类展会中展开。

但侵犯知识产权的行为似乎没有得到最根本的改变。在今天的展览业中，展会创意被抄袭、展品被偷拍等时有发生，而展览会现场维权更是"蜀道难行，难于上青天"，这令组展单位和参展商头疼不已。中国贸促会北京分会副会长储祥银表示，会展知识产权保护只依靠企业或展会主办单位的监督、举证、维权是不够的。即使有知识产权执法部门在现场进行了侵权认定，那么又怎么保证执法呢？所以说，展会的知识产权保护问题只是当下社会大环境中知识产权保护问题的集中暴露，要想解决展会上的侵权问题，还需要全社会对知识产权问题的共同关注和国家采取切实有效的打击行动。

"切实有效的打击行动"不只是说说而已，政府关注是一方面，提高企业对知识产权的认知和自律才是最重要的。对于知识产权保护，企业应学会善于利用知识产权制度保护自己，另外更不要知法犯法，必须加强知识产权的意识，而不是等侵权事件发生了再予以补救。

治理展会，保护知识产权，关键是要"联手行动"。展会组织者要对参展商筛选，不能只贪图眼前利益；参展商要学法，懂得自我约束；而管理部门分工要明确，各司其职，简化手续，善于应对突发事件。也就是说，只有大家时刻警惕侵权问题，才能避免侵权行为的发生。

4. 其他相关规定

由于一个展会的举办涉及多个行业产业，所以政府对交通、消防、安全等其他行业有关方面的规定，也会对展会产生这样或者那样的影响。

如国务院针对会展业制定的行政法规。1997年7月31日，国务院办公厅以国办发【1997】25号文件下发《国务院办公厅关于在我国境内举办的对外经济技术展览会加强管理的通知》，这是迄今为止唯一由国务院发布的与会展有关的行政法规，也是目前会展业最高级别的法律文件。

另外还有国务院各部委就会展的专门问题制定的部门规章。原对外贸易经济合作部(2003年并入新成立的商务部)制定的《在境内举办对外经济技术展览会管理暂行办法》、《关于重申和明确在境内举办对外经济技术展览会有关管理规定的通知》、《关于举办来华经济技术展览会审批规定》、《关于出国(境)举办招商和办展等经贸活动的管理办法》、《关于审核出国(境)举办经济贸易展览会组办单位资格的通知》、《关于进一步加强出国举办经济贸易展览会管理工作有关问题的通知》、《关于祖国大陆举办对台湾经济技术展览会管理暂行办法》。中国国际贸易促进委员会、原对外贸易经济合作部共同制定的《出国举办经济贸易展览会审批管理办法》。

9.3 我国会展行业管理的问题与对策

9.3.1 会展行业管理的主要模式及代表

会展业发达国家或地区的市场经济体系比较发达和完善，市场机制可以充分发挥作用。根据该国政府对会展市场调节力度的大小，可以把不同国家或地区的会展业管理模式分为政府支撑型模式、政府市场结合型模式以及市场主导型模式。

9 会展行业管理

1. 政府支撑型模式

德国是政府支撑型模式的典型代表。德国是世界展览业强国，其会展业的突出特点是专业性、国际性展会数量多、规模大、效益好。政府在当地会展业发展中发挥着极为重要的作用。

德国地方政府将会展业作为所辖区域的支柱产业，在制定经济发展战略和城市发展规划时，首先考虑会展业发展的需要，积极调配资源，优先扶持会展业发展，形成会展产业链。以汉诺威为例，汉诺威是德国下萨克森州首府，也是北德重要的经济文化中心，曾承办过两届世界博览会，拥有全球最大的展览中心——汉诺威博览中心。世界十大展览会有5个在汉诺威举办，而全球排名第一的展览公司——汉诺威展览公司也在该市。汉诺威会展业发达的原动力来自于政府的高度重视和扶持，该市几个大的展览公司都有政府背景，如汉诺威展览公司的两大股东下萨克森州政府和汉诺威市政府就分别持有其49.8%的股权。在政府的大力支持下，汉诺威展览公司不断发展壮大，也带动了整个城市会展业的蓬勃发展。

德国地方政府对展馆及其配套设施和交通建设均予大力支持，几乎所有的展览中心都拥有先进的设施，为举办高水准展会打下了良好的基石。为办好每个展览，政府会出面协调各有关方面的工作，举全城之力保证展会顺利举办，如交通管理部门增派人员、延长工作时间、加强现场疏导、保证道路畅通；公交部门增加车次、临时开辟从市中心各主要路段到展览馆的公交线路；机场大巴不停穿梭于机场和场馆之间，以方便参展商、观众参加展会；场馆配套设施便利、齐全，场馆内常设有邮局、银行、通讯、宾馆等服务设施。展会期间整个城市犹如一个巨大的场馆。

小资料

协会在会展业发展过程中发挥着显著的作用。早在1907年，德国就成立了专门的贸易展览业协会(AUMA)，总部设在科隆。AUMA系由德国政府授权，由参展商、采购商和展览会组织者三方力量组合而成的联合体，在处理全国性的展览事务方面具有统一性和权威性。AUMA的主要职能包括：审定年度会展计划；严格审查和评定会展的名称、内容；监督会展服务；核查会展组织者的能力和信誉；统计调查会展效果；支持中小企业到海外参展等。作为全国性的和最具权威的展览行业协会，AUMA以政府伙伴的身份在会展组织与协调中扮演着重要角色。

2. 政府市场结合型模式

美国政府对会展业的管理实行市场主导、政府提供间接支持的政府市场结合型模式，这对正处于经济转型期的我国会展业管理模式选择，有值得参考和借鉴之处。

与计划经济体制国家或由计划经济向市场经济转轨的国家由政府专设部门审批会展项目不同，美国不存在会展审批制度，任何商业机构和贸易组织都不需要特殊的审批程序就可以进入会展业。作为典型的自由主义市场经济国家，美国拥有众多健全的会展市场主体，而且会展主体具有较强的会展行业自律性，加上发达的会展信息传递系统，所以美国对会展项目基本不需要审批，而是由市场来主导和协调，也没有专门的政府部门通过行政手段管理会展业，而是由会展行业协会负责协调和规范会展业发展。

美国政府不介入会展业的直接管理，其管理职能主要由行业协会来执行。联邦和州政府在会展业发展中的主要职能是编制产业规划、开展行业统计、制定政策法规和提供配套服务。政府在会展业发展中不是不作为，而是通过一些间接手段进行扶持，如通过实行"贸易展认证"计划和实施"国际购买商项目"等措施，实现对展会质量和展会组织水平的监控。

美国的行业协会系统发展得十分完善，为推行会展业政府市场结合型模式奠定了基础。在美国，事件产业的各个领域都有全国性的专业协会，如展览行业有国际展览管理协会(IAEM)；会议行业有专业会议管理协会(PCMA)和国际会议专家协会(MPI)；有代表所有参展商利益的贸易参展商协会(TSES)；各个城市还成立会议与观光局(Convention and Visitor Bureau)等，上述协会在业内都有足够的权威。完善的行业协会系统对实现行业自律，协调行业内部关系，促进行业持续健康发展发挥着重要作用。

3. 市场主导型模式

此种模式的代表为香港。我国香港地区会展业的市场化程度很高，其会展业发展模式与政府支撑型模式迥异，也与以市场为主导、政府提供间接支持的政府市场结合型模式略有不同，属于市场主导型模式。

香港将会展活动视为纯粹的商业活动，政府可以提供必要的财政支持以改善外围环境，创造有利于会展业发展的运行条件，但绝不过多介入和插手对会展行业的管理。香港特区政府基本上对会展业不做任何限制，也从不直接参与展会的组织与管理，绝不干涉会展企业的正常经营活动。例如，香港贸发局是香港会展中心的拥有者，但它并不直接参与管理，而是指定专门的管理公司来经营，即使是贸发局自己主办的展会也要全额交纳场租，贸发局只是按出租的展馆面积提取很小一部分数额作为其投资回报。特区政府的职能主要是对会展业发展提供必要的支持，如场馆建设投入、支持行业研究机构发展、制定会展长远战略规划、为企业提供参展经费支持、协助配合会展公司开展展会推广工作等。

香港会展业在法律法规和制度建设方面，对市场准入机制、行业规范、知识产权保障体系、诚信自律机制等都进行了明确规定，有效地确保了会展业的规范运作，使会展业发展有法可依，有章可循。

在香港这个高度开放的市场经济体中，没有专门管理会展业的政府部门，其对会展业的管理主要通过非政府的行业管理协会——香港展览会议业协会来实现。该协会制定了一整套会员必须严格遵从的行业规范和自律规则，维护行业公平竞争秩序，实施行业自律管理。

9.3.2 我国会展行业中存在的问题

由于我国现代会展起步较晚，会展活动散见于其他行业，没有形成自己独立的行业，产业化程度很低，会展行业的经营管理长期处于较为随意茫然的发展状态，主要体现在以下几个方面。

9 会展行业管理

1. 会展主体多元化

会展经营主体成分复杂，政府部门、准政府部门、商协会、各种经济成分的企业同在会展市场角逐。由于缺少对会展业的准入、会展主办者资质的明确规定，国务院各部委及其对口管理的工贸公司、外贸公司、协会、商会、中国贸促会及其行业分会和地方分会、地方政府或省、市级外贸主管部门等都可以举办展览会，各种机构一拥而上，办展质量不高，专业性不强，品牌难以树立，影响我国会展业的行业声誉。

2. 会展审批权限分散

经贸、科技、文化、教育不同内容，国际、国内不同范围，展览、展销不同性质，分属不同政府主管部门审批，多头审批，多级审批，不同审批部门掌握的标准不尽一致；某些情况下，一些政府部门还承办一些会议和展览活动，集会展审批、监管与运营于一身；重审批，轻管理，以批代管；按业务分工多个政府部门审批，似乎大家都管，但从行业或产业发展的角度看，实际大家都不管。

此外由于政府掌控展览的审批权力，外资企业与国内民营企业必须与拥有展览经营报批权的国有展览公司合作才能办展，这就使高效率的市场资本难以进入，而一些国有展览公司仅仅靠出卖展览牌照就可以获得丰厚的利润。

3. 行业布局和产业结构不合理

我国会展业的发展还很不平衡，行业布局和产业结构均需要调整。一大批会展场馆落成后，展览组织、展台设计与搭建、物流、信息咨询等方面的服务能力在一些地方发展相对滞后，软件与硬件发展的不配套造成会展设施闲置。在另一些地方，会展场馆供不应求，硬件设施成为行业进一步发展的瓶颈。

它主要表现为展览规模小，国外参展商少，效果差，档次低；展会的地点选择、展馆的使用频率约束机制缺位；展览场地、运输、各种公共服务的费用标准、境内外招商程序及费用标准、消防、安全、环境卫生等验收事项的规范化程度都很低。

4. 行业发展缺乏后劲

我国会展业相对低下的市场开放度，阻碍了行业内资本市场的形成，使行业发展缺乏后劲。顺畅的投融资机制是行业发展的助推器。由于我国会展业向外资和民营资本的开放不够充分，业内原有经营者又受到行业、地区门户的束缚，行业内部资本流动和外部资本流入受阻，围绕会展行业的投融资机制暂时难以形成，会展领域里现代企业制度的建立也就无从谈起。

5. 粗放型的量的扩张

由于竞争和开放的不充分，当前我国会展业的发展，只能是一种粗放型的量的扩张，亟待实现向注重内在质量的集约型发展方式转变。近两三年来，在我国举办的大大小小的展览会每年都有2000多个，但规模在1万平方米以下的占绝大多数，上规模、上档次的展览会所占比例非常小,以如此大的办展量为背景,具有国际影响、形成品牌的展览会可谓是凤毛麟角。而且在这大量的展览会当中,主题重复的现象十分严重,展览水平不高具有普遍性。

所有这些都严重制约着中国会展产业的发展。随着中国会展行业的发展壮大,会展产业化进程的加快,尽快建立和完善适应中国社会主义市场经济建设进程,有利于促进我国会展产业发展的具有中国特色的会展行业经营管理体制势在必行。

9.3.3 我国会展行业管理的有效途径

1. 政府应转变职能,加强宏观指导

在会展业发达国家或地区,尽管其会展业植根于比较完善的市场经济体系,但政府所发挥的作用仍非常重要。在会展发展中,政府的支持不可缺少,政府的作用不可或缺,而且在某些条件下甚至不可替代。政府应在改善会展业发展的外围条件如场馆建设,相关基础设施和配套服务设施建设,出台有利于会展业发展的政策法规以及制定长期战略规划等方面发挥着重要作用。政府的职能应从微观转向宏观,退出对微观会展活动的直接参与和深度干预,转向宏观调控以及为会展市场化、产业化提供服务。

在中国目前的发展阶段,为了扶持会展行业的发展,将中国会展行业做大做强,加快产业化进程,政府利用自己的权威性和资源,发起、倡导乃至主办某些会议和展览,只要不导致市场垄断和市场失灵,是应当允许的。即使市场经济发达,市场体系完善的国家也没有完全排斥政府对会展活动的参与,一些世界性会议和展览,没有政府参与,根本无法申办。但是,随着市场经济的完善和市场机制的健全,政府应当逐步淡出具体会展活动的微观操作,明确自己的功能定位,集中精力做好自己职责范围内的工作,切实解决好所谓政府管理服务缺位、错位和不到位问题。

随着会展行业的发展壮大和产业化进程的加速,政府必须加强对会展行业发展的宏观指导,认真研究会展产业在国民经济体系中的定位,将会展产业的发展纳入国家或城市发展规划,研究制订会展产业发展中长期规划,明确会展产业中长期发展目标和产业政策。根据会展产业发展的战略定位和发展规划,创造和提供必要的硬件设施和市场条件,发挥产业政策的宏观调节功能,促进会展产业朝着既定的方向和目标发展。

摸清情况,准确定位是研究制定政策,进行宏观指导的基础。各级政府都应当实事求是地认识、恰如其分地评价会展经济的功用,切忌好大喜功,一哄而起,盲目上马,兴建大型或超大型会展场馆,造成新的重复建设和资源浪费。据有关调查统计,目前我国展览场馆建设的总体规模已超过了美国和德国,而且还有一些城市的场馆建设还没有上马,另有一些会展设施建设项目正在扩建或准备扩建,这一现象已经引起中央的重视,也应当引起有关城市的重视。各城市应当认真分析自己城市的文化传统、产业结构、消费结构特点和城市辐射能力,立足于挖掘当地会展资源,不要过多地寄希望于招徕外来会展或流动会展,招徕会议或者可以,但展览有其客观的规律性,缺乏市场吸引力的展会是没有生命力的。正如有句话所说:栽下梧桐树,未必能招来金凤凰。因此,各城市应当找准自己的市场定位,立足创办自己的会展品牌,办出具有当地特色的会展经济。

9 会展行业管理

2. 政府应给予会展业一定的政策扶持和条件支持

从总体上看,中国会展行业尚处于发展的初级阶段,速度虽快,但规模不大,产业化程度不高,为了加快产业化进程,促进发展,需要制订相应的产业政策给予必要的政策扶持:比如设立会展专项发展基金,用于支持国际性大型定期专业展览和会议的申办、行业中介组织建设、会展项目宣传、品牌会展培育政策性补贴、行业标准研制、会展网络等信息服务体系建设、市场调研和理论研究、高级专业人才培训等;再比如,为了培育市场,在一段时间内和特定条件下,对会展行业实行适当的税收优惠政策,对于优质品牌展会给予专项资金补贴或税收减免优惠。

政府各有关部门出台的涉及会展方面政策应当保持必要的一致性和协调性,应当与总体产业发展政策相吻合、相协调。某些地方政府部门出于自己业务主管需要出台的某个政策,或某些条文规定,不一定符合会展产业发展政策的总体精神,不一定有利于促进会展行业的发展,因此,政府有关部门出台事关会展方面的政策应当认真听取业内人士的意见。

条件支持包括硬件基础设施提供和公共服务软件条件支持。基础设施主要包括会展场馆建设和配套基础设施建设。会展是城市功能的一个组成部分,必要的会展场馆建设和配套基础设施提供是城市功能的具体体现,因此也应当是政府职责范围内的事情。会展场馆建设投资大,回收期限长,没有政府财政的参与或政策的扶持,纯粹市场化运作难度很大,德国、美国等会展发达国家场馆建设大多有政府财政的支持和参与,国内一些城市会展场馆建设与运营成功的经验和失败的教训从正反两个方面验证了政府投入在会展场馆建设中的重要性。

3. 充分发挥市场机制

在一个成熟的市场经济中,政府管理企业的职能会更多地通过非政府的行业协会来实现。会展行业也不例外。无论是哪一种会展业管理模式,其作用机制都是通过市场化运作来实现的。市场机制的充分发挥,有利于促进真正的市场主体——会展企业积极参与市场竞争,提高自身竞争力,进而不断成长壮大。政府和协会只是在行业垄断、信息不对称导致市场失灵的条件下发挥作用,来维护市场秩序,保证市场正常运转。

4. 完善会展行业协会体系,加强协会沟通与协调

从会展业发展的国际经验看,政府对会展业的管理职能更多地通过非政府的行业协会来实现,协会应承担起会展行业的主要管理职责。会展业发达国家或地区都有全国统一的、权威性的会展行业协会。

目前,我国还没有全国性的会展行业协会,尽管地方性会展行业协会发展迅速,但其在会展业发展中的作用非常有限。一方面,协会的职能并不明确;另一方面,政府部门在很大程度上限制了协会作用的发挥,协会缺乏相应的权力,权威性不够。

行业协会应当广泛团结企业,倾听企业的呼声,代表行业利益向政府有关部门反映企业带有普遍性的问题和合理要求,争取政府对行业发展的支持,促进和推动有利于行业发展的法制和环境建设;代表会展行业参与政府会展产业发展规划、相关法律法规的制订和

决策论证,提出相关政策和立法建议,参加与行业利益有关的听证会;宣传政府产业政策、有关法律、法规并协助贯彻执行,发挥媒介桥梁作用。

此外,行业协会还应该加强市场调查,协助进行或接受授权进行会展统计,进行统计分析,收集和积累市场信息和统计资料,建立会展行业数据库,为行业发展,为政府和企业提供各类信息和咨询服务,为政府和企业决策提供依据;正确引导和协调会展资源配置,避免重复办展和恶性竞争,发挥信息咨询服务作用。

另外协会还应在实现行业自律,市场规范方面发挥一定的作用。协会应开展会展评估和推介,加强会展品牌保护和品牌展会推广;制定行业标准和市场规范,规范行业行为,维护公平竞争;接受授权,参与资质审查,进行资质认定,出具相关公信证明;协调各方关系,包括会员企业、会员企业与非会员企业,组织者、会展服务企业、场馆、参会参展人员,会展行业与其他相关行业,当地与其他城市,地方与中央之间的各种关系,维护各方的合法权益;研究制订行业道德准则和行为规范,推动行业文化建设;依据法律法规、协会章程和行业规范,采取行动,惩戒违章违规行为;反对市场垄断,反对仿冒骗展,维护市场秩序,促进有序竞争;协助企业提高服务质量和管理水平,督促企业加强诚信建设,发挥行业自律作用。

5. 健全会展业法律监管体系

行业法规是约束业内主体经济行为的基本规范。会展业发达国家或地区的行业法律法规和制度建设都比较健全与完善,为本地会展业持续健康发展营造了良好的法制环境。我国目前还没有一部独立的《会展法》,会展业发展中现行的很多问题不得不借助于其他相关法律,如《中华人民共和国合同法》、《中华人民共和国知识产权保护法》、《中华人民共和国消费者权益保护法》等来协调解决。尽管不同管理部门从不同角度、不同城市在不同时期出台过一些法规、通知、管理条例,但由于政出多门导致互不协调,甚至不同管理办法之间还存在冲突,且这类行业法规多以办法、通知的形式出现,法律效力不高。为此,我国应对现有的行业法规和地方性法规文件进行整合与梳理,同时尽快出台《会展法》,以建立系统的会展业法律监管体系。

2011年年底商务部发布《关于"十二五"期间促进会展业发展的指导意见》,明确提出加强对会展业的整体协调和统筹管理,完善法律法规体系和管理制度,这是我国会展行业发展的第一个中长期指导性文件。

6. 企业自主经营与规范

在市场经济条件下,企业是市场的主体。企业市场主体地位的确立,现代企业制度的完善和企业发展的成熟与规范运作是市场经济建设的重要组成部分和必要前提条件。会展领域企业的培育及其市场主体地位确立的任务更为繁重。计划经济条件下,会展属于垄断行业,只有商协会组织、贸促会系统和极少数国有大型企业拥有会展功能,会展企业不仅先天不足,甚至可以说先天根本就没有会展企业。社会各界要重视会展企业的培育,要花大力气加强会展企业的制度建设。会展企业本身要十分重视自己的能力建设,增强服务意识,提高服务水平,加强核心竞争力培育。经过一段时间的努力,培育和形成一批自主经营，具有一定竞争实力，能够在国内市场接受挑战，可以到国际市场驰骋的会展企业。只有会展行业的经营主体成长壮大起来，所谓的会展市场化、产业化、国际化和品牌化的目标才能真正实现。

从市场主体培育和企业制度能力建设角度考虑，实现会展行业的市场化、产业化、国际化和品牌化，首先必须实现经营主体企业化、企业服务品牌化、业务运作国际化。

复习思考题

一、名词解释

1. 国际展览局　　　2. 国际大会及会议协会

二、简答题

1. 简述法律法规对会展业发展的重要性。
2. 简述会展行业管理的主要模式。
3. 简述我国会展行业管理的有效途径。

三、论述题

请分析你所在的城市会展行业管理中存在哪些问题。

10 会展场馆设计与经营管理

知识目标

- 了解国内外会展场馆的发展概况
- 掌握会展场馆设计的原则和要求
- 熟悉我国会展场馆经营管理的思路

技能目标

- 熟悉认知国内外著名的会展场馆
- 掌握会展场馆设计和布局的基本技能
- 具备会展场馆运营和管理的基本能力

10 会展场馆设计与经营管理

导入案例

德国汉诺威展览中心

汉诺威展览中心(Hannover Exhibition Center)是世界上最大的展览设施。这座世界最大的展览场拥有完美的基础设施和艺术级的技术手段。它为26000余位展商和230万观众的年客流量而设计。整个场地占地100万平方米,共27个展馆,室内展览面积达到49.8万平方米。最新落成的27号展馆位于展场西南角,展览面积为31 930平方米,造价6140万欧元。8/9号馆、13号馆和26号馆建筑风格都很独特。展场内值得一提的建筑还有:面积达到16 000平方米的木结构"EXPO Canopy",建于1958年并于2000年世博会期间装修一新的标志性建筑"Hermes Tower",以及"Exponale"这个欧洲最大的人行桥连通城市高速路和8号馆。除了室内展览空间,展场还提供58000平方米的室外展览面积。

在过去的10年里,德国博览会集团公司投入了大量的资金,总计超过8亿欧元建设新的展览馆,改善停车设施,建立卓越的公路网、大宗货物运输道路和具有吸引力的建筑。这些使得汉诺威展览中心成为国际市场交流的最佳场所。

展场交通非常方便,北面和东面各有一条干线地铁,还有连通法兰克福、汉诺威和汉堡的德国南北干线的火车站("汉诺威展场")。两条"空中走廊"(装备有人行电梯),一条从西面连通火车站和13号馆入口,一条从东面连通停车场和8/9号馆。还有一条新的地铁线路提供了从汉诺威机场途经汉诺威中央火车站到达展场的快速交通。展场的停车场可停放50000部车辆,其中有遮盖的泊位有8700个。

——资料来源:上海招商网

人们常说"栽得梧桐树,引来金凤凰"。一个地区会展业要得以发展,场馆建设要跟上。会展场馆是会展业发展的前提和基础,是各类会展活动举办的载体。凡是世界会展经济发达的国家,不仅会展场馆的规模和面积比较大,而且场馆的设施完善程度、经营管理理念和服务质量也比较高。随着世界会展业的发展,各国的场馆建设也是如火如荼,以适应各国会展经济快速发展的需要。

10.1 国内外会展场馆概述

会展场馆是会展经济发展的载体,被誉为会展经济发展的"火车头",是展览业发展的基础。没有相当规模及其配套设施齐全的会展场馆就难以催生具有影响力的品牌展会。会展场馆就好比会展业发展的助推器,很多国家都十分重视会展场所的建设和管理。随着会展业在世界各地的蓬勃发展,会展场所建设将进入跨越式发展阶段。

10.1.1 国外会展场馆发展概况

欧美是现代会展业的起源地,也是全球会展业最发达的地区。它们不仅是世界上最主要的会展客源地,更是最主要的会展目的地。因为欧美地区拥有数量最多、规模最大、设施最先进的会展场地,这些场馆为它们带来了巨额的会展经济收益。

德国号称"世界展览王国"。据资料显示，每年德国举办近 140 个顶级贸易展览会，约占世界性权威贸易展的 2/3 左右，净展出面积 690 万平方米。德国如此发达的展览业与其规模巨大、数量众多、设施先进、服务一流的会展场馆分不开。如表 10-1 所示，德国的汉诺威、法兰克福、科隆、杜塞尔多夫、慕尼黑、柏林等 10 座城市总计展馆室内面积 220.4 万平方米，占全德的 70.8%，其中仅汉诺威一城占比就达 15.9%。

表 10-1　德国展馆面积位居前 10 城市及其展馆面积(2011 年年初)

排名	城市	展馆室内面积/m²	露天展场面积/m²
1	汉诺威	495 265	58 070
2	法兰克	345 697	95 721
3	科隆	284 000	100 000
4	杜塞尔多夫	262 704	43 000
5	新慕尼黑	180 000	360 000
6	柏林	160 000	100 000
7	纽伦堡	160 000	50 000
8	埃森	110 000	20 000
9	斯图加特	105 200	40 000
10	莱比锡	101 200	69 998

法国是全球会展业最为发达的国家之一，每年会展收入高达 1500 亿法郎，仅巴黎每年接待的国际会展活动就有 400 多个。法国展览馆总面积约为 160 万平方米，分布于 80 个城市。其中巴黎占 55.4 万平方米。

意大利的展览业较发达，每年办展达 700 多个。意大利全国共有 40 多个展场，其中世界第三大展馆——米兰新国际展览中心占地面积约为 200 万平方米，其中展厅面积为 37.5 万平方米。

10.1.2　国外会展场馆的特征

了解了国外知名会展场馆后可发现其都具有以下几大特征。

1. 重点集中、合理分散

所谓重点集中，一是指会展场馆主要集中在几个大城市，以重点培育会展名城；二是指各大会展城市中有几个规模较大的会展中心，便于统一规划、集中办展。例如前面讲到的德国，全国的展览场馆面积高达 250 万平方米，但主要分布在汉诺威、科隆、杜塞尔多夫、慕尼黑、莱比锡、法兰克福等几个大城市。其中仅汉诺威就拥有展览面积 49.8 万平方米的巨型场馆，而且周边各项配套设施十分完善，正因如此，才造就了德国"世界展览王国"美名。

所谓合理分散，即指会展业发达的国家一般都有科学的会展业发展规划，表现在场馆上就是突出重点、分级开发，确保会展业发展的持续性。例如意大利展览体系有一个重要特征：大型的国际品牌展会为数不多，但是在自己擅长领域内专业化的展会非常普遍。意大利大型国际展览会举办地点主要集中在米兰、博罗尼亚、巴里和维罗纳四个城市，每个城市都有一个设施良好的展览场馆。而且每个城市都有自己的优势产业，这样就产生了各种不同的展览会。帕勒莫、帕尔玛等城市属于二级展览城市，虽然展览会规模比较小，但是专业化程度和国际化程度却非常高，比如帕尔玛所举办的食品和食品机械类展览会举世闻名。

2．规模宏大、经济实用

规模宏大似乎已成为现代会展中心的重要标志，从前面的展馆介绍数据就可以看出，会展业发达国家的展览场馆总面积都比较大，许多新建的展览馆占地面积甚至超过100万平方米，巴黎展览中心(如图10.1所示)的占地面积竟多达115万平方米。而且越来越多的展览馆面积超过20万平方米，除此还预留出一定的空地，以便今后继续增建新馆。

图10.1　巴黎展览中心

尽管国外展览中心讲究规模，但也很注重经济实用性。如德国慕尼黑展览中心的外观看上去简单明了，就像一排排的车间或厂房，室内的地面也不是光亮的大理石，但是参展商和观众所需设施一应俱全，非常实用。即使有的城市的会展中心在外观造型上设计考究，但内部构造还是突出了经济实用性。

3．设计合理、以人为本

展览场馆是为参展商和观众提供服务的场所，国外的会展场馆在建筑设计和安排上都处处体现"以人为本"的思想，尽量为参展商和观众提供便利。例如，德国杜塞尔多夫展览中心(如图10.2所示)现被作为世界许多其他展览中心的设计蓝本。

17个底层展厅共约23.3万平方米，重载车辆和设备可轻而易举地驶入或搬入展厅，环形的设计使出入便捷。同时展厅之间的通道均盖有顶棚，所以在阴雨天气也无须带伞。3个入口可避免排队等候入场，保证每个展厅都能迅速到达。直接的专用入口、可承受重压的展厅地面、高挑的天花板和宽阔的展厅大门，都使得大型机械设备的组装和拆卸变得非常方便。由于展厅为正方形结构，立柱之间距离开阔，所以没有浪费丝毫空间，而参展商也不用担心被遮住或者忽略。展厅地面下包含复杂的全包容性管线系统，确保为每个展台提供电力、水和电信服务。另外还有服务周到的餐馆、残疾人设施、大型购物中心和宽阔的绿化带，这一切构成了展览中心完整的风景。

图10.2　德国杜塞尔多夫展览中心

4. 运用科技、完善服务

信息技术、网络技术等科学技术的快速发展为全球展览经济的发展注入了新的活力。随着科学技术的迅猛发展，会展设备现代化、信息化、智能化水平日益提高。很多国外会展中心都配备了智能化程度很高的网络系统、通信系统、信息服务系统、参展商管理系统、观众信息统计系统等为会展活动提供更加快捷、高效的服务。

5. 与时俱进、持续优化

随着会展业的快速发展，许多原有的场馆会面临不能满足要求，必须进行改进和扩建的情况，而以可持续发展原则来规划建设会展中心正是欧美国家建设展馆时普遍遵从的原则。他们逐步以新的高科技、大规模的建筑取代陈旧、不适用的建筑，以适应会展业发展的新需求、完善新功能。比如德国科隆展览中心就是按市场的需求不断扩建，从最初的15.9万平方米扩建到27.5万平方米，目前展览中心的面积已扩建到28.6万平方米。

10.1.3　我国会展场馆建设的现状

中国现有展览场馆的建设主要分成3个阶段：一是新中国成立后为展示社会主义经济建设成就，在各省会城市建设的省级展览馆(至今仍是一些经济相对不发达省份唯一的专业展览场馆)；二是改革开放后在经济发达地区为促进经济交流建设的各种国际展览、贸易中心；三是近年来许多大中型城市规划以城市标志性建筑及对外展示形象的窗口为目的建设的展馆。据不完全统计，截至2012年年底，全国已拥有5000平方米以上会展场馆316个，可供展览面积1237万平方米。2013年，全国在建会展场馆13个，面积154.49万平方米。全部建成后，全国会展场馆总数将达到329个，可供展览面积将达到1391.49万平方米。单体会展设施大型化趋势明显，在建、待建场馆单个平均面积均超过10万平方米，上海国家会展中心和天津国家会展中心室内展览面积更是高达40万平方米。

在会展场馆建设整体发展的局势下，由于会展业发展程度的不同，我国会展场馆分布也存在比较大的差异。就场馆数量和室内展览总面积而言，长三角地区以 54 个会展场馆、181.45 万平方米的室内展览面积占据全国第一的地位，环渤海、珠三角、西部、中部、东北依次排列其后。就各大会展经济区的场馆规模而言，仍然是长三角排列第一，珠三角紧随其后，环渤海、西部、中部、东北、海西、海南依次排列。从 2010 年八大会展经济区新增会展场馆的数量来看，各地区均有不同程度的增长。其中，长三角在一年内新增会展场馆 11 家，居于榜首，中部地区和西部地区发展势头很猛，新增会展场馆各 10 家。

 小资料

中国部分会展场馆介绍
广州国际会展中心（琶洲展馆）

广州国际会展中心是中国最大的国际会展、投资贸易基地之一，是 21 世纪广州城市新形象的标志性建筑和旅游观光景点之一。

早在 1993 年，鉴于广交会现址展馆已不能满足交易会业务逐年扩大的实际需要，且近年来广州会展业出现了蓬勃发展的势头，各类展示会、招商会、博览会长年不断，一年四季上演着"永不落幕的交易会"，国家外经贸部提出要将中国进出口商品交易会馆迁址重建，办成规模宏大、设施先进的世界级博览会。广州国际会展中心应运而生。

会展中心位于珠水环绕的琶洲岛。琶洲上接科学城和五山大学群，下接广州大学城及莲花山旅游休闲中心，交通条件和地理位置可谓得天独厚。为给一年一度的广交会营造良好宽松的人文环境，华南快速干线和东环高速公路从西到东将琶洲全岛分为明显的 A、B、C 3 个区，广州会展中心就位于心脏地带 B 区的核心，其周围正在发展起与会议和展览相关联的配套设施，如酒店、写字楼、银行、商业服务网点和博物馆等。这一地区正在形成以会展博览、国际商务、信息交流、高新技术研发、旅游服务为主导，兼具高素质居住生活功能的生态型新城市的副中心。

广州会展中心占地 70 万平方米，建筑面积 50 万平方米，由设有 8000 个国际标准展位的展览厅和能满足 3 万人同时用餐、活动的配套服务设施组成。这里不仅可以进行商品展览、商贸洽谈，还兼顾展商、宴会、新闻发布以及大型集会、庆典等功能。会展中心的建成使广交会这张城市名片的分量越来越重。

在设计上，会展中心是一座注重建筑节能及室内外生态环境，集建筑艺术和现代科技于一体的现代化智能建筑。它采取"北低逐渐南高"的流线型设计，体现出"飘"的动态意念。一条宽约 40 米、长近 450 米的"珠江散步道"既把会展中心内部分隔成两部分，同时也是和谐连接南北场馆和上下楼层的多功能通道。走进"珠江散步道"，人们可以手倚自动步梯隔窗观赏独具风情的棕榈树，欣赏珠江两岸瑰丽的人文风景。也可以在咖啡馆、休闲区与朋友促膝畅谈，尽享现代生活情趣。

深圳会展中心

深圳会展中心是一座集展览、会议、商务、餐饮、娱乐等多种功能为一体的超大型公共建筑，深圳会展中心占地 22 万平方米，东西长 540 米，南北宽 282 米，总高 60 米，地上 6 层，地下 3 层。总建筑面积 28 万平方米，可以举办 5000 个国际标准摊位的大型展览，其中最大展馆为 3 万平方米，最大会场可容纳 3000 人。深圳会展中心同时具备强大的展览和会议功能，8 个展馆、25 个会议厅、3 大餐饮区及优良的配套服务。

昆明国际会展中心

昆明国际会展中心隶属云南省人民政府，会展中心占地 22.5 万平方米，室内展览面积达 10 万平方米。

其中有6个共计5万平方米的单层无柱大跨度展厅：1号、2号展厅长72米，宽70米，高11米；3号展厅长100米，宽70米，高16米；4号展厅长156米，宽70米，高16米；5号、6号展厅长128米，宽70米，高11米。室内展厅共可搭建5000个国际标准展位(配有无线和有线宽带网接口)。此外，还有室外展区3万平方米，可搭建1500个标准展位。拥有当今国内外领先水平的单位大空间展厅(层高17米、跨度76米、开间72米、载荷3吨/平方米)以及可容纳2000人宴会、3000人会议的大型多功能厅(配有2000余套同声传译系统和2块200英寸大型高亮度背投)；可满足50~3000人的各类国际国内会议；拥有多功能厅、写字楼、商务酒店、健身中心以及1000余个泊车位。它是集展览、会议、商贸、信息、广告、餐饮、酒店、健身娱乐等综合服务功能为一身，具有丰富办展经验和"一站式"优质服务的新型会展企业，成为举办各类国际国内大型会展的首选地之一。昆明国际会展中心现已成为国际展览管理协会(IAEM)会员和中国展览馆协会理事单位。

郑州国际会展中心

郑州国际会展中心位于郑东新区CBD中央商务区中心，与107国道和京珠高速公路相邻，距郑州新郑国际机场26公里，交通便捷，是集展览、会议、商务、餐饮、休闲观光为一体，功能齐备、设施先进、服务完善的大型综合性现代会议展览设施。总占地面积685 700平方米，一期工程总投资15.39亿元，建筑面积214 400平方米，以会议和展览功能为主，同时也将是知识和思想交流、休闲和娱乐、餐饮和旅游观光的场所。郑州国际会展中心采用国际合作方式设计，由日本黑川纪章都市建筑事务所和机械工业第六设计院共同承担。

郑州市国际会展中心分为会议中心和展览中心两部分。会议部分：主体建筑六层，为圆形布局，建筑面积60 800平方米，由容纳5000人的多功能厅、1200人的国际报告厅、两个400人的会议厅及十几个中小型会议室组成，屋顶由直径为154米的中心桅杆斜拉、12个三枝树柱支撑的桁架拱结构组成，呈折叠圆锥状。

展览部分：平面为端头呈扇形的条式布局，建筑面积15.36万平方米，可设3560个国际标准展位，展厅两层，一层最大柱网30×30米，二层无柱，为7.2万平方米的大展厅，高40.5米，屋顶为102米跨的桅杆桁架拱结构。

展览中心：主体建筑两层，辅楼六层，建筑面积166 800平方米。由两个展馆、会议室、餐饮设施、办公室及商店等组成。两个展馆共可设置3560个9平方米的国际标准展位，展馆跨度102米并设有五道活动隔段，可把展馆分割成6个独立展览会；二层展馆为无柱间隔。车辆可直接驶入两个展馆布展或撤展。

室外展场：面积3.8万平方米，设在展览中心及如意湖之间。

室外停车场：面积4.5万平方米，可停泊1800辆汽车。

此外，会展中心电梯数量多达78部，其中客梯26部，货梯10部，自动扶梯42部。

成都世纪城新国际会展中心

世纪城新国际会展中心位于成都市城南新区。整个项目分为展馆区、国际会议区、酒店及文化设施区、商务办公区、商业住宅区五大部分，总建筑面积约173万平方米。展馆区位于世纪城东部、银杏叶状的九个展馆呈扇形向府南河展开，昭示着成都悠久深厚的文化。11万平方米的展馆结合了德国展馆务实和日本展馆精致美观的特点，展厅采用无柱单层结构，最高处净高21米，最低处12米，堪称艺术与科技的完美结晶。主馆单馆面积1.1万平方米，连接馆单馆面积800平方米，室内预埋展览必备的水、电、光纤数据接口等设施设备。呈扇形展开的展馆保证了每个展馆、每个展位都具有同等的好"口岸"。同时，展馆还被赋予了多种功能，可合并在一起满足各种大型展览的需要，也可将其分割举办诸如大型集会、演唱会、体育比赛等活动。展馆区的道路设计也颇具匠心，所有运送参展物品的大型车辆全部从世纪城侧到达各展馆后面，以保证世纪城内的整洁。

国家会展中心(上海)

中国博览会会展综合体由国家商务部和上海市政府合作共建,由上海博览会有限责任公司负责投资建设并运营,总建筑面积147万平方米,地上建筑面积127万平方米,是目前世界上面积最大的建筑单体和会展综合体。综合体以突破性的规划设计,完善的服务功能,立足长三角,服务全中国,面向全世界,推动中国产业结构调整,促进经济发展方式转变,服务中国经济社会又好又快发展。

综合体位于上海市虹桥商务区核心区西部,与虹桥交通枢纽的直线距离仅1.5公里,通过地铁与虹桥高铁站、虹桥机场紧密相连。周边高速公路网络四通八达,2小时内可到达长三角各重要城市,交通十分便利。

综合体由展览场馆、配套商业中心、配套办公楼和配套酒店四大部分构成,通过位于8米标高的会展大道联成一体,各类人群可便捷地穿越展览、商业、办公楼、酒店等场所。

综合体可展览面积50万平方米,包括40万平方米的室内展厅和10万平方米的室外展场,室内展厅由13个单位面积为2.88万平方米的大展厅和3个单位面积为0.97万平方米的小展厅组成,货车均可直达展厅。一层北片的4个大展厅和1个小展厅地面荷载5T/m^2,电力配备充足,除1个大展厅为双层结构外,其余均为单层无柱厅,特别适合举办重型、工业类展览;一层南片的4个双层结构大展厅地面荷载3.5T/m^2,柱网27×36米,净高11米;二层的5个大展厅和2个小展厅地面荷载1.5T/m^2,大展厅柱网36×54米,平均净高16米左右,同样可以满足大部分展览的需求。各展厅周边配套了充足的会议设施,由60多个大小不等的会议厅组成,可以分别组织几十人至三千人大小不等的会议。

综合体内部设计了先进的交通体系,人车分流、人货分流、各业态之间自成交通体系,确保展会布展、撤展以及日常交通安全。配套商业中心位于建筑中央位置,与各展厅相连,也可通过地铁直达,配备会议室、贵宾室、咨询台等展会服务设施,又集各类餐饮、休闲娱乐、展示营销、精品商店等功能于一体,既为展会提供配套服务,又延伸展览效应,提升商业价值,满足各类不同人群的需求,是综合体的独特亮点。

随着2014年9月北片展厅、2015年3月全部展厅、2015年6月综合体全面投入运营,一大批规模大、质量高、成效好、影响广、辐射强的国内外展会,将在这里落地生根;一大批与新型展会相关的现代服务业将在这里集聚,一个全新的商业娱乐休闲中心将在这里全面崛起。综合体必将成为上海国际贸易中心建设的加速器,成为我国"调结构、转方式、促平衡"的大平台,成为国内外交流合作、互利共赢、商机无限的大舞台。

香港国际会展中心

香港会议展览中心由香港贸易发展局拥有,是亚洲首个专为展览会议用途而兴建的大型设施,并由香港会议展览中心管理有限公司负责管理。大会堂前厅的玻璃幕墙高达三十米,拥有一百八十度宽广的海港景观,香港会展中心新翼与原有的会展中心之间,由一条长一百一十米的天桥走廊连接。

香港会议展览中心新翼坐落在面积为6.5公顷的填海人工岛上。有三个大型展览馆,提供28 000多平方米的展览面积,可容纳2211个标准展台;又有不同大小的会议厅房共占地3000平方米,以及一个面积4300平方米的会议大堂。在此大堂举行会议可容纳4300人,用来举行宴会则可招待3600名宾客,是全球最大的宴会厅之一。会展中心有五间展览厅,共46 600平方米。二个会议大厅共6100平方米,52个大小会议室。

10.1.4 我国会展场馆建设存在的问题

近年来我国会展场馆建设取得了可喜的成果,对推动我国会展业的发展起到了积极的作用。但是在迅猛发展的同时,我国的会展场馆规划和建设仍存在不少问题。

1. 数量过多、规模较小

近几年我国会展场馆建设温度过热，截止至 2008 年，我国会展场馆数量已经达到了 250 家，可租用面积达 5 000 000 平方米，超过了展览大国德国。但我国展馆单馆面积小，80%的现有会展场馆的面积在 20 000 平方米以下，中小型的会展中心偏多。对于一些大型的国际会议和展览，很难满足其承接需求。

2. 布局结构不合理、展馆使用率低

目前，北京、上海、广州等城市会展需求旺盛，展馆供不应求，北京的中国国际展览中心使用率几乎 100%。而相当一部分城市不具备或目前尚不具备发展会展经济的基础和条件，但却一哄而上，兴建展览场馆，致使场馆建成后造成闲置浪费。还有的城市因为展馆面积小而无法承接大型展会，使用率十分低下，展馆闲置率较高。目前我国会展场馆的利用率除北京、上海、广州几个城市能达到 40%上下，其他大多数城市的会展场馆利用率都在 20%左右，全国会展场馆的平均利用率不足 25%。

3. 建设缺乏合理调研和论证

会展场馆建设要与会展经济发展规模相适应，一个地区是否要建展览中心，建设多大规模的展览中心，应完全取决于当地经济发展的需要。这需要进行认真的调研和论证。而我国一些城市的政府出于"政绩工程"的需要，盲目兴建场馆，不考虑当地的会展市场需求如何，结果造成资源浪费，展馆空置率很高。

4. 配套设施不足、服务水平低

我国目前的会展场馆从硬件上来看，展会相关配套设施不够先进、完善。一个会展中心不仅需要与展会规模相适应的展厅，还应具有一定容量的停车场、会议中心及餐饮服务场所。而目前我国的大部分展馆都没有停车场，大量车辆都停在展馆附近，影响道路畅通。展馆内部的设施智能化水平还普遍较低，使用电子登录系统的场馆很少。从软件上来看，我国会展场馆的管理水平、服务水平和经营理念都与国外存在很大差距。

10.2　会展场馆设计的原则和要求

会展场馆不是一个独立的建筑，它的建设必须和周边环境、基础设施结合在一起才能最大限度地发挥会展场馆的作用。因此，会展场馆在设计时应遵循一定的原则，满足一定的要求。

10.2.1　科学合理原则

会展场馆需要建设多大规模应充分考察当地的经济发展情况和地理位置，需要进行科学合理的调研和论证。如德国的慕尼黑展览中心前期论证时间长达 13 年。而我国很多城市在建设展览中心时盲目攀比，缺乏科学规划，造成了很多后续问题。因此今后在进行会展场馆设计时应把握合理论证、科学规划的原则，充分考虑各地的宏观经济发展状况，因地制宜、有步骤地建设，坚决控制会展场馆低水平的盲目重复建设。此外，合理化原则还体现在交通的便捷性和人文环境的优化上。

10.2.2 科技智能化原则

会展场馆是一个人员高度集中且流动量非常大的场所，随着科技日新月异的变化，以及多媒体显示技术的发展，对其智能化要求越来越高。目前国外的会展中心都充分利用了高新技术，基本上都配备了智能化程度很高的网络系统，如参展商和观众的电子登录系统、电脑查询系统、多媒体信息发布系统等。我国在会展场馆设计时也应遵循高科技智能化原则，充分应用科技手段为参展商和观众提供先进的设备和一流的服务。

10.2.3 经济实用原则

在建设展览中心时，应充分考虑经济实用性。国外在建设展览中心时都很注重这一点。如德国慕尼黑展览中心，其外观看上去像一排排厂房，展馆内也没有豪华的装饰，但参展商和观众所需的设施和服务一应俱全，非常实用。而我国的许多展览中心往往建设成当地的标志性建筑，外表高大，内部装饰豪华，但很不实用。今后在进行场馆建设时应本着有效实用的原则，合理利用每一寸展馆面积，减少不必要的浪费。

10.2.4 可持续发展原则

可持续发展是 21 世纪的主题之一。会展业要获得经济效益、社会效益和生态效益的统一，在会展场馆设计之时必须坚持可持续发展理念。从场馆的选址、建筑材料的选择到内部的装修都应体现可持续发展的原则。在场馆外观设计方面应不产生强烈的光污染、视觉污染。例如，目前许多建筑片面追求外观视觉上的漂亮，喜欢用各种颜色的玻璃幕墙作为装饰。但这种墙面反光作用极强，其反光系数有时高达 90%，阳光强烈时，可使人头晕目眩，甚至引发意外交通事故。同时，场馆的建筑设计要充分考虑节能原则，设计标准要符合能源消耗最少、功能效益最大的原则。在建设场馆时，既要提高门窗制作和安装的精度，选用新型密封性强的门窗材料，又要使用保温材料，增强建筑物的保温效果。照明方面，可采用既美观又能充分利用自然光的透明玻璃钢作天窗，同时要充分利用太阳能及自然光线。

10.2.5 绿色环保原则

现代会展场馆在建设时都强调绿色环保理念。在选择建材时要选择无污染、无毒害的环保建筑材料。比如房屋装修不使用大量散发挥发性有机化合物(VOC)的化学合成材料，尽量使用瓷砖、不锈钢或玻璃等无污染物质。在保护自然资源和生态环境、节能、节材、节水、节地、减少环境污染与智能化系统建设等方面，我们可以采取一系列的环保技术措施，比如建筑外立面采用呼吸式幕墙，垂直绿化充分利用空间；采用中水系统、雨水收集利用系统、空调冷凝水收集利用系统、节水器具利用等，提高非传统水源利用率；进行室内环境控制(声、光、热、通风、视觉、室内污染物等)，使室内环境达到国家规范要求和体现绿色理念等。

10.3 中国会展场馆经营管理

随着我国会展经济的快速发展，会展场馆建设也在各地如火如荼地展开。这些会展场馆是各种会展活动开展的硬件支撑，是会展业发展不可或缺的基础条件。因此会展场馆的经营与管理也逐渐被业界所重视。

我国在改革开放前，会展场馆多为公益事业，场馆的负责人只是负责场馆和设施设备的日常维护，管理和经营意识缺乏。随着市场经济体制的转变及会展市场竞争的日益激烈，会展场馆的生存与发展面临新的挑战。会展场馆需要以创新的理念和超前的经营思维，通过科学的管理和优质的服务打造自己的品牌，以求在竞争中获得满意的收益。

会展场馆的经营与管理是两个密不可分的概念。经营侧重的是对外的市场需求，包括市场调查与分析、目标市场选择与定位、场馆产品组合与创新、销售渠道的开拓等。管理侧重的是对内的组织协调，包括场馆内人、财、物的组织和调配、经营目标的制定、场馆运营的控制等。二者相互促进，相辅相成。

10.3.1 会展场馆的经营

在世界范围内，各国会展场馆的投资模式主要有两种，一种是德国模式，另外一种是香港模式。德国政府直接投资场馆建设，政府主要为本市会展经济的发展提供基础建设和政策支持。例如汉诺威政府为其蜚声国际的汉诺威展馆投资场馆周边停车设施，建立发达的公路和轨道交通网，从而使汉诺威展览中心成为国际市场交流的最佳场所；政府通过授权使专业行业协会在业界内具有绝对权威，而行业协会通过建立行业规章制度和自律机制来完成行业内的管理和协调职能。成立于1907年，总部设在科隆的AUMA就是德国展览业的最高联合会，也是代表德国政府进行宏观调控的唯一的会展管理机构。而香港模式则是政府规划土地的使用并且提供土地，然后委托地产公司建设场馆。香港会展中心首期建成于1988年，二期工程在1997年回归之前完成。会展中心首期工程政府用土地换展馆(即政府拨出周边土地给新世界集团，而该集团则建设若干展览馆面积给政府)，二期工程完全由政府投资。

近年来，我国会展场馆建设此起彼伏，并形成了多样化的经营管理模式。目前国内新建会展场馆经营管理的主要模式主要有以下几种。

1. 国建国营

即由政府投资建设的会展场馆，建成后交由政府部门所属的事业单位或全资的国有企业来经营管理。这类场馆的公共性质和色彩更多一些，主要是为市民提供精神享受的，不以营利为目的。如，长春国际会展中心等。这也是我国目前会展场馆的主要模式。

2. 国建民营

即由政府投资建设会展场馆，场地和产权归属政府所有，而场馆的经营管理则由商业性的展馆管理公司或由会展企业负责，完全用市场化的方式经营。如：宁波国际会展中心等。

3. 国建合营

即会展场馆由政府投资兴建，建成后委托本地上市公司与境外展览集团合资组建的展览公司来共同经营管理。如：天津滨海国际会展中心等。

4. 外投外营

以优惠政策和相对低的土地价格吸引外资新建会展场馆，并完全按照市场化、商业化的模式由地方经营管理。如：成都世纪城国际会展中心以及上海浦东新国际博览中心等。

5. 民建民营

吸收国内企业或民间资本参与场馆建设，由投资主体选择专业化的展馆管理公司，或由参与投资的民营企业按商业化模式进行经营。如：杭州和平国际会展中心、沈阳国际会展中心等。

在我国，目前多数展馆都是由政府投资建设的，会展场馆所有者和经营管理者之间的责权利关系不够明确。国家投资建设的展馆其所有权应归政府所有，但展馆的经营管理应该由专业的经营管理公司进行，政府尽量不要直接插手。我国的会展场馆应该实行政企分开，产权与经营权分开，应该走产权多元化的道路。多鼓励国建民营、国建合营、外投外营、民建民营的运营管理模式，这样才合乎市场经济规律和会展业发展趋势。无论采取哪种具体的经营模式，都要做到产权清晰、权责明确，按照国际化、规范化、市场化、专业化的标准来运作和经营。

10.3.2 会展场馆的管理

1. 会展场馆管理的主要内容

会展场馆的管理大体上可以分为硬件管理和软件管理两大类。硬件管理主要是场馆工程和设施设备管理，这是会展场馆管理中最基本的部分。软件管理主要包括管理战略的制定、人力资源的开发与利用、场馆制度的确立、客户的管理等内容，软件管理是会展场馆管理的核心和重点，是场馆运营成功与否的关键。

1) 设施设备维护

会展场馆建筑物和基本设施的日常维护和保养是场馆管理中非常重要的一项工作。场馆内的照明、供水、空调、电梯、通信、电子计算机等设施设备从选购、安装、使用、保养、维修、改造等工作都需要有专人进行专业化的管理，这样才能最大化地发挥这些设施设备的使用价值。因此很多场馆现在都将这些工作交给专业的物业公司负责，真正实现了场馆管理的市场化与专业化。

2) 展会现场管理

展会现场的管理是场馆管理中十分复杂的工作。它包括展会开幕前的装修施工与展品进场管理；展会举办期间参展人员入场和登记；展会现场秩序的维护；咨询引导翻译等服务的提供；展会结束后的清场等内容。这些管理工作直接与参展商和组展商发展关系，管理不好就会影响到场馆的形象，不利于场馆的发展。

3) 场馆组织制度与目标的制定

场馆管理的基础是组织和制度的建设，它是保证场馆正常运行的基本条件。因此，场馆管理者必须首先在其管理思想指导下确定场馆的组织结构，确定场馆部门的机构设置和管理层次的划分，制定场馆管理的基本制度。其次结合市场需求、竞争环境、自身规模、地理位置等因素进行科学的 SWOT 分析，明确自身的市场定位，制定出正确可行的场馆经营目标。

4) 人力资源的开发与利用

员工是企业发展的核心要素，在会展场馆管理中，员工管理有着特殊的意义和作用，必须将人力资源的开发与利用放在重要的位置。员工管理主要包括：选聘合格的人才，对员工进行经营理念和业务水平的培训，制定合理的激励机制提高员工的工作积极性等。

2. 会展场馆管理的理念

1) 效益理念

场馆经营活动的最终目标就是要取得经营效益，这包括经济效益和社会效益两部分。经济效益是场馆经营管理的最基本任务，会展场馆要通过各种经营方式增加收入、降低成本、加强宣传、树立品牌以谋求最佳效益。除此，场馆还必须重视社会效益，良好的社会效益能够帮助场馆提高声誉，吸引更多的顾客，从而获得更多的经济效益。

2) 技术理念

新建的会展中心大多配置先进的现代化设施设备，处处体现高科技成果的运用，因此这对场馆工作人员的操作和维护技术要求就比较高，要不断加强管理人员的培训和学习，才能顺应市场发展的需要。会展中心必须树立技术创新的理念，将信息化、科技化、智能化转化为企业的核心竞争力，提高场馆的使用率，赢得市场份额。

3) 服务理念

会展中心属于服务性行业的基础设施。对会展场馆而言，服务是主要产品。对会展场馆和设施设备进行管理是为了给展会提供优质的服务。会展中心的经营管理者要根据展览或会议主办方的要求提供特色项目策划、场地布置、视听、通信、安保、清洁、交通、餐饮、住宿等优质高效、全面周到的服务，把向顾客提供满意的服务视为场馆发展的生命线。

4) 环保理念

现代化会展中心应具备环保理念，不仅在建设时注重环保材料的设计和使用，而且在管理中也应处处体现环保的理念。在举办展览活动时大量的物料在短短几天的展会结束后便被丢弃，这不仅浪费了资源还增加了处理废物的难度。会展中心应懂得分类处理废物，尽量增加废物循环再利用的机会，并且要制定相应的措施，限制不环保物料的使用。另外，还要不断提高和完善环保技术的使用水平。

3. 会展场馆管理的原则

在市场经济条件下，现代化的会展场馆的管理必须打破原来的"重硬件、轻软件"的思想，运用先进科学的管理手段和经营理念为客户提供优质满意的服务。

1) 市场化原则

衡量一个会展场馆管理运营的成败是看其场地的使用率和单位面积的租金，也就是其有没有足够的市场需求。只有满足市场需求，会展场馆才有生存和发展的可能。因此，会展场馆的管理首先要分析会展市场的需要，根据市场需求对场馆进行准确定位，不断完善配套功能与设施，提高服务质量和水平，才能在激烈的市场竞争中立于不败之地。

2) 制度化原则

会展活动涉及的主体众多，场馆不仅要与会展主办方、承办方打交道，还要直接面对众多的参展商。因此，会展场馆必须建立一套严格的规章制度和服务标准，尽量做到规范化、标准化，比如完整的租馆手续、展品进出馆程序、员工的岗位职责等，保证会展活动的顺利有序进行。当然由于每个展会有不同的特色和要求，场馆管理者也应在标准化服务的基础上尽可能为客户提供针对性的特色服务。

3) 安全性原则

展会期间大量的人员、物品、资金集中在同一场馆内，确保人、财、物的安全就成了场馆管理的头等重要工作。这就要求会展场馆做好各项安全设施如消防系统、安全通道、防火装置、报警系统、广播设备、紧急照明系统、控制中心等日常维护，确保这些设备的时刻正常运转。同时也要求场馆的工作人员具有处理突发紧急事故的能力。尤其对火灾、爆炸、恐怖事件等要制定危机处理预案并进行模拟演练。

4) 全员化原则

会展场馆的管理很大部分是对人的管理。场馆的设施设备需要人员的维护，会展活动需要人员的服务，管理者必须充分调动员工的积极性，使其认识到场馆的每一项工作都需要大家相互配合积极参与，每一个人都是场馆的主人，全员参与才能高效率地完成工作。

5) 系统化原则

要保证会展活动期间大量的人流、物流有条不紊地进出会展场馆，各类设施设备正常运转，紧急事件快速处理，必须做到场馆各部门之间、员工之间的相互配合协调。系统化就是要求会展场馆用系统的观点和方法对场馆员工和设施设备进行管理，形成一个分工明确的组织系统，并落实到岗位职责中。

复习思考题

一、案例分析

建设新场馆济南会展业期待破除短板

有一种遗憾叫擦肩而过——

济南会展业对这种擦肩而过有过多次切肤体验:2011年,第四届中国(济南)国际卡车暨零部件展览会曾把全球最大的展览公司汉诺威引入济南,但因为当时济南国际会展中心展馆太小,大型改装车难以开进展馆内,最终,招到不少参展商并打算长期承办卡车展的汉诺威,终因场馆太小、新场馆建设遥遥无期,组织了一届展会就移师新建成的武汉国际会展中心。

已经走过52年历史、被业界誉为"天下第一会"的全国糖酒会需要15万平方米的展馆面积,2005年和2010年曾两次在济南举办。但因场馆面积不足,只能同时使用舜耕国际会展中心、济南国际会展中心两个展馆,并对济南国际会展中心地下车库进行改造,临时增加了4万平方米,这才满足展会需要。这之后,济南曾全力争取举办2014年秋季糖酒会,因展馆硬件设施不足而未能成功。除了全国糖酒会,全国农机展、机床展等展会多次想来济南办展,但由于展馆条件限制,一直未能如愿。

1. 现状篇

目前济南会展场馆不足已成为济南打造会展城市的瓶颈和短板,限制着落户济南展会的规模和档次。"在济南市目前的会展场馆中,没有一个能承接5万平方米以上的展会,展馆不足已经成为制约济南会展业的一大瓶颈。"作为"汉诺威"一事的亲历者,济南市贸促会副会长张静在谈到这一段经历时,总有一种追悔莫及的感觉。

会展场馆对会展业的影响从下面一组数据中就能看到:2002年,舜耕国际会展中心投入使用,当年济南市举办的展会数量就从十几个猛增到四十多个;2003年,济南市举办展会45个,实现交易额100亿元;2005年,济南国际会展中心投入使用后,举办了秋季糖酒会等大型会展,当年济南市举办的展会数量就达到80多次;2013年,济南市共举办各类展会156场次,实现交易额1320亿元,拉动相关行业收入182亿元。在张静看来,虽然2013年济南市全年举办的展会数量不算少,但大部分展会"规模不大、档次不高",至今没有一个会展项目获得国际展览联盟的UFI认证,在行业内有影响的展会更是凤毛麟角,缺少拳头展会支撑济南会展业。

对济南没有一个享誉国内外的知名展会,而国内一些知名展会往往不会在济南落地的现象,张静认为展馆短板是造成这一现象的重要原因。目前济南市具有办展资格,能常年举办展览会的专业性展览场馆有两个:2万平方米的济南舜耕国际会展中心和5万平方米的济南国际会展中心。其他场馆则是一些非专业性的场馆,并且这些场馆的展览面积都在2000平方米以下。即便是现有的面积最大的济南国际会展中心,也因为其楼体采用复式结构,楼层高度不足,造成了二、三层承重能力有限,大型机械和设备无法进入室内展出,展览大厅内分布在各处的柱子也影响到布展,这些都成为我市承接大型展会的障碍。

展馆短板造成的影响是一连串的。"对志在打造会展城市的济南市来说,会展业的起步恰恰是伴随着展馆的建设开始的,展馆面积不足不仅让济南错过了众多大型展会,也导致目前济南会展业缺乏大型的展览公司和专业会展人才。"张静回忆说,2002年为举办信博会建设的舜耕会展中心建成投用当年,全市的展会数量就从十几个增加到四十多个,可以说从那时开始,济南会展业就正式告别了"打游击"的时代。

2. 优势篇

作为副省级省会城市和京沪高铁五大始发站之一,地处环渤海经济圈和长三角经济区连接带的地理位置赋予济南会展业得天独厚的优势。虽然目前济南的会展业水平只相当于国内三线会展城市的水平，但是济南具备多种优势，完全有条件发展成为二线会展城市。

除了能够带来直接经济收入，展会给城市带来的投资机遇和城市形象的提升远超预期。最近10年来几乎每届全国糖酒会都给成都带来了不低于10亿元的综合经济效益。而每年在南京和天津举办的台湾名品展，给当地带来的投资效益更大。目前，能够称得上国内二线会展城市的南京、深圳、成都、大连、长春等地都有每年定期举办的品牌展会，如南京机床展、大连服装节等都成了当地的一张名片。

对济南来说，发展会展业的优势不仅在于她作为老商埠，多年历练沉积下来的商业氛围，还在于如今的济南拥有7个汽车配件市场、4个茶叶市场、江北最大的家具批发市场、最大的服装批发市场等众多知名交易场所。同时，济南也是江北重要的工业城市，对大型机床、重型卡车等一些特种设备来说，大型品牌展会提供的展示和洽谈机遇光凭互联网还无法完全取代。尤其是2011年京沪高铁通车，济南成为沿途五大始发站之一后，与两端最活跃的环渤海经济圈和长三角经济区的城市相比，济南既有非常便利的交通优势，又有房价便宜、消费较低等优势，如果展馆条件不受限制，济南完全有能力把全国性的一些产业会展和博览会吸引至此，带来大量人流、物流和资金流。

根据济南市贸促会对全国16个城市展馆情况统计来看，展览面积超过10万平方米的城市有9个，如2008年建成的广州国际会议展览中心，仅室内展馆面积就有33.8万平方米，去年建成的武汉国际博览中心实际展览面积也有19万平方米。而展馆数量在5个以上的城市有5个，广州有12个以上展馆，杭州有7个展馆，西安有6个展馆。

凭借冲击国内二线会展城市的优势，济南已经开始在展馆建设方面主动出击补齐短板。近期，落户西部新城的新会展中心敲定选址，规划面积地上18.7万平方米，这也将让济南首次跻身"10万+"俱乐部。与展馆建设相呼应的是，会议中心也将同期建设，加上距离展馆不远的山东省会大剧院配套酒店宾馆、三馆北侧大型休闲商业体，会展产业配套集群有望在此快速聚拢并形成规模。

3. 未来篇

按照目前的规划，西部新城会展中心总占地面积325亩，其中纯展览中心面积275亩，初步规划地上建筑面积18.7万平方米，地下建筑面积9.8万平方米。根据目前的意向效果图，西城会展中心由南向北呈现"梯级展厅"的模式，4个相连的大型展厅中，最南侧展厅为一层，中间两个展厅为两层，最北侧的一个展厅为三层。

业内人士分析指出，新的西城会展中心建成后将主要承接10万平方米以上高层次的大中型展会，济南国际会展中心承接5万平方米以下的中小型消费类展会，舜耕国际会展中心则作为舜耕山庄的配套设施，主要承办国际性会议和小型展览，从而切实突破目前展馆硬件不足的"瓶颈"，形成大中小展馆齐全、配置合理、配套设施完善的会展业发展环境。

4. 延伸阅读

济南大学经济学院院长葛金田教授表示，现代化大型会展中心选址最重要的一点要求就是交通便利，位于市中心的舜耕国际会展中心有个极大的限制因素就是规模较小，交通受限制。新建大型会展中心选址在济南西部，最大的交通优势就是京沪高铁这一交通大动脉，高铁会把全国性的一些产业会展和博览会都吸引至此，带来人流、物流和资金流。在市内交通方面，二环西路高架、城市轨道交通、公共交通枢纽与核心区路网将来都可以与新会展中心地下停车场直接对接，使新会展中心内部交通与外部交通干线形成有效循环。

场馆具备后，专业的市场化运营也亟须探索。在张静看来，由于目前济南还没有一个统一的管理机构来指导会展业的发展，今后，济南迫切需要成立一个专门从事会展业管理的部门牵头，制定一个展会资金使用的奖励办法，在引导会展业做大做强方面走市场化之路。

在市场化运营方面，目前，国内不少城市都在探索会展业市场化运作的道路。2013年11月，武汉市贸促会与中国国际展览中心集团公司、武汉东湖新技术开发区、湖北省贸促会四方签署《战略合作框架协议》,中国国际展览中心集团公司将与武汉相关方面成立合资公司,标志着武汉会展业市场化进程进入实质运作阶段。同样是去年11月,嘉兴和温州两地联手打造品牌会展,跨出了两个城市之间会展业合作的第一步,也标志着嘉兴会展业正式走向市场化运作。在这方面,济南将大有可为。

文章来自:会展在线

思考

1. 济南国际会展中心采用何种经营管理模式?这种模式有什么优势?
2. 归纳济南国际会展中心在场馆经营与管理方面的成功之道。

二、简答题

1. 我国国际会展场馆建设的现状如何?
2. 进行会展场馆设计应坚持什么原则?
3. 会展场馆管理的原则有哪些?

三、活动

调研你所在城市的会展场馆经营情况,写出调研报告。针对其所存在的问题提出改进建议。

11 会展经济

知识目标

- 了解会展经济的含义和发展背景
- 掌握会展经济的特点
- 理解会展经济的宏观和微观效应
- 熟悉我国会展经济产业带,明确我国会展经济发展存在的问题

技能目标

- 学会分析某一地区会展经济所带来的宏观、微观效应
- 学会分析会展经济对当地的影响

导入案例

国际金融报载文 评述世博及会展效应

世博网6月14日消息：世博网编者按，《国际金融报》近日发表谢静的文章，对世博会效应和长三角发展的连动关系作了评述。现摘编如下。

上海世博会的举办，不仅直接促进上海的国际化和现代化发展，而且也是周边城市经济发展的一大契机，将对整个第6城市群，乃至长江流域经济带产生显著的推动作用。据专家测算，上海世博会园区建设总投资将达300亿元，按1∶10的拉动比例计，直接和间接投资总额将达3000亿元，必将成为21世纪初中国经济发展的"超级引擎"。

正如1970年日本大阪世界博览会带动了日本关西经济带持续10年的经济增长一样，中国2010年上海世博会的举办也将通过基础设施、观光旅游、城市发展、产业投资等区域性的经济活动产生显著的联动效应，推动第6城市群的区域合作和经济增长，从而促进上海和长江三角洲地区成为亚洲经济繁荣、名副其实的第6城市群。

"2010年世博会在上海举行对江苏来说是一个巨大的商机。"江苏省政府一位负责人表示，世博会的辐射效应将带动江苏经济更快发展。江苏一些经济、旅游、商贸专家认为，上海世博会的举办，必将打造一个长三角"世博圈"。因为世博会的场馆、交通、旅游等设施都离不开长江三角洲地区的合作。

据预测，2010年将有7000万人参观世博会，其中将有近35%会顺道去周边城市一游。中国国际贸促会南京分会副会长李虹预计，以上海、南京、杭州、宁波、苏州为代表的长江三角洲城市群，将会和德国的慕尼黑、法兰克福、杜塞尔多夫和科隆等一样，成为亚洲最大的会展城市群并从国家级城市群跃升为国际级城市群。

——资料来源：上海世博网

随着世界经济一体化和企业全球化的发展，会展业走上了市场化的发展道路，发展势头日趋迅猛，在世界经济发展中的地位日益明显。会展业正在以无与伦比的功能，不可替代的作用及崭新的形象迅速成为第三产业中一个举足轻重的行业。会展业的发展所形成的会展经济也日益成为业内人士关注的焦点。

11.1 会展经济概述

11.1.1 会展经济的概念

会展经济是指通过举办各种形式的会议、展览、节事等会展活动而直接或间接产生的经济效益和社会效益的一种经济现象和经济行为的总和。

会展经济是一种综合性经济，是会展活动与其他相关服务的总和。会展经济是市场经济发展到一定阶段的产物，体现出社会与经济发展的水平，并随着社会与经济的发展而进一步发展。

会展经济的突出特点在于它既能带来直接效应，也能带来间接效应；既具有客观的经济效应，又具有广泛的社会效应，是一条集商贸、交通、运输、酒店、餐饮、购物、娱乐、旅游、通信、保险等为一体的经济消费链。成功的会展对举办地的城市建设、经济发展、社会进步等都具有显著的带动作用。因此，会展经济被称为"城市面包"而受到许多国家和地区高度重视。

11.1.2 会展经济的基本特征

1. 会展经济是一种多产业综合性经济

会展经济是以会展产业为中心的多产业经济综合体，它不仅涉及会展产业，还涉及与会展产业相关的诸如旅游业、娱乐业、通信业、商品流通业、加工制造业等许多产业。会展业是会展经济的中心，与其他相关服务行业是相互作用的关系，会展业可以带动相关行业的发展，但同时也需要这些行业的支持。

2. 会展经济具有地域特色，但不是单纯的区域经济

会展经济具有区域、空间属性，不可能离开特定的区域、空间而独立存在。它的发展受到区域经济发展的影响。如果所依托的区域经济发展较快，运行质量较高，则会展经济的成长速度和运行质量也相对较高；反之，如果所在区域经济发展速度慢，运行质量低，甚至处于倒退状态，则会展经济的成长速度和运行质量也会走低。但是会展经济不是单纯的区域经济，它是一个开放的系统，它能吸纳跨区域、跨行业的要素，实现资源优化配置，完成市场交易。一些大型的会展经济活动甚至是跨国界、全球化的经济运行体系。

3. 会展经济是一种服务型经济

会展业属于第三产业，它同交通运输业、旅游业、金融业、餐饮业、教育业、保险业一样，都属于服务业。它的服务对象主要是参展商和观众，即为参展商和观众提供展示产品、交流信息的平台。所以会展业是以信息为媒介，通过收集、整理、组织、传递信息，创造服务价值而获得利润，是一种服务型的经济。

11.1.3 会展经济在国民经济中的地位

会展经济是国民经济的重要组成部分。目前德国、美国、新加坡等会展业发达国家的会展业总收入一般占其GDP的0.2%左右。与这些国家相比，我国会展业还处在一个比较低的水平上，对国民经济的总体贡献度非常有限。按总收入的多少排序，会展业在众多服务业中也是居后的，排在金融、保险、电信、旅游、运输等大多数服务业之后，但是随着我国经济的持续快速增长，会展业的蓬勃发展，会展经济已成为普遍看好的、有前途的"朝阳产业"。

会展经济与国民经济的关系主要表现在以下几点。

(1) 会展经济是国民经济发展到一定历史阶段的产物。会展经济的产生和发展离不开国民经济发展的支持。

(2) 会展经济的产生有利于改善国民经济结构，增强国民经济中各种资源的配置效率。

(3) 会展经济的发展，有利于增强国民经济实力，适应市场经济竞争的需要，还可以培育国民经济新的增长点。

11.2 会展经济的发展背景

会展经济是市场经济条件下的产物，在国外的发展已有几百年的历史。而在我国，自改革开放以来，尤其是近十年来会展经济的快速发展则有着深刻的国内外经济背景。

11.2.1 国际环境的稳定和改善

在和平与发展成为世界发展主题的今天，世界各国都充分认识到和平稳定的国际环境是世界经济持续快速发展的重要前提和保障，而具有集中性和交流性的会展经济更需要一个良好安定的政治环境。国际上会展业发达的国家和地区不仅经济发达、开放性强、全球化程度高，更是政局稳定、社会平稳。国与国之间的合作与交流需要和平稳定的国际环境，而一些大型的国际性会展活动又能增进国家之间的交流与了解，改善国际关系，促进世界和平和发展。

11.2.2 世界经济的发展和深化

进入 20 世纪 90 年代，世界范围内科技革命的高潮更加迅猛，产品更新换代速度加快，高新技术的开发与交流以及商品的贸易活动的迅速拓展，为世界各国经济发展提供了巨大的机遇和挑战。同时，世界经济格局发生了重要的变化。国与国之间谋求经济发展和合作的意愿日益强烈，经济全球化、一体化和区域化的趋势越来越明显。拓展更大的市场空间，向他国经济的更多渗透已经成为许多国家和企业发展的重要目标。为实现这一目标，各国企业都在探索开拓市场，扩大出口贸易，输出技术和管理的新形势和新机遇，在这种背景下。集商品展示、交易和促进经济合作为一体的会展业迅速发展起来。而中国被认为是目前乃至今后最具经济发展潜力的国家之一，也就成了国际贸易、经济合作和跨国投资的主要地区。经过 30 年的改革开放，中国经济出现快速、持续、稳定发展的局面，综合国力显著增强，人民生活水平大幅度提高，市场进程加快，客观上形成了极具吸引力的大市场。同时，随着经济发展和对外开放的深化，中国对外贸易不断扩大，开放程度不断增大。这些有利因素都在吸引着各国企业竞相宣传展示自己的产品，开发和拓展中国市场，并谋求与中国在更多领域的经济技术合作。这是中国会展经济能够迅速发展的重要原因之一。

11.2.3 高新技术的创新和应用

以现代生物技术和信息技术为主要特征的新经济的崛起、互联网技术的发展和广泛应用，电子商务的出现和快速发展给世界各国的经济注入了鲜活的内容，对传统经济产生了巨大的影响。随着电子信息技术的飞速发展和能够覆盖全球的高智能互联网络的出现，以及越来越多的具有高科技含量的产品的问世，客观上要求与之相适应的新型市场形势、交易形式出现和创新。对新经济的介绍、应用环境的分析和相关技术的探讨、展示和培训，成为会展经济的重要内容，而利用新技术手段来进行运营和操作的会展产业与会展经济活动也日益兴盛。

11.2.4 企业发展的需要和呼唤

中国的经济发展正在步入一个快速发展的历史时期。经济结构调整，产业结构升级，加快高新技术产业的兴建和发展，同时大批大型企业集团的建立，企业的技术不断创新，这些企业的产品不仅需要开拓、占领国内市场，而且期望通过适当的市场形势进入国际市场。企业的这种内在需求客观上呼唤着具有展示、交易功能，综合性、高信息化和高科技含量的各种会展活动的出现。通过多种会展形式，企业不仅能够迅速、准确地了解国内外最新产品的现状和发展趋势，而且可以通过会展形式充分展示自己的品牌，宣传和销售自己的产品。

导入案例

会展经济产生连带效应 杭商家分享"大蛋糕"

小翁是两岸咖啡和平店的服务员，昨天一上班，领班就特意交代，今天客人特别多，还有些重要客人。从10点多到傍晚，小翁和店里的同事都一直忙碌着。

这个效应是由旁边的展会带来的。昨天是台湾电机电子公会举办的电子信息博览会开幕首日，293家厂商带来500个重要买家和上千名参观者。会展被誉为"城市的面包"，会展的暖风除了吹向餐饮，也带到了住宿、旅游等方面。在金秋这个会展旺季，众商家已经迫不及待地分享起"展会经济"这块大蛋糕。

住：酒店设定1/3限额

和平饭店离和平会展中心不远，1公里左右，因为位置优势，会展期间，它便成了参展单位住宿的首选。不过最近，和平饭店却有了供不应求的烦恼。"一方面，参展单位的需求很大，有时甚至需要预订该饭店所有的房间。而另一方面，又不能全预定出去，还要照顾不少散客的需求。"和平饭店销售部负责人说。为解决散客与参展单位的需求矛盾，和平饭店对参展单位设定限额，每次预订的房间数量不能超过总客房数的1/3。

据介绍，该饭店共有163个房间，一般只提供50~60个房间给参展单位(价格比会员价稍高)。如9月18日即将开幕的连锁经营大会，该饭店只预留了35个房间给参展单位。"这是我们饭店能提供的最大数量，会展中心的人一直强调不够，但我们实在无能为力啊！"销售部任小姐说。

显而易见的是，会展为和平饭店大大提高了客房入住率：平时该饭店客房入住率为70%~80%，而会展期间达到100%。

吃：拉动周边午餐经济

会展不仅提高了饭店入住率，而且拉动了杭州中午的餐饮经济。"会展如同假日经济，增加了我们的营业额。"杭州张生记总经理干卫东说。位于和平会展中心3楼，在没有会展的日子里，除周末外，张生记和平店每天中午的入座率为30%~40%。而会展期间，该店中午座无虚席，很多参展单位的工作人员往往需要提前订餐,才不至于在店内空腹等空位。"会展使该店的营业额比平时增加20%左右。"干卫东保守估计。

咖啡店也是如此,两岸咖啡和哈里欧咖啡眼下也在较劲,地点就在和平会展中心附近。"一个展会中心需要完善的餐饮配套。"瞄准商务餐这个空当,3个月前两岸咖啡正式进驻后,刚好赶上展会旺季启动,有了展会人流保证,每天顾客平均在150人左右。"营业额和展会的规模和档次成正比例。"据该店负责人介绍,如这两天赶上台湾电子展开幕,人流量同比增长了40%以上,客单价基本在200元左右,营业额也直线上升。位于世贸展览中心的两岸黄龙店,也有类似的收获。

缩影:从荒芜之地到后起之秀

这还是刚刚开始,金秋是展会的旺季。9月份,光西博会就有11个项目要开幕,有一半以上放在和平会展中心。9月5~8日的电子信息博览会后,10月3~7日接着开浙江国际家具展;之后是浙江自行车展览会,时间为10月12~14日;还有第十届艺博会10月8~12日……从8月开始到12月,和平会展中心的项目安排得满满的,至少要连续举办25项展览。

事实上,和平会展中心只是杭州会展业的一个缩影。"8年前,这里几乎可以用'荒芜之地'来形容。"据周围居民张先生介绍,这里没有一条像样的马路,没有一家星级宾馆,没有上档次的饭店,更别说超市、咖啡馆等配套设施。由于当时杭州的会展业仍处于萌芽阶段,和平家私城每年只能接到两三场会展任务,可谓清淡。2000年,杭州重开西博会是一个巨大的转机。通过举办大量展会,原有场馆已显局促,2003年,抓住政府打造"会展之都"的契机,建成了现在的和平国际会展中心,当年承担了西博会50%的会展功能。

"一个明显的变化是,杭州在展会方面的吸引力不断增强。"下城区会展办负责人皇甫伟成深有感触,前几年去引进一些项目,对方对展馆、参观者的要求都会让他们颇费心思。如受限于展馆和会场,旅交会这个重头项目一度搁浅,直到2004年才落户杭州。"现在氛围成熟,展位也变得抢手,很多展会都成每年的固定项目。"据介绍,化被动为主动后,他们对展会有了更多选择。和城市定位相吻合,他们很注重展会的专业性和档次,侧重引进引领生活品质的如消费类、文化教育类展览,以及与杭州经济发展合拍的创意展,如动漫展、金融理财展。

一笔账——会展经济的连带效应

据专家估算,以500个展位的展会估算,一场展会的场地租赁费用大概为60万元。展览业的产业带系数为1:9,即展览场馆收入1元,相关收入为9元,会展经济的发展,将直接刺激外贸、旅游、宾馆、交通、运输、保险、金融、房地产、零售等行业的市场景气程度,从而有力推动当地第三产业的发展。与此同时,会展经济的发展将提供和催生一大批高质量的工作机会。杭州市会展业协会介绍,除了直接的经济效益,会展还带来有助于中心城市增强面向周边地区的辐射力和影响力,此外还为城市带来了专业领域高端信息和技术展示。

据统计,2006年浙江办展与会议的直接收入高达21亿元。为谋求整个行业更好、更快的发展,浙江省国际会议展览业协会已在杭州成立,目前该协会已吸纳省内会员单位近80家。

——资料来源:浙商网

会展经济是一种综合经济,它所产生的经济效应可分为宏观和微观两个不同层面。宏观效应与微观效应表现为全局和局部的关系。微观效应是宏观效应的基础,宏观效应是微观效益的保证。

11.3　会展经济的宏观效应

11.3.1　会展经济对区域经济发展的效应分析

1. 会展经济可产生大量直接的经济效应

会展业能产生可观的经济效应，这是它得以迅速发展的直接原因。作为高收入、高赢利的会展业，其利润率一般在 20%～25%，经济效应十分显著。据不完全统计，目前全世界每年所举行的大型会展活动就达 4000 多个。这些会展活动涉及社会各个领域，与经济生活密切相关，每年所直接带来的经济效益就达到 2800 亿美元，为世界经济、科技的发展做出了巨大的贡献。在德国汉诺威、意大利米兰、瑞士日内瓦、美国纽约、法国巴黎、英国伦敦、新加坡等这些世界著名的"展览城"，会展业为其带来了直接的经济收益和区域经济的繁荣。据统计，美国会展业一年举办 200 多个商业展会，获得的直接收入达 38 亿美元，法国展会每年营业额达 85 亿法郎，展商的交易额高达 1500 亿法郎。瑞士是人口只有 700 多万的内陆小国，但每年举办的国际会议超过 2000 个，因会议而带来的外国游客超过 3 千万人。每年 1 月份在瑞士东部山区小镇达沃斯举行的世界经济论坛，有来自世界各地的政界、经济界要人和新闻媒体 3000 多人出席会议。瑞士每年举办 160 多个全国性和国际性展览，有 40 000 多家企业在瑞士参加展览，总展出面积 160 万平方米，展台出租收入 2.43 亿瑞郎。2006 年全球展览业的直接收入有 3000 亿美元，而在会展业起步较晚的中国内地，各类展览会的直接收入也已经达 140 亿元，占 GDP 的 0.06%。以长春市为例，十一五期间，长春市共举办各类展会近 700 项，实际收入约 55.4 亿元，带动相关产业收入约 498.7 亿元，会展数量也由 2005 年的 97 项发展到 2010 年的 167 项，会展经济总量在长春市服务业比重由 2005 年的不足 2%上升到目前的 13.3%。汽博会、农博会等展会成为长春市具有较大国际影响力的知名品牌展会。

2. 强大的产业带动性产生可观的间接效益

据专家预测，国际上展览业的产业带动系数大约为 1∶9，即展览场馆的收入如果是 1，相关的社会收入为 9，这样高的产业关联度使得会展经济成为带动城市和区域经济发展的新增长点。会展经济通过关联效应和扩散效应，带动旅游和餐饮、物流、交通、广告、装饰、通信和保险等诸多部门的发展。这不仅可以培育新兴产业群，而且可以直接或间接带动一系列相关产业的发展。会展活动期间，大量的参展商和观众的涌入，对餐饮、住宿行业形成巨大的需求。通过各种类型会议、展览活动的进行而形成的旅游——会展旅游，目前已经在各大会展城市闪亮登场，使这些会展城市形成以会展带旅游，以旅游促会展的良性互动发展模式。会展业的发展为餐饮、住宿、旅游业的发展创造了新的机遇。会展活动期间，在会展举办区域汇集了大量的参展商品，由此导致会展举办地频繁的物流活动。会展前后参展商品的运输、包装、储存、装卸、搬运，会展活动期间向参展商和观众分发的食品，以及其他与会展相配套的设施，都会增加会展举办地对物流服务的需要。

据有关资料，英国会展业目前已扩展到20多个种类，250多个行业。因会展业几乎涉及所有行业，英国政府和会展业协会从一开始便有意建立与金融服务、旅游业、创意产业、节日经济、建筑业等支柱产业的多层次平台，将会展业打造成促进英国各主要产业发展的纽带。目前英国所有行业协会下都建立了会展业的联系单位，英国金融城、旅游局、创业园及各种节日经济都把会展作为其重要的推介手段，经过许多年的实践，这些行业借助会展业平台，相互融合，形成了从金融服务、创意设计、会展刺激到带动旅游、贸易、娱乐等各行业的综合配套发展模式。据英国旅游局统计，2008年前8个月，到访英国的外国旅客达3200万人次，总消费达164亿英镑，其中参加商务旅行活动占27%，其消费占到访外国旅客总消费的28%。英国会展业对创意产业的刺激作用也十分明显，伦敦时装展就是很好的一例。据估计，一年两次的伦敦时装周，每年为伦敦市拉动消费达2000万～5000万英镑，促进了英国2/3的时装产品的出口。

在我国，会展业依然体现出强大的产业带动性。2009年，青岛市共举办会展节庆活动177项，给其他相关产业带来约157亿元的衍生收入。每年两次的广交会，带动了广州第三产业的发展，会展期间，广州市酒店客商入住率达90%以上，来自200多个国家和地区的10多万外商云集广州，仅出租车的日收入就比平日激增300万元左右。长沙市会展办日前发布数据，2010年全市全年举办展览、论坛、节庆、赛事、演出等各类会展活动581个，实现门票广告、场馆租赁、展台搭建等会展直接收入9.1亿元人民币，带动酒店宾馆、交通旅游、餐饮娱乐等相关产业收入81.9亿元。世博期间，来自国内外的7000万名游客，成为巨大的消费群体，引发了上海及周边地区的旅游、餐饮、娱乐等服务行业需求。据有关专家统计，自世博会开幕以来，5月～7月上海接待入境游客同比增长了47.8%，其中，入境过夜游客同比增长了53.9%，由此带来的拉动效应十分显著。

3. 促进就业机会的增加

会展能够增加就业机会，提高就业水平。会展业是劳动密集型产业，属于第三产业、服务性行业，这一行业的一大特点就是对劳动力的大量需求。因此会展经济的发展无疑为增加就业机会，吸纳闲置劳动力开辟了渠道。单就展览本身来说，据测算，每增加1000平方米的展览面积，就可创造近百个就业机会。再加上会展业对其他行业的带动，更为人们增加了就业机会。上海世博会的举办就带动了建筑、物流、会展等数十个相关行业的服务需求。而且，城市餐饮、购物、交通、旅游、环保等配套设施的建设，也催生了大量的就业机会。与此同时，城市服务功能提升，极大地改善了就业环境，有利于吸引高素质人力资源。据研究表明，从2004年到2010年初，上海筹博期间，投资项目直接带动7000多个就业岗位，上海市重大项目带动就业近14.6万人。例如，仅中国馆建筑施工项目就新增1700多个就业岗位，许多国家馆也相继招聘包括讲解、导游、VIP接待、活动宣传等在内的工作人员。世博自筹备开始，伴随上海世博会的就业链就逐步凸显。

据统计，德国贸易展览会组织者的年收入约为45亿马克，拉动参展商和参观商消费170亿马克，提供就业岗位10万个。展览业年综合产值410亿马克，创造就业机会23万个。香港被誉为"亚洲会展之都"，会展中心总占地面积25万平方米，2006年度举办110个大型展览，其中展览面积逾 1819 平方米的大型展览会 92 个，商贸展览 65 个，吸引参展企业 62 000 家及超过 5 200 000 家全球采购商参加。全年香港展览摊位租金收入 26 亿港元，2006 年直接会展经济收入 264 亿港元，提供 58 500 个就业职位。

4. 会展经济有利于推动产业结构调整

从产业角度看，会展经济属于第三产业的范畴，是第三产业的一个重要方面。在发达国家，经济发展已进入后工业化阶段，第三产业在经济发展中居于主导地位。在国外一些大都市中，第三产业在国内生产总值的比重已超过 80%，与发达国家相比，我国第三产业在国民经济结构中的比例不高，比重还不足 40%，严重落后。发展会展经济是调整产业结构的一个重要途径，主要体现在两大方面。一是有利于提高产业间的和谐度，使区域产业联系有序化和产业比例合理化。会展通过聚集大量的商品、资金、信息、科技和人才，有利于充分有效地发挥各项资源优势，使各产业之间协调发展，从而有利于产业结构的优化和升级。二是会展的产业带动性促进了交通、物流、旅游、餐饮、住宿、购物、娱乐、广告、装饰、印刷等相关行业的发展，而这些行业基本都属第三产业，也就是促进了我国第三产业的壮大和发展。

5. 会展经济是国民经济发展的"风向标"

会展紧扣经济，展示经济发展成果，会展经济的发展将直接刺激贸易、旅游、宾馆、交通、运输、金融、房地产、零售等行业的市场景气，大型和专业性会展往往是产品或技术市场占有率及盈利前景的晴雨表，推动商品贸易、投资合作、服务贸易、高层论坛、文化交流等各方面的发展与进步。吴仪副总理曾指出，展览业是国民经济发展的晴雨表。中国会展业发展迅速，备受全球展览业界的关注，正是中国经济持续、快速、健康发展的直接反映，随着中国经济持续健康发展，中国的会展业取得了明显的进步，在全球展览业中异军突起，形成了一个新兴的展览业市场。

11.3.2 会展经济对城市发展的效应分析

会展业的发展状况是一个城市综合实力的反映，会展经济的发展有利于推动城市建设。

1. 会展经济有利于提高城市知名度，塑造城市形象

会展一个最重要的特点就是集中展示、交流。如果在一个城市举办一次大型展览会，那么这个城市短时间内就会聚集大量的人员、产品，人们在这里就会亲身感受这个城市的政治、经济、文化、信息、技术和文明素质。各种会展活动能够向国内外的参展参会人员宣传一个城市的经济发展实力、科学技术水平、展示城市的风采和形象，提高城市在国际国内的知名度和美誉度，扩大城市影响。

国际上有许多城市都因会展而闻名，如德国的汉诺威、慕尼黑、杜塞尔多夫、意大利米兰、法国巴黎、新加坡、中国香港等均是世界著名的会展城市。瑞士的达沃斯小镇人口仅 1.3 万人，是瑞士知名的温泉度假、会议、运动度假胜地，正是因为每年在这里举办世界经济论坛而闻名世界；戛纳这个小城，只有 7 万居民，却凭一年一度的戛纳国际电影节

而备受国际瞩目；我国博鳌(如图 11.1 所示)也是一个很典型的例子。原本是名不见经传的小渔村的博鳌自 2001 年举办亚洲论坛后顿时闻名四海，吸引了众多海内外会议组织者将会议安排在博鳌召开。每年都有几百个大小会议在此举办，其中，2006 年有近 350 个、2007 年有近 380 个、2008 年有约 350 个，而每天到博鳌旅游度假的人更是络绎不绝；而 2008 年北京奥运会也大大提升北京在国内外人士心目中的地位，全面展示北京"故城新都"的形象。杭州市近些年通过举办西博会、休博会、动漫节等，提升了城市的知名度、美誉度和开放度，使杭州先后被世界银行、美国福布斯杂志评为"中国投资环境金牌城市"、"中国内地最佳商业城市"，被世界休闲组织誉为"东方休闲之都"。2010 年上海世博会将进一步提高上海在国际国内的知名度和美誉度，上海也成了各国人民趋之向往的胜地。

图 11.1　博鳌亚洲论坛会址

2. 会展经济有利于城市对外招商引资和贸易交流

会展业的发展在城市对外招商引资和贸易交流方面也发挥着重要作用。大量会展活动，有助于加深政府、国内外团体和商界彼此之间的了解和交往，推动城市间人员的互访和文化的交流。大量具有创新思维和战略眼光的知名专家、学者、企业家聚集一堂，不仅为城市发展带来了信息、技术、资金的流动和观念的革新，而且也有利于外界人士更好地了解举办地城市交通、通信、金融、特色产业等方面的发展状况。这种交流与互动无疑会为会展举办城市创造更多的投资机会，推动城市经济的发展与国际接轨。

例如，2007 年太原市举办的"中国(太原)国际煤炭与能源新产业博览会"3 天内签约的项目中，山西省共签订合作项目 315 个，其中投资类项目 257 个，投资总额折合美元 246.15 亿元，引资总额折合美元 139.74 亿元；贸易类项目 58 个，成交总额折合美元 33.25 亿元。2010 中国(成都)新能源国际峰会暨展览会于 2010 年 9 月在成都举办，此次展会促成 30 余次商务会谈对接，13 个项目顺利签约，总协议投资高达 139.331 亿美元，也让各界看到了展会强大的聚合能力。

3. 会展经济有利于加快城市基础设施建设和提高文明水平

举办大型国际会议和展览需要具备优良的基础条件，包括一流的会议、展览设施，发达的交通、通信设备以及特色风景旅游资源等。这要求承办地政府必须进行综合性、全方位的城市建设，在一定时间内加快道路交通、通信网络建设，兴建现代化大型会展中心，加强城市环境保护工作等，从而通过环境基础设施的改善达到提高城市的吸纳和辐射能力，增强城市功能的目的。我国的大连，原本是一个以重工业为主的城市，通过举办"大连国际服装节""大连国际啤酒节"等国际性会展，促使其新建了一大批具备国际标准的基础设施，并逐渐成为有影响力的国际会展城市。北京举办2008年奥运会，投资2800亿元在硬件基础设施建设上，有了这些硬件设施，才能承载国际性会展的成功举办。世博会是上海加快城市建设改造、建设世界级基础设施体系的强大推动力。历时8年的世博会筹办，上海展开了大规模的城市建设改造，兴建了一批枢纽型、功能性、网络化的重大基础设施和世博配套设施，形成了"四港三网三体系"框架。大规模推进海港、空港、铁路港、信息港建设，增强上海联系世界、连接全国的集聚辐射能力，基本形成能源保障体系、生态保护体系、城市安全应急体系，着力确保城市运行安全、稳定、有序。资料显示，上海世博会的直接投资近300亿元，其中主体工程建设180亿元，世博会营运支出106.8亿元。而上海世博会的间接投资约为2860亿元，主要包括轨道交通、机场扩建和改造、道路交通、环保生态、新型能源建设、国际客运中心改造、宾馆等城市配套设施建设等。

在加快城市基础设施的同时，会展经济的发展还可以提高市民的文明程度。展会是提高市民素质的催化剂。当一个城市举办展会时，居民往往有一种东道主的自豪感，会发自内心地规范自己的行为，让五湖四海的朋友深切感受到这座城市的文明形象，热爱并流连于此。

11.4 会展经济的微观效应

11.4.1 会展经济对行业发展的效应

会展是一种信息、物质、文化的交流活动，它是在一定时间内将大量的人员、资金、物质、信息集中到一起进行合理配置和流通的活动。会展活动的开展必然能够给行业发展带来如下效应。

1. 有利于提高资源配置与调节的效率

资源配置有两种方式：一种是计划机制配置，一种是市场机制配置。论资源配置的有效性，市场机制要优于计划机制。会展活动从行业要求着眼，以利益杠杆为约束力，按照商品交换的平等法则，以行业需求和能力的内平衡系统控制进行资源配置选择，为行业提供充分的、完全的市场信息依据，以市场的自发调节为主体，因而能达到资源最优配置的目标，提高资源的利用效率。

2. 有利于平衡市场的供求关系

供给与需求不断变化又不断适应的过程，是社会再生产系统的动态平衡过程。产品的供给与需求会出现不平衡的情况，通过会展市场的调节，借助于价格机制、竞争机制，可以调节商品市场供求矛盾，使商品的生产与消费之间相互协调。

3. 有利于推进技术创新，促进科技开发与转化

行业内的技术创新不可能是闭门造车，它是在了解现有科技的基础上进行新的研发。会展正是行业内科技信息流通、传递的重要渠道，为技术创新提供了良好的交流环境。展览会与博览会为科研成果、技术革新、新发现与新创造在行业内的应用和传播起到不可低估的作用。在新产品、新技术层出不穷的今天，许多有利于生产发展的产品与技术都是通过展览会的宣传和介绍而被社会所接受的。同时，会展有利于科技工作者进行开放式科研和开发，从而提高科技成果转化为生产力的速度，提高科研的实用性与针对性；从而使本行业尽快获得先进可靠的科技成果，促进新产品、新工艺、新材料的开发。

4. 有利于促进行业市场体系的完善

完善的行业市场体系不仅包括建立完善消费品市场、生产资料市场以及信息市场在内的其他各要素市场，而且包括加强各市场之间的联系，使之成为有机的联合体，相互联系与协调，共同发挥作用。会展具有沟通媒介的功能，它可以沟通会展各市场主体之间的横向联系。会展活动将行业内的商品生产者与需求者联系起来，为他们提供一个交换商品和信息的平台，可克服行业内供需分离、产销脱节的现象，使得各部门实现很好的信息交流和合作，全社会各个行业、各个部门更好地信息联通，联合成一个有机的、完整的体系。

11.4.2　会展经济对企业发展的效应

随着世界经济全球化的日益加深和我国经济的快速发展，市场竞争日趋激烈。如何提高企业的知名度，提升企业形象，使本企业的产品快速进入市场或扩大市场份额，如何在激烈的市场竞争中生存和发展，是每个企业关注的重要问题。要实现上述目标，企业的营销策略和营销手段就显得尤为重要。与传统的广告、促销等营销方式相比，会展有着更加独特强大的优势。

1. 全面展示企业，展现产品

在展会上企业可以通过更多、更现代、更直观的方式展示企业的风采。通过精美的展位设计、合理的布局、丰富的图片、详细的文字介绍以及声、光、电等手段展示自己的品牌，展现自己的实力，宣传自己的文化。在展会上通过实物展示，企业可以全面、直观而真实地反映产品的各种性能，还可以进行现场演示操作、面对面的交流让客户更深刻地认识产品。

2. 树立企业形象，提高知名度

市场竞争的激烈使得企业日益重视企业形象的塑造，品牌战略的实施。有的企业通过大量的广告投入，扩大知名度；有的企业通过对员工企业文化的培训来形成企业凝聚力，改善企业形象；还有一些企业通过大力参与公益活动来赢得政府和公众的认可。但是随着会展业的发展，越来越多的企业意识到通过参加会展活动能更好地推广企业文化和经营理念，塑造企业形象，提高企业知名度。比如，借助新闻发布会、产品推介会、奖励旅游、大型活动赞助等形式树立企业形象。

3. 降低营销成本，拓展销售渠道

会展是商家接触买家的重要渠道。由于会展活动的目的性和针对性较强，企业可以在短时间里与专业客户或对产品感兴趣的目标客户建立联系、直接沟通，甚至达成贸易。而在展会之外则需要花费大量的时间和精力才可以实现。根据美国展览业研究中心的统计，展会是出口商销售产品的重要途径，在各种营销方式中，贸易展会的成交额仅次于直销，3/4 的买家在贸易展会上找到新的供应商，超过 1/4 的买家在展会上购买产品。

4. 了解市场需求，准确定位

展会是市场调查的一种有效手段。通过会展搭建生产与消费的供求信息平台，及时传递供给和需求信息。同时在展会期间，企业可以收集大量有关竞争者、分销商和新老客户的市场信息，了解行业最新科技产品和发展趋势，明确本企业在行业中的地位及竞争对手的相关情况，从而为企业进行市场定位和战略制定提供依据。

5. 培育竞争意识，提高竞争力

参与会展活动一方面扩大了企业的市场范围，使企业置身于更广阔和开放的市场环境当中，增强了企业的竞争压力和危机感，这就促使企业不断改进产品和服务，树立企业品牌形象，提高竞争力；另一方面打破了地域间的限制，促进了资本、技术、商品、文化的跨区域流动，也有利于企业抓住机遇，采用先进技术，充分利用有效资源提高本企业的市场竞争能力。

11.5 我国会展经济发展中存在的问题

随着世界经济一体化和全球化的发展，会展经济亦进入了快速发展时期，发展势头日趋凶猛，在世界经济发展中的地位日益凸显。

11.5.1 我国会展经济发展状况

1. 我国会展经济发展的特点

1) 发展迅猛

近些年来，我国的会展业发展非常迅速，会展活动日益频繁，呈现出勃勃生机。会展业平均增长速度可达到 20% 左右。展会数量迅猛增多、专业水平快速提高、展馆建设突飞猛进，会展经济在国民经济中的地位日益凸显。

2) 成效显著

21 世纪以来的 10 年里，2006 年沈阳世界园艺博览会、2008 年北京奥运会、2010 年上海世博会、广州亚运会等一系列世界性会展活动的成功举办，一方面给我国整体和举办城市带来了相当可观的经济收益；另一方面增加了国与国之间的交流，扩大了国家和城市的知名度和影响力。

3) 潜力巨大

我国的会展业虽然起步晚，但是具有广阔的发展前景。我国拥有世界 1/5 的人口，人均消费水平比较低，尚待开发的潜在市场还很广阔。并且现阶段我国的会展业产业带动性与发达国家相比还有很大差距，市场发展的潜力很大。这将对我国会展经济发展产生巨大的吸引力。

2. 我国会展经济产业带

1) 以北京为中心的"京津-华北会展经济产业带"

北京作为中国的首都，作为中国的政治、经济、文化中心，发展会展经济具有得天独厚的优势。就会展经济发展实力和知名度来看，目前除上海之外，其他城市无法与北京相提并论，因此北京当属中国一级会展中心城市之列。

随着北京加速建设国际化大都市和 2008 年奥运会的成功举办，北京会展经济将加速进入快车道，并以其强大的区域辐射功能，带动天津等周边城市会展经济的发展，形成以北京为核心，由京津地区向整个华北地区延伸的会展经济产业带。

该会展经济产业带中的核心部分——京津地区是世界上 6 个绝无仅有的在直径不足 100 公里的地域内集中了两个超大型城市的区域，拥有各类科研院所近千所，高等院校近百所，科技人员 150 余万人，是全国知识最密集、科技实力最强的区域。天津作为北京的门户，也是国际性现代化港口城市。天津可以利用处于环渤海经济中心和与北京毗邻的区位优势，通过整合会展资源将天津培育成中国二级会展中心城市。

根据上述特点，"京津-华北会展经济产业带"应形成以北京举办大型国际会议、论坛和高技术含量、高附加价值的展览会为主，以天津的经贸交易会为补充的展会结构。

2) 东北边贸会展经济产业带

随着中俄经贸合作的稳步发展，沿"京津-华北会展经济产业带"向北，即将形成以大连、哈尔滨、长春、沈阳为中心的东北边贸会展经济产业带。东北地区与中国其他经济区域相比，最大的优势就是与俄罗斯、韩国、朝鲜相邻，边境贸易具有相当大的发展潜力。因此，东北地区这几大城市可以利用自身的特色产业开发对俄、对韩经贸类展会，培育地区特色的会展经济。

在该会展经济产业带中，大连会展业虽然与北京、上海无法相比，但因其作为港口城市具有较强的经济优势和区位优势，因此可列为中国二级会展中心城市。黑、吉、辽三省的省会城市哈尔滨、长春、沈阳应通过依托当地产业特色，重点开展对外贸易洽谈会和体现地方产业特色的专业展览会。

3) 以上海为中心的"长江三角洲-华东会展经济产业带"

就中国目前几个经济区域的经济发展状况来看，以上海、南京、杭州、宁波、苏州为代表的长江三角洲城市群，汇聚了中国 6%的人口和近 20%的国内生产总值，堪称中国经济、科技、文化最发达地区之一。据统计，截至 2001 年底，上海、江苏、浙江已累计批准三资企业 7 万多家，合同利用外资金额累计 1500 亿美元，世界 500 强企业中已有 400 多家进入这一地区。

长江三角洲区域经济的龙头-上海的会展经济整体实力在全国居于前列，与北京不相上下，而且大有超过北京之势。2001 年上海会展业直接收入达 18 亿元，约占全国会展业直接收入的 45%。并因举办 APEC 会议，空前提升了上海会展城市的国际形象和知名度。因此，上海是名副其实的中国一级会展中心城市。在"十五"规划中，上海提出"十五"末要建成亚洲特大型国际城市，经济总量接近洲际经济中心城市的水平，并强调国际航运中心的建设，筹划建设 21 世纪采购中心。可以预见，在上海加快向国际化大都市迈进的过程中，上海将成为亚洲乃至世界会展中心城市，并以其与周边城市紧密的经济区位联系，通过各城市之间相互协调和配合，形成一体化区域会展经济，使长江三角洲会展经济产业带与德国的慕尼黑、法兰克福、杜塞尔多夫和科隆等城市一样，成为亚洲最大的会展城市群。

"长江三角洲-华东会展经济产业带"，因其城市大部分都是沿海城市，经济国际化程度比较高，将适合发展各种形式的以经济为主题的会议和展览。其中，杭州、苏州、南京、宁波以及厦门、青岛等城市可发展成二级会展城市。可以预见，在未来 5~10 年，长江三角洲会展经济产业带通过将会展业定为动力产业，提高科技含量，加强区域合作，实现区域经济向更高层次整体推进。

4) 以广州、香港为中心的"珠江三角洲-华南会展经济产业带"

以广州、香港为中心的"珠江三角洲-华南会展经济产业带"与其他地区相比，具有较强的产业优势、区位优势和开放优势。

首先，珠江三角洲-华南地区发展会展经济具有强大的产业支撑。目前，珠江三角洲地区一些新的中心城市，如深圳、东莞、顺德等城市因其经济的发展已率先成为我国重要的电子信息、生物技术、光机电一体化、新材料等领域的高新技术产业群。主要发达的产业有钟表、玩具、建材、家用电器、石油化工、医药制品、化工制品、纺织服装、食品制造、电子通信、信息产业和高新技术产业等，其中尤以有"东莞停工，世界缺货"一说的东莞"三来一补"加工中心，首屈一指的顺德家电业、中山的灯饰和服装、佛山的陶瓷业。这些发达的产业为华南地区展览市场提供了丰富的项目资源，使其适合发展具有地方产业特色的专业会展。

其次，具有与香港地区毗邻的区位优势。众所周知，香港地区是著名的国际会展之都，在举办会展方面有着丰富的国际经验。珠江三角洲的城市，如深圳、东莞可以与香港地区合作，提升会展层次，迈向国际市场。

整体而言，"珠江三角洲-华南会展经济产业带"中的各城市依据自身特色开发各类展会，将形成多层次、相互补充的会展市场结构：广州作为华南会展业的中心城市，以继续举办"广交会"这样大型的综合性的展览为主，以"规模大、参展商多"见长；深圳以举办高科技专业展会为主；其他珠三角各城市依托特色产业，举办具有浓厚的产业色彩的展会，如虎门的服装节、东莞的民博会等；而海南三亚和博鳌将以大型论坛和研讨会为主，南宁和桂林以专业会展，突出"小而精"的特色。

5) 以武汉、郑州、成都、昆明等城市为龙头的中西部会展中心城市

中西部会展中心城市的发展与京津地区、长江三角洲和珠江三角洲不同，不是谁为龙头，形成集群效应会展经济产业带，而是突出个性，培育地区特色展会。如中部的郑州，因其具有得天独厚的区位优势，能够使大批货物大进大出、快进快出，使广大客商既节约时间，又节约费用。因此郑州会展业的发展应主要依托这一优势，突出这一特色，多举办大型机械、建材、农产品等物流量大的会展。

而在西部地区，作为中国西部特大中心城市的成都，是西南地区的"三中心、两枢纽"，具有较强的地缘优势，其城市的辐射功能较强，对中国西部大市场的培育与发展有着举足轻重的影响。因此，成都应根据其经济、环境等特色，形成节、会、展相结合的会展经济发展模式，如继续提高四川国际熊猫节、全国春季糖酒会等节会的影响力和知名度。

11.5.2 我国会展经济存在的主要问题

中国会展业起步晚，起点低，但是随着我国经济的快速发展和改革开放的深入进行，会展经济近年来取得了突飞猛进的发展。会展数量逐渐增加、规模日益扩大、办展水平日益提高。加之2008年北京奥运会和2010年上海世博会的成功举办，处处彰显我国会展经济发展快、成效显著、潜力大、国际化的特点。但是在取得成绩的同时，我国会展经济也存在着许多问题值得我们重视和改进。

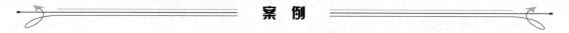

案　例

会展业投资热度下仍需冷静

中国国际贸易促进会近日发布了《中国会展经济发展报告(2009)》，报告称2009年中国各地掀起新一轮场馆建设热潮，场馆规模和投资金额巨大，并指出某些城市或有投资过剩的倾向。

重庆市商委会展处处长刘域在接受本报记者专访时，非常肯定地说："重庆的大型场馆不是过剩了，而是不够。"的确，如果人们还记得2005年重庆举办药交会，因为接待能力不足，与会者甚至要住到度假村、洗脚城的情景，就会深感在重庆建设一个大型场馆的迫切性。

此外，某个大型场馆还是一个城市的竞争力的体现，特别是当周边还有一个实力相当的竞争对手时。福州便希望借助耗资37亿的海峡中心，来与厦门一较高下，而且借此晋升为国内展会第二军团。

可是，展会如潮涨潮落，当大型展会落幕时，多少蔚为壮观的场馆便随之被冷落。除了履行城市名片的责任外，别无他用。

中国会展业虽然起步晚，但是发展得相当迅速，尤其是最近几年，各地城市纷纷兴起建馆热潮，我国的展馆数量已经排在了全世界的前几名，展馆面积也居于前列，但是利用率却远远低于发达国家。目前在德国，展馆的综合利用率能达到50%以上，中国还有很大的差距。

一定要避免盲目的重复建设。在国外，通常规定在某个大型展馆周围不再兴建其他展馆，以避免同质化竞争。而在广州，主办广交会的琶洲展馆周围有四个大型场馆"夹击"，尽管有收入能占到广州全年GDP的4%的广交会支撑，琶洲展馆依然面临着利润下滑的压力。

各城市对于会展业的投资，在热度之下需要冷思考。

——资料来源：中国会展网

1. 管理不规范，制度不健全

目前我国会展业缺乏权威、广泛、有效的行业规则和自律制度，没有统一的会展业管理部门和行业自律组织，展览活动多头管理，低水平重复办展等现象时有发生，而且很多展会都由政府主办、行政干预，这是会展产业化、市场化进程不够的表现，不能适应我国市场经济发展的要求。会展法律法规不健全，缺少对会展行业主体认证的规章制度。目前对会展承办的主体没有认定机构和认证标准，对会展的场所、运输、各种公共服务的费用标准、境内外招展的程序及费用标准，对消防、安全、环境卫生等都缺乏相关的制度标准，致使主办单位鱼龙混杂，会展业的整体质量不高。

2. 场馆面积小，利用率低

全国各城市都有展览馆，但大多面积小，功能单一，布局分散，服务水平低，不具有竞争力。以北京为例，北京的展馆虽然数量名列前茅，但缺乏大型、特大型展馆，以中小型居多，并且展馆功能单一、设施和设备陈旧，尤其缺少集会议、展览、娱乐、餐饮于一体的大型综合性展览中心。另外，北京的展馆大多建成年代久远，设计理念老化，交通、通信、水电等设施落后，住宿、餐饮等配套服务跟不上，从而使其功能大大削弱。北京场馆的这种单体规模过小、配套设施落后的现象，使得许多本可以在北京举行的大型展览会却因为场馆规模和功能的欠缺而不得不另辟蹊径。而有些城市不顾客观条件盲目建设展览场所，导致资源浪费。单从场馆面积来看，2008年中国展馆可使用的面积250万平方米，已经超过了德国，跃居世界前列。但是展馆的总利用率不足20%，众多中小型展馆每年举办的展会不到10个，有的甚至每年只举办1~2个展会。

3. 展会层次低，品牌意识差

品牌是会展业发展的灵魂。综观世界上所有会展业发达国家，几乎都拥有自己的品牌展会和会展名城。而我国虽然会展次数多，但质量差、规模小、档次低是普遍现象，展览定位不明确，缺乏特色和内容，影响力不强，使得我国会展的国际品牌更是少之又少，在国际会展业中的影响力不强。另外，会展品牌侵权现象也很突出。品牌展览被大量"克隆"，参展产品知识产权得不到有力保护，这都影响我国的展会形象，阻碍展览业的发展。

4. 会展公司少，专业人才缺

现代会展业的发展需要一大批专业会展人才和会展公司的精心策划、共同努力。但目前，我国高素质的会展专业人才和会展公司奇缺，会展人员素质偏低，会展策划公司匮乏，致使我国的很多会展只注重形式、不重内容，会展经济效益和质量大打折扣。目前在我国的会展中，大部分人既是会展组织者，又是会展管理者，还是会展实施者，专业分工与协作十分落后，很多会展组织人员还要亲自安排参展人员的食、住、行、游、购、娱，大大降低了会展工作的组织效率，影响了会展效益。

复习思考题

一、简答题

1. 简述会展经济的基本特征。
2. 简述会展经济发展的背景。
3. 简述我国几大会展产业带的代表城市及特点。
4. 简述我国会展经济发展中存在的问题。

二、论述题

结合你所在的城市会展经济的发展情况,论述会展经济的发展给当地带来的效应。

参 考 文 献

[1] 孙明贵.会展经济学[M].北京:机械工业出版社,2006.
[2] 过聚荣.会展导论[M].上海:上海交通大学出版社,2006.
[3] 赵春霞.会展概论[M].北京:对外经济贸易大学出版社,2007.
[4] 马勇,冯玮.会展管理[M].北京:机械工业出版社,2006.
[5] 张义,杨顺勇.会展导论[M].上海:复旦大学出版社,2009.
[6] 胡平.会展旅游概论[M].北京:立信会计出版社,2004.
[7] 胡平.会展管理概论[M].上海:华东师范大学出版社,2007.
[8] 张红.会展概论[M].北京:高等教育出版社,2006.
[9] 杨春兰,韩芳,潘宁.会展概论[M].上海:上海财经大学出版社,2006.
[10] 金辉.会展概论[M].上海:上海人民出版社,2004.
[11] 熊训林.走进会展经济[M].上海:上海科技教育出版社,2004.
[12] 展览在线:http://www.chinameeting.com.
[13] 中国展览:http://www.chinaexhibit.net.
[14] 郑健瑜.会展场馆管理[M].上海:旅游教育出版社,2007.
[15] [美]桑德拉·L·莫罗.会展艺术:展会管理实务[M].武邦涛,等,译.上海:上海远东出版社,2005.

北京大学出版社高职高专旅游系列规划教材

序号	标准书号	书名	主编	定价	出版年份	配套情况
1	978-7-301-19028-9	客房运行与管理	孙亮，赵伟丽	33	2011	电子课件，习题答案
2	978-7-301-19184-2	酒店情景英语	魏新民，申延子	28	2011	电子课件
3	978-7-301-19034-0	餐饮运行与管理	檀亚芳，王敏	34	2011	电子课件，习题答案
4	978-7-301-19306-8	景区导游	陆霞，郭海胜	32	2011	电子课件
5	978-7-301-18986-3	导游英语	王堃	30	2011	电子课件，光盘
6	978-7-301-19029-6	品牌酒店英语面试培训教程	王志玉	22	2011	电子课件
7	978-7-301-19963-3	前厅服务与管理	黄志刚	28	2012	电子课件
8	978-7-301-19955-8	酒店经济法律理论与实务	钱丽玲	32	2012	电子课件
9	978-7-301-19932-9	旅游法规案例教程	王志雄	36	2012	电子课件
10	978-7-301-20477-1	旅游资源与开发	冯小叶	37	2012	电子课件
11	978-7-301-20459-7	模拟导游实务	王延君	25	2012	电子课件
12	978-7-301-20478-8	酒店财务管理	左桂谔	41	2012	电子课件
13	978-7-301-20566-2	调酒与酒吧管理	单铭磊	43	2012	电子课件
14	978-7-301-20652-2	导游业务规程与技巧	叶娅丽	31	2012	电子课件
15	978-7-301-21137-3	旅游法规实用教程	周崴	31	2012	电子课件
16	978-7-301-21559-3	饭店管理实务	金丽娟	37	2013	电子课件
17	978-7-301-21891-4	酒店情景英语	高文知	36	2013	电子课件，听力光盘
18	978-7-301-22187-7	会展概论	徐静	28	2013	电子课件，习题答案
19	978-7-301-22316-1	旅行社经营实务	吴丽云，刘洁	28	2013	电子课件
20	978-7-301-22349-9	会展英语	李世平	28	2013	电子课件，mp3
21	978-7-301-22777-0	酒店前厅经营与管理	李俊	28	2013	电子课件
22	978-7-301-22416-8	会展营销	谢红芹	25	2013	电子课件
23	978-7-301-22778-7	旅行社计调实务	叶娅丽，陈学春	35	2013	电子课件
24	978-7-301-23013-8	中国旅游地理	于春雨	37	2013	电子课件
25	978-7-301-23072-5	旅游心理学	高跃	30	2013	电子课件
26	978-7-301-23210-1	旅游文学	吉凤娟	28	2013	电子课件
27	978-7-301-23143-2	餐饮经营与管理	钱丽娟	38	2013	电子课件
28	978-7-301-23232-3	旅游景区管理	肖鸿燚	38	2014	电子课件
29	978-7-301-24102-8	中国旅游文化	崔益红，韩宁	32	2014	电子课件
30	978-7-301-24396-1	会展策划	高跃	28	2014	电子课件，习题答案
31	978-7-301-24441-8	前厅客房部运行与管理	花立明，张艳平	40	2014	电子课件，习题答案
32	978-7-301-24436-4	饭店管理概论	李俊	33	2014	电子课件，习题答案
33	978-7-301-24478-4	旅游行业礼仪实训教程(第2版)	李丽	40	2014	电子课件
34	978-7-301-24481-4	酒店信息化与电子商务(第2版)	袁宇杰	26	2014	电子课件，习题答案
35	978-7-301-24477-7	酒店市场营销(第2版)	赵伟丽，魏新民	40	2014	电子课件
36	978-7-301-24629-0	旅游英语	张玉菲，谷丽丽	30	2014	电子课件
37	978-7-301-24993-2	营养配餐与养生指导	卢亚萍	26	2014	电子课件
38	978-7-301-24883-6	旅游客源国概况	金丽娟	37	2015	电子课件
39	978-7-301-25226-0	中华美食与文化	刘居超	32	2015	电子课件
40	978-7-301-25563-6	现代酒店实用英语教程	张晓辉	28	2015	电子课件，习题答案
41	978-7-301-25572-8	茶文化与茶艺(第2版)	王莎莎	38	2015	电子课件，光盘
42	978-7-301-25720-3	旅游市场营销	刘长英	31	2015	电子课件，习题答案
43	978-7-301-25898-9	会展概论(第2版)	崔益红	32	2015	电子课件
44	978-7-301-25845-3	康乐服务与管理	杨华	32	2015	电子课件

如您需要更多教学资源如电子课件、电子样章、习题答案等，请登录北京大学出版社第六事业部官网www.pup6.cn 搜索下载。

如您需要浏览更多专业教材，请扫下面的二维码，关注北京大学出版社第六事业部官方微信（微信号：pup6book)，随时查询专业教材、浏览教材目录、内容简介等信息，并可在线申请纸质样书用于教学。

感谢您使用我们的教材，欢迎您随时与我们联系，我们将及时做好全方位的服务。联系方式：010-62750667，37370364@qq.com，pup_6@163.com，lihu80@163.com，欢迎来电来信。客户服务QQ号：1292552107，欢迎随时咨询。